The Future of Education

상상력 교육

미래의 학교를 디자인하다

Kieran Egan 저 / 김회용 · 곽덕주 공역

학지사

THE FUTURE OF EDUCATION:
REIMAGINING OUR SCHOOLS FROM THE GROUND UP
by Kieran Egan

한국어판 서문

그 어느 나라보다 미래지향적인 한국에서 『상상력 교육, 미래의 학교를 디자인하다』가 출간되고, 이렇게 한국어판 머리말을 쓸 수 있는 기회가 주어져 특히 기쁘다. 이 책을 통해 한국 독자들이 교육 현장에 실질적인 개선을 가져올 수 있는 방법을 찾을 수 있기를 희망한다. 현재 세계 어느 나라에서도 학교를 대단한 성취의 기관으로 간주하지 못하게 되었다는 것은 분명하다. 이 책은 우리의 젊은이들이 복잡하고 급속히 변화하는 미래 사회를 준비할 수 있도록 새롭고 실천적인 교육적 비전을 제공한다.

오늘날 교육의 주요 과제는 다음 세대에 단순히 정보를 전달하는 것이 아니라 그 정보를 풍부한 의미로 소통할 수 있는 방식으로 전달하는 것이다. 즉, 모든 아이가 인간으로서의 경험을 향상시키고, 그러한 경험을 보다 풍요롭게 만드는 방식으로 세계를 가르치는 것이다. 학생들의 상상력과 마음의 유연성을 개발하는 것은 기존의 교수 방법에서 새로운 접근을 요청하고, 학교의 역할을 대안적 방식으로 사고하도록 요구한다. 우리 모두는 일상적인 학습과 인간적 맥락에 대한 깊은 이해를 통해 지식을 배우는 것 사이에는 큰 차이가 있음을 알고 있다. 예를 들면, '평행사변형의 마주보는 내각은 일치한다.' 는 명제를 단순히 배우는 것과 2000년 전 고대 그리스의 에라토스테네스가 공리를 이용하여 지구 둘레의 길이를 처음으로 계산해 내었다는 것을 알면서 배우는 것 사이에는 많은 차이가 있다. 다시 말하면 모든 지식은 인간적 지식이다. 이는 모든 지식이 인간의 희망과 두려움, 열정의 맥락에서 생산되었고 사용된다는 의미에서 그렇다. 교육자들에게 주어진 과제는 지식에 좀 더 풍부한 의미를 부여하는 희망과 두려움, 열정의 맥락에서 학생들이 지식을 배울 수 있도록 하는 것이다.

이 책은 우리가 이러한 것을 일상적으로 할 수 있는 방법을 보여 주고자 한다. 이 책은 교사와 학생 모두가 이해를 변화시킬 수 있도록 하는 일상적인 정서적 · 상상적 참여 방법을 소개하고 있다.

따라서 자칫하면 이 책이 새로운 교수 방법에 대한 책으로 보일지도 모른다. 사실 부분적으로는 그렇다. 그러나 이 새로운 방법은 바로 교육의 본질, 그리고 우리의 학교가 보다 효과적일 수 있는 방법의 성찰을 통해 가능해진다. 나는 우리가 현재 학생들에게 제공하는 학교교육으로부터 더욱더 효과적인 교수 방법과 교육과정을 갖춘 학교로 점차 옮겨갈 수 있는 방법을 제공하고자 했다. 우리가 다음 50년간에 걸쳐 교육제도를 조금씩 재구성할 수 있는 방법, 그리하여 미래에는 학생들이 좀 더 열정적이고 효율적인 학습자, 지적으로 좀 더 유동적인 방식으로 숙련될 수 있는 학습자가 되는 방법을 제안한다.

이 책이 영어로 처음 출판된 이래 나는 상상력교육연구회(IERG: http://www.ierg.net)를 발전시켰다. IERG는 이 책에서 독자들이 발견하게 될 생각을 정교화하기 위해 노력하고 있다. 특히 교육에 참여하는 교사들과 그 외 관계자들이 이 생각을 어떻게 일상적 실천에 적용할 수 있는지를 보여 준다. 우리는 수업을 계획하는 새로운 틀, 수업 계획의 많은 사례들 그리고 이 책에서 다루는 생각들의 많은 부분에 관한 이론적 탐색을 제공하고, 교실에서 이러한 생각을 실행하도록 교사들을 돕는 여러 실천 지침을 제공한다. 당신이 이 책에서 어떤 흥미로운 생각을 발견한다면, IERG를 방문하여 자신이 이 작업에 어떻게 함께할 수 있는지 살펴보고 싶어질지도 모르겠다.

Kieran Egan

역자 서문

이 책은 키렌 이건(Kierann Egan)의 『The Future of Education』(2008)을 한국어로 옮긴 것이다. 캐나다 밴쿠버에 소재한 사이먼프레이저대학(SFU)의 교수인 키렌 이건은 '상상력' '스토리텔링' '인지 도구와 이해' 등 교육학 분야의 거대 담론을 주도하는 세계적으로 저명한 학자다. 그는 20여 권 이상의 책을 저술하였고, 다수의 책이 10여개 국가들에서 번역 · 출간되었다. 그의 교육사상이 가장 잘 담긴 것으로 평가받는 『교육받은 마음(The Educated Mind, 1997)』은 9개 언어로 번역, 소개되었으며, 또 다른 언어로 번역 중에 있다.

옮긴이들은 교육 이론과 실천 분야에서 새롭게 주목받고 있는 키렌 이건의 대표적 연구 주제인 '상상력 교육'을 한국의 독자들에게 소개할 목적으로 『교육받은 마음』의 번역 계획을 세웠다. 옮긴이들과의 만남에서 키렌 이건 교수는 자신의 이전 저서들에서 충분히 다루지 못했던 부분을 보완하고, 특히 『교육받은 마음』의 후속편으로 상상력 교육의 이론과 실천에 대한 자신의 생각을 구체화한 이 책, 『상상력 교육, 미래의 학교를 디자인하다』를 소개하면서 번역을 의뢰하였다.

따라서 이 책은 『교육받은 마음』의 마지막 장에서 계획했던 내용이면서 동시에 『교육받은 마음』의 핵심 내용을 발전시킨 것으로 키렌 이건의 교육 이론과 실천의 정수를 담고 있다고 할 수 있다. 이 책에서 저자는 오늘날 이루어지고 있는 학교교육을 정면으로 공격하고 교육의 전 과정을 근본적으로 재고해야 함을 역설하고 있다. 그러나 그는 학교의 실패를 교사, 행정가, 정치인들의 탓으로 돌리지는 않는다. 오히려 그는 현재의 교육이 실패하는 근본 이유를 잘못 설정된 학교교육의 목적에서 찾고 있다. 그는 현재의 학교교육이 서로 양립할 수 없는 상호 배타적인 목적을 적절히 조합하고 있음을 비판하였다.

이 책에서 키렌 이건은 현재의 교육에 지대한 영향을 미치고 있는 세 가지—학문적 이데아, 사회화, 발달 개념—교육의 개념과 목적을 탐구하고, 그것들의 결점과 근본적인 상호 양립 불가능성을 명료히 드러내고 있다. 그 후 그는 하나의 대안으로 이와는 완전히 다른 교육과정의 원리에 기초한 '상상력 교육(Imaginative Education: IE)'을 제안하였다. 그는 상상력 교육을 통해 기성세대가 설정해 둔 교과 내용을 아이들에게 전달하는 데 만족하는 기존 학교교육의 교수 활동과 교육과정 등을 근본적으로 변화시킬 수 있을 것으로 기대하였다. 키렌 이건 교수의 기지와 열정이 유감없이 발휘된 2010년부터 2060년까지의 가상의 학교교육 이야기는 자신의 교육 이론, 특히 IE가 어떻게 실천으로 이어질 수 있는지를 설명하고, 학교교육에서 IE 실천의 의미를 드러내고자 한 것이다.

이 책은 두 가지 점에서 공교육 개혁을 논하는 여타 다른 저서와 차별성을 갖는다.

첫째, 키렌 이건은 지난 20세기 동안의 공교육이 수많은 개혁에도 불구하고 왜 실패를 거듭하는가, 엄청난 공적 자금의 투자에도 왜 모든 계층의 아이들은 제대로 배우지 못하는가라는 문제의 원인을 교육 외적인 요인이 아닌 교육 내적인 요인, 즉 교수와 학습의 원리에서 찾는다. 교육이 인간의 '전인적인 마음'의 개발을 그 목적으로 한다면, 현재 학교의 교육과정은 기본적으로 이 목적을 성취할 수 없는 방식으로 구성되어 있다는 것이다. 그의 '상상력 교육'은 바로 이 문제에 대한 대안으로 제시되며, 그의 저서는 이 생각을 이론적으로 체계화한 것이다.

둘째, 이건은 자신의 '상상력 교육'을 단순히 이론적으로 체계화했을 뿐 아니라 이것을 학교의 현장에 적용했을 경우 미래의 학교교육이 어떻게 바뀌어 나갈 것인지를, 특히 그 어려움과 성취에 대하여, 교실의 교수-학습 맥락과 교사 교육의 맥락에서 생생하게 묘사하고 있다. 이것은 하나의 교육적 아이디어가 현장 속에서 실현되어 간다는 것이 무엇을 의미하는지를 보여 줄 뿐만 아니라 교육의 변화를 위해 교사 교육이 얼마나 중요한지를 우리에게 상기시킨다.

최근 한국에서는 교육개혁과 교육혁신에 이어 '교육비전 2030' 수립 바람이 한창이다. 교육개혁이 교육에서의 단기 변화와 장기 발전 모두를 동시에 추구하는 것이라면, 교육비전은 장기적인 관점에서 미래의 교육을 준비하려는 별도의 노력을 의미한다. 교육비전은 향후 우리가 구현할 '바람직한 교육의 방향'을 제시하는 것으로 새로운 교육 정책 수립의 주요 판단 기준이 된다고 볼 수 있다. 다시 말해, 현재의 교육 문제 해결에 충실한 교육정책과 달리 교육비전은 정책적 제한 요소와 교육 현안에 대한 고려를 일정 부분 유보하고 우리가 이루고자 하는 교육의 본질적 가치에 깊이 접근하려는 지혜와 용기를 요청하고 있다.

교육의 미래와 미래 사회에 대한 이러한 관심은 현재의 교육, 특히 학교교육의 한계에서 출발한다고 볼 수 있다. 주지하다시피 현재의 학교 제도는 19세기 이후에 본격적으로 발달하기 시작했다. 1789년의 프랑스 혁명 이후 새로 형성된 근대 국가가 교육을 장악하고, 여기에 산업사회의 요구가 결합되면서 오늘날과 같은 공교육 제도가 자리잡게 되었다. 공교육 사상의 기본 성격은 보편성과 통일성이다. 보편성은 계급과 빈부를 초월하여 누구에게나 평등한 교육 기회를 제공하는 것으로 국민의 교육받을 권리의 실현이라는 가치를 표방한다. 동일한 교육 내용의 제공을 의미하는 통일성은 사회의 모든 구성원을 하나로 묶기 위해 반드시 필요한 사회 규범과 지식의 동질성 확보를 위해 요구되었다.

누구에게나 평등한 교육 기회를 제공하는 보편 교육은 국민의 입장에서 환영할 일이었지만 국가의 입장에서도 충성스럽고 유능한 국민을 육성하기 위해 내용의 통일성에 기반한 공교육을 적극 실현할 필요가 있었다. 1819년 근대 학교를 제도화한 프로이센은 교육의 목적을 '군대에 충성하는 군인, 사용자에 순응하는 노동자, 정부에 복종하는 공무원, 경영에 순응하는 사무원, 주요 사회적 이슈에 동일한 생각을 가진 시민의 양성'으로 설정하여 국민 전체를 사상적으로 강력하게 통제할 수단으로 공교육을 이용하고자 함을 분명히 하였다. 즉, 19세기에 성립된 공교육 제도는 개인의 자아실현이 아닌 국가나 산업의 필요에 의해 성립되었다.

국가나 산업체의 요구에 충실한 인력을 배출하던 19세기의 공교육이 창의성과 상상력에 기반을 둔 미래 사회에도 여전히 유효한지는 의문이다. 비유적으로 표현하자면 '소품종 대량생산' 체제의 공교육 제도가 '다품종 소량생산'이 요청되는 미래 사회에도 적합한지 의문이다. 공교육 제도의 한계를 간파한 자유지상주의자(libertarian)들이 일찍이 공교육 제도의 한계를 지적하였고, 자유학교, 대안학교, 홈스쿨링 등 공교육 제도를 극복하려는 다양한 노력도 시도되어 왔다. 하지만 이러한 시도들은 여전히 하나의 대안으로 존재할 뿐이었다. 여전히 우리는 기존의 학교에 너무나도 익숙해져 있었기 때문이다.

이 책은 이러한 시대적 흐름 속에서 기존 공교육 제도의 한계 극복을 위한 한 줄기 희망의 빛을 보여 주고 있다. 우리에게 너무나 익숙한 학교의 틀을 유지하면서 학교 자체를 근본적으로 변화시킬 수 있는 혁신적 아이디어를 제시하여 우리의 학교가 나아가야 할 방향을 제시하고 있다. 또한 키렌 이건은 전통적 교육과 진보적 교육 모두를 비판하면서 자신만의 생산적인 아이디어를 토대로 교육의 진행 방향을 그려내고 있다. 하워드 가드너(Howard Gardner)의 서평처럼 키렌 이건의 주장은 진보주의와 보수주의의 갈등 속에서 새로운 제3의 길, 상상력 교육을 제시한 것으로 평가받고 있다. 그는 이 책에서 자신이 구상한 상상력 교육은 진보주의와 보수주의 모두로부터 호평을 받고 있으며, 자신의 생각을 구체화한 이상적인 모습으로 서술하고 있다. 저자의 아이디어는 우리 사회의 심화된 갈등과 분열을 조장하는 우리 교육에 또 다른 시사점을 제공할 수 있다고 본다. 이 글의 또 다른 가치가 여기에 있다고 본다.

교육학자로서 옮긴이들은 키렌 이건의 교육 사상에 많은 관심을 두어 왔고, 독자로서 그의 저서들을 흥미진진하게 읽었다. 옮긴이들은 키렌 이건의 교육 사상과 원저의 뜻에 충실하면서도 교육에 관심을 둔 많은 사람들이 쉽게 읽을 수 있도록 하기 위해 많은 노력을 기울였다. 가독성을 높이기 위해 글의 사이사이에 제목을 삽입하기도 했고, 필요할 경우에는 간단한 주석을 덧붙이기도 했다. 하지만 '의지'에 비해 기대했던 '결과'가 산출되었는지, 또한 서툰 번역으로 인해 키렌 이건의 사유를 제대로 펼쳐내지 못한 것은 아닌지 걱정이 앞선다. 그럼에도 불구하고, '미래를 바라보는 나라'인 한국의 독자들에게 이 책이 우리 사회와 우리 교육의 앞날을 위한 진지한 성찰에 많은 도움이 되기를 희망한다.

옮긴이들은 번역 과정에서 많은 사람의 도움을 받았다. 이 책을 함께 읽었던 부산대학교와 서울대학교의 교육철학 전공 대학원 학생들에게 고마운 마음을 전한다. 어려운 사정임에도 이 책의 출판을 기꺼이 도와준 학지사 김진환 사장님과 편집 그 이상의 역할을 맡아 준 학지사 편집부 선생님들의 노고에 진심으로 감사드린다.

2014년 3월

김회용 · 곽덕주

차 례

제1부 학교의 주요 문제와 해결책

시작하는 글

『상상력 교육, 미래의 학교를 디자인하다』라는 이 평범한 제목의 책에서 나는 교육이 여전히 논쟁에 휩싸인 활동으로 남아 있는 이유, 학교가 이렇게 불만족스러운 제도로 존재하게 된 이유를 지적하고, 인간 활동 중 무엇보다도 중요한 교육이 오늘날 지성인의 흥미를 거의 불러일으키지 못하고 있는 이유에 대해 설명했다. 다음으로 앞서 확인된 많은 교육적 문제를 해결할 새로운 사고방식을 제시했으며, 마지막으로 새로운 유형의 교육이 현재의 학교교육 형식을 어떻게 대신할 수 있을지에 대해 기술했다.

1장에서는 교육의 문제와 치유 방법을 탐구하기 위해 2,500년 전 과거 교육과 2,500년 후 미래 교육의 관점에서 오늘날의 학교를 바라보는 상황을 설정했다. 다음 장에서는 현재 학교가 나아갈 방향을 결정하고, 학교 내부의 활동을 형성하는 교육의 복잡한 생각들에 얽힌 매듭을 풀고자 했다. 나는 조금은 복잡한 은유를 사용하여 이 문제의 뿌리를 드러냈고, 우리가 갖고 있던 많은 처방이 핵심을 놓친 까닭을 설명했다. 해결책과 문제점은 서로 빗나가고 있다. 이 오류의 원천을 확인한 후, 책의 나머지 부분에서 이것을 고쳐나갈 방법을 보여 주고자 한다. 3장에서는 대안적이고 실천적인 교육적 개념들을 제안하였다. 이것은 실제로 실행되지 않았다 하더라도 많은 사람이 진정한 교육으로 인정하는 개념이다. 이 책의 나머지 부분은 우리가 현재 상황에서 어떻게 대안적 상황으로 나아가는 출구를 찾을 수 있는가에 관한 이야기다. 2010년부터 2060년까지의 교육의 '역사' 부분은 대안이 어떻게 실천될 수 있는지를 보여 주기 위해 마련된 것이다.

이 책은 오늘날의 교육 쟁점이 되는 보편적 문제들을 다루는 데에 목표를 두지 않는다. 독자에 따라 흥미가 반감될 수도 있지만, 사실 이 책은 어느 정도 논쟁을 불러일으킬 수 있는 성격의 글이다. 나는 무능한 교사나 무지한 학교 행정가, 악의적이고 편견에 찬 정치가와 경영인, 혹은 반지성적인 진보주의자, 엘리트주의자나 고리타분한 전통주의자나 어리석은 교수 등을 조롱하려고 하는 것은 아니다. 나는 진심으로, 교사들이 헌신적이며 숙련된 전문가 집단이라는 믿음을 갖고 이 작업을 진행하고 있다. 또 나의 경험상 교육 행정가들은 어린이가 보살핌을 받는 동시에 최고의 교육을 받을 수 있도록 관심을 가지고 배려하며 장시간 일하는 이들이다. 대부분 부모이기도 한 정치가와 경영인들은 내가 보기에 대체로 학교에 합리적인 요구를 하는 역할도 맡는다. 이때 진보적 교육가들은 현대 학교교육에서 가장 중요하면서도 인도적인 운동을 책임져 왔으며, 어린이들이 자신의 세계에서 무엇이 중요한지를 배우는 데에 관심을 기울인다. 전통주의적 교육가들 또한 인도적이며, 학교가 어린이 복지를 위해 더 효율적인 제도가 되도록 하는 데 시선을 돌리고 있다. 비록 독선적이거나 혹은 낙관적인 관점일 수도 있지만, 나는 지금 벌어지는 정치인과 교사의 논쟁, 진보주의자와 전통주의자의 논쟁, 학교 경영자와 기업 경영인의 논쟁 모두가 서로 치명적인 공격을 가하지만 결국은 잘못된 표적을 향해 있다고 생각한다. 이러한 논쟁은 결과적으로 교육 개선의 의욕을 약화시키거나 별다른 결실을 맺지 못한다. 우리는 좌절감을 공유할 뿐이며 서로에게 해를 입히는 싸움을 하고 있는 것이다. 이 책에서 나의 목적은 우리가 함께 목표로 두어야 할 표적이 무엇인지 명료하게 하는 것이다.

'악'이라는 관념은 지나치게 추상적이기에 좋지 못하다. 나는 이 관념이 무엇인지, 그리고 이 관념이 어디서 왔으며 이에 대해 우리가 어떻게 할 수 있는지를 보여 주려 한다. 우리는 읽기나 쓰기 능력이 매우 뒤떨어지는 학생을 보았을 때, 또는 많은 돈을 투자했지만 이웃 나라에 비해 우리나라 교육이 성공적이지 않다는 것을 발견할 때 특정 집단이나 구체적인 사실 안에서 희생양을 찾으려는 경향이 있다. 이에 반해 우리의 근본적인 문제가 이론적 또는 관념적이라는 사실을 받아들이기는 쉽지 않으며, 우리가 교육 제도의 근본적 개념에서 혼란을 느끼고 있다면 아무리 많은 교육 집단들이 효과적으로 활동을 개선시키더라도 이 문제를 근본적으로 해결하지 못할 것이란 사실을 받아들이기도 쉽지 않다. 만약 우리가 잘못된 방향을 향하고 있다면 더 나은 방식으로 더 빨리 달리는 것은 도움이 되지 않을 것이다. 우리는 우리 방식대로 행동하며, 우리가 세운 관념의 결과로서 학교를 설계한다. 따라서 우리가 우리의 학교를 개선하고자 한다면, 그 출발점은 추상적이고 부자연스럽지만 바로 관념의 영역이 되어야 한다.

비어드(Charles A. Beard)는 "세계는 주로 참과 거짓이라는 관념에 의해 통제된다."(1932. p. ix)고 말하며, 이를 위해 "인생에서 이 관념이 발휘하는 힘은 그 속의 오류들과도 어느 정도 멋지게 조화를 이룬다."(p. ix)는 영국식 위트를 인용한다. 물론 이런 냉소주의에 동의하지는 않지만 때때로 이것은 예리하게 정곡을 찌르는 말임에는 틀림이 없다.

제1부

학교의 주요 문제와 해결책

01 과거, 현재 그리고 미래의 학교

학교의 탄생 그리고 변화

당신이 2,500년 전 동료 시민들 사이에 서 있는 아테네인이라고 상상해 보자. 당신 앞에는 탁탁 소리를 내며 타는 장작이 놓인 야트막한 돌 제단이 있다. 제단 속 구덩이에서 가장 멀리 떨어진 구멍에서 연기가 피어오른다. 꼼꼼히 손질된 암소가 당신과 안면이 있는 두 남자를 따라 단정하게 제단에 끌려 나온다. 활활 타오르는 불꽃과 침묵하는 군중에 놀란 암소는 발길질을 하며 울음소리를 내지만 곧 강력하게 제지당한다. 사제는 팔을 들어 올려 지혜의 여신인 아테나를 찬양한다. 그리고 여신이 이 순수한 제물을 받아 익어 가는 고기의 풍성한 향을 즐기기를 간청한다. 긴 칼날이 암소의 목 아래를 스친다. 찰나의 비명 뒤 암소의 다리가 꺾이면서 침묵이 뒤따른다. 짐승은 곧 정교하게 도살된다. 몸통이 불타는 구덩이에 옮겨지는 동안 도려낸 내장은 긴 사발에 담겨 제단 위 사제 앞에 놓인다. 사제는 쉿 쉿 소리를 내는 제물 위에 포도주를 붓는다.

몸통이 지글거리며 익어갈 때, 당신과 동료 시민들은 사제가 재빨리 간을 베고 남아 있는 내장을 돌 옆 연기 구멍에 버리는 것을 긴장한 채로 조용히 지켜보며 서 있다. 그것들은 신을 가장 기쁘게 하는 향기를 더 자극적으로 만든다. 사제는 모든 것을 능란하게 해체하고, 모든 눈은 사제의 움직임을 주시하고 있다. 지루한 시간이 지난 뒤 피범벅이 된 사제는 간 조각을 들어 올린 후 간에 흠이 없다고 외치고, 아테나 여신이 이 제물에 기뻐하며 아테네인과 코린트인 간의 전쟁에서 승리를 보증해 줄 것이라고 덧붙인다. 큰 함성이 울려 퍼진다. 여신은 두 민족 간의 전쟁을 제안했던 자들을 지지해 왔으며, 이 의식을 통해 두 민족 간의 평화 협정은 계속 거부될 것이다.

그을린 고기의 대부분이 아테네를 위해 할애되고, 사제의 몫 역시 따로 챙겨진 다음에야 당신과 동료들은 남아 있는 암소 고기의 살점을 나누어 먹게 될 것이다. 만일 당신이 탁자에 친구들과 둘러 앉아 포도주 한 사발과 함께 즐겁게 고기를 먹으면서 "사실 짐승을 가르고 내장을 검사하는 것은 좋은 외교 정책이 아니야!"라고 말한다면 친구들은 당연히 당신을 미쳤다고 여길 것이다. 만일 이 의식이 국가유지 정책으로 좋지 않다고 생각해 왔고, 소의 간이 지혜나 전쟁에 나가는 것과 아무 상관이 없다고 주장한다면, 당신은 대중으로부터 의심을 받을 것이며 적개심의 대상이 될지도 모른다. 친구들은 자신의 상식에 따라 확신에 차서 당신을 공격할 것이다.

친구들의 말처럼 당신은 도대체 어떤 방법으로 신의 의지를 발견하고 싶은가? 사제는 자료를 발견하고 해석하는 숙련된 경험을 위해 오랜 기간 동안 고도의 훈련을 받았다. 그녀는 키오스 섬 안에서 점괘에 관한 한 최고 전문가다. 점괘는 복잡하고 엄밀한 과학이며 정치적 · 사회적 결정을 내리는 가장 효과적인 방법이다. 또한 암소의 간은 관련된 정보 중 가장 신뢰할 수 있는 것으로 여겨진다.

물론 여기서 말하고자 하는 것은 당신의 논점, 즉 '내장을 잘라 봄으로써 국가 정책을 결정하는 것은 어리석다.'는 주장이 '왜 그런 식으로 정책을 결정하는가?'라는 당신의 질문을 넘어선 문제라는 것이다. 왜냐하면 당신을 대적한 사람들은 스스로를 상식적인 현실주의자로 생각하는데, 그 이유는 어떤 것이 존재하고 어떻게 작동하는지에 대해 자신이 익히 잘 안다고 생각하기 때문이다. 만일 당신이 자신의 입장을 고집한다면 그들 가운데 좀 더 친절한 사람들은 서로 은밀한 조소를 나누며, 당신이 없을 때는 당신이 마치 공구 창고의 날카로운 도끼도 되지 못하는 덜 떨어진 사람이라는 듯이 자신의 머리를 톡톡 칠 것이다.

미래의 학자가 근대 학교를 연구하다

이제 당신이 2,500년 후 미래의 역사학자가 되었다고 상상해보자. 당신의 전문 영역은 명확히 19세기 중반에서 20세기 중반까지의 시기다. 그리고 이 시기의 모든 사회에서 발견되는 특유의 제도와 기관들에 대한 논문을 쓰고 있다.

학교는 대략 19세기부터 시작되어 근대국가에서 약 200여 년 넘게 중요한 기관으로 존재했었다. 지금 당신은 이전과는 다른 좀 더 명확한 방식으로 이것을 설명하려고 노력하고 있다. 어떻게 이 제도가 처음 등장했는지, 그리고 사람들이 학교의 무익함을 끊임없이 불평했음에도 어떻게 그토록 오랫동안 유지되었는지에 관해서 말이다.

당신의 논점은 20세기 사람들이 끊임없이 탐구를 거듭했음에도 불구하고 학교의 무익함에 관한 근본적인 문제를 규정하는 데 실패했다는 것이다. 대다수의 개혁가들은 의도적으로 기획된 특별한 몇 가지 변화를 통해서 효과적인 교육 체제를 만들려고 시도했다. 그러나 그들은 자신이 당연하게 여겼던 일에 진정한 문제가 내재해 있다는 사실을 인식하지 못했다. 당신은 당시 철학자인 비트겐슈타인(Ludwig Wittgenstein)의 말을 인용하면서 학교에 관한 당신의 연구 주제를 시작할 수 있을 것이다. "오류의 원천을 드러내야 한다. 그렇지 않다면 진리의 말을 듣는 것은 아무런 소용이 없다."

고대 학교 스콜레가 가르친 것

학교에 관한 논의를 구성하는 과정에서 한 가지 어려움은 이 글을 읽을 독자가 많은 사람이 학교가 어린이 교육에 합당한 기관이라고 믿었다는 사실을 납득하기 어려울 것이라는 점이다. 오늘 아침 당신은 당신의 주제가 얼마나 광범위한지를 깨달았다. 왜냐하면 지난 밤 저녁을 먹은 뒤 당신은 남편과 아이들에게 당신의 이론을 전체적으로 설명해 보았기 때문이다.

당신의 남편은 고대 학교에 관해 어느 정도 알고 있는 상태에서 그러한 학교가 처음에 어떻게 시작되었는지 묻는다. 당신은 스콜레(skhōle)에 관해 이야기해 주었다. 스콜레는 고대 그리스 사회에서 문화 활동, 특히 문학, 음악, 체육, 수학, 천체, 지리, 자연 세계를 통해 여가를 선용하기 위한 곳이었다. 당신은 문명화된 많은 그리스인이 국가 정책만큼은 이상하게도 짐승을 도살해 내장을 조사하여 결정해야 한다고 믿었다는 사실을 지나가듯이 말해 주었다. 이야기를 듣던 당신의 아이는 접시에서 눈을 떼고 놀란 듯 당신을 바라볼 것이다. 오랫동안 스콜레는 '젊은이들에게 적절한 여가 사용법을 가르치는 장소'라는 뜻으로 사용되어 왔다.

당신은 또한 훗날 등장하게 된 근대 학교의 문제점은 이미 고대로부터 형성된 것이라고 설명한다. 그 문제란 바로 특정 종류의 지식을 학습하는 것이 누군가를 보다 덕스러운 사람으로 만들어 준다는 신념이었다. 이것이 곧 고급 기하학을 학습하면 교육받지 못한 사람보다 기하학을 더욱 잘 알게 된다는 뜻은 아니지만, 교육받은 이의 마음은 어떤 방식으로든 좀 더 탁월해진다는 것이었다. 그리고 많은 지식을 통해 마음이 탁월해지면 그 사람은 더욱 좋은 시민, 그리고 보편적으로 좋은 사람이 될 수 있다는 것이었다. 이러한 생각은 그리스적인 교육 이념을 가지고 있는 국가에서 오랫동안 지속되었다. 특권적 지식을 교육받은 사람이 교육받지 못한 사람을 무지하고 천박하며 야만적인 사람으로 여기도록, 그리고 글쓰기를 사용한 경험이 없고 활자화된 지식도 가지지 못한 다른 사회의 사람들을 원시인이나 야만인으로 여기도록 조장해 왔다는 것이다.

당신의 막내 아이는 그리스의 학교는 당신이 연구하는 19세기 중반에서 20세기 중반의 학교보다 너무 오래전 일이라고 지적할 것이다. 그래서 당신은 많은 학교들, 즉 젊은이들이 여가 사용을 위한 최선의 방법을 배우고, 더 우수한 사람이 되도록 하는 장소와 같은 학교들이 수 세기에 걸쳐 나타났다고 설명한다. 당신이 연구하는 학교가 등장하게 된 계기로는 산업혁명과 농업혁명 같은 큰 사건을 들 수 있다. 이 두 혁명으로 인해 강력한 중앙집권 국가와 거대한 군대를 갖추고 기계로 무장된 전쟁이 뒤따르게 되었다. 국가는 점차 대중의 삶과 정신을 통제할 필요성을 느끼게 되었다. 이때 대중을 통제한 주요 기관이 바로 학교였다. 이전과 다른 새로운 유형의 학교가 생겨난 셈이었고, 이는 그리스의 전통 위에 어색하게 접목되었다.

새로운 학교의 등장

오래전 학교는 부유한 남자아이들이 여가를 사용하는 법을 배우는 장소였던 반면, 새로운 근대 학교는 모든 어린이가 생산적 작업을 배우기 위한 곳이었으며, 국가와 국가의 가치에 정서적으로 헌신하기 위해 준비하는 곳이었고, 그들의 사회적 배경이 지원할 수 있는 문화적 · 개인적 발달이라는 오래된 사상의 잔재에 익숙해지도록 하기 위해 존재하는 곳이었다.

새로운 기관을 '학교'라고 부름으로써 스콜레와 새로운 유형의 학교 간의 차이점이 은폐되었다. 많은 사람이 고대 학교가 소수 특권층에게만 제공한 것을 새로운 학교는 모든 계층의 어린이에게까지 제공해 줄 곳으로 믿었기 때문에 이 계승의 신화가 가짜라는 사실이 더욱 감추어졌다. 새로운 학교란 '국가가 주도하는 고대 학교의 확장된 형태'라고 정당화할 수 있을 정도로 새로운 학교와 고대의 학교는 특징을 공유했다. 예를 들면 문학, 수학 그리고 역사는 새로운 학교와 고대 학교 모두에서 어린이 집단을 다루는 전문화된 교사들이 가르쳤다는 것이다.

당신은 아이들을 위해 우리가 하고 싶어 하는 거의 모든 것이 어떻게 새로 등장한 학교의 과업이 되었는지 설명하려고 노력한다. 각 국가의 아이들은 전문적으로 설계된 '학교'라는 건물 안에 연령별로 양순하게 붙잡혀 있었다. 국가 또는 이해관계에서 영향력 있는 집단들이 시도하고자 하는 그 어떤 일도 할 수 있는 상태로 말이다. 그리고 실제로 모든 일이 시도되었다.

사람들 모두 어린이를 위해 최선을 다하려고 했다. 그러나 무엇이 가장 최선인지에 대한 생각은 사뭇 달랐다. 어떤 사람은 특정한 지식이 어린이들을 도덕적으로 만들어 주며, 다른 지식은 그렇지 않다고 믿었고, 어떤 사람은 특정한 신념과 가치를 가르치길 바랐으며, 어떤 사람은 억지로 가르쳐진 신념과 가치에 대해 어린이들이 비판적이 되기를 원했다. 어떤 사람은 어린이들을 정련된 지식으로 이끄는 잘 고려된 교육과정을 그대로 따르기를 원했으며, 또 어떤 사람은 어린이가 스스로의 흥미에 따라 지식의 세계를 탐험하기를 원했다. 어떤 사람은 학교를 졸업한 후 좋은 직업을 가질 수 있는 실제적 기술을 가르치길 원했으며, 어떤 사람은 어린이의 정신을 예술의 세계로 개방시키려 했다. 대부분의 사람은 학교를 통해서 앞서 말한 모든 생각이 성공적으로 수렴되기를 기대했다.

학교는 무엇을 위해 존재하는가

이쯤에서 당신의 첫째 아이가 끼어들어 만일 사람들이 학교가 무익하다고 계속 불평하거나 논쟁해 왔다면 이렇게 혼란스러운 제도가 어떻게 그렇게 오래 유지되었는지 물을 것이다. 당신은 내장을 조사하면서 정책을 결정했던 고대 그리스인과 같이 대부분의 사람이 학교 기관을 당연한 것으로 생각해 왔다고 설명할 것이다. 이들은 이러한 기관들을 자연 세계의 일부로 여겨 왔다. 그들은 나무가 주위에 존재해야 할지 혹은 그렇지 않으면 어떻게 달리 바꾸어야 하는 것인지에 대해 의문을 품지 않는다. 당연히 학교도 그렇게 생각되었다.

끊임없이 비통하게 학교에 관해 논쟁하는 사람도 있었지만, 대부분은 특별한 개혁을 통해 학교는 개선될 것이라고 생각했다. 심지어는 잘 계획된 개혁마저도 실패한 후에야 사람들은 진정 학교가 무엇이며 또 무엇을 해야 하는지에 대한 생각이 실제로는 사람들 속에서 여러 가지로 나뉘어 있으며 그 속에 긴장감이 형성되어 있다는 결론을 내리게 되었다. 그래서 사람들은 마치 영웅처럼 최선을 다해 해를 거듭해 비틀대며 전진한다. 그럼에도 불구하고 이 문제에 대해 막연함과 혼동, 논쟁은 여전히 존재한다.

학교의 문제는 근본적인 데 있다

이제 전쟁에 대한 기대로 흥분과 열망이 넘치는, 구운 암소를 먹는 고대 그리스에서 벗어나 보자. 그리고 역사 연구자에게서도 멀어지자. 나는 과거에서부터 미래에 이르기까지 통틀어 학교에 대한 우리의 문제는 오늘날 사람들이 믿고 있는 것보다 훨씬 더 근본적인 것이라고 말하고 싶다. 교육에 관한 대부분의 책을 읽다 보면 당신은 특정한 개혁, 즉 기본에 더 많이 집중하는 것, 어린이의 탐구가 좀 더 자유롭게 이루어지는 것, 바우처 제도와 시장 원리의 적용, 기술을 좀 더 적정히 사용하는 것 등으로 인해 학교에 대한 만족도가 높아질 것이라는 생각을 갖게 될 것이다. 그러나 나는 근대 학교의 문제가 최근 제공된 개선책의 나열로는 고쳐질 수 없음을 보여 줄 것이다.

문제는 다른 곳에 있다. 우리는 고대인과 근대 유럽에서 이어져 얽혀 온 교육의 개념을 상기하는 가운데 이를 개선해 나가야 할 것이다.

02 왜 교육은 그토록 어렵고 논쟁적인가

– 학교교육의 문제점

교육에 대한 세 가지 관념

추상적이고 부자연스러운 관념의 영역에서 논의를 시작하는 것은 그리 나쁘지 않을 것이다. 그러나 우리 생각의 수단인 관념에 대하여 사고한다는 것은 부담스러울 수 있다. 관념에 대한 사유가 어려운 이유는 우리의 마음이 세계의 일부분이자 세계를 보는 수단이기 때문이다. 이것이 바로 우리에게 여전히 많은 문제점을 남기게 됨에도 불구하고 사람들이 끊임없이 해결하려고 시도하는 악명 높은 이원론의 문제다.

우리의 관념은 우리의 시선에 많은 영향을 미치는 렌즈와 같은 역할을 한다. 일반적으로 우리는 우리의 관념-렌즈를 당연히 여기고, 현실을 직접적으로 볼 수 있을 것이라고 생각한다. 물론 우리는 현실을 직접 볼 수 없다. 그리고 때때로 불가피하게 다른 관념의 렌즈를 사용하여 현재의 관념을 성찰하려고 하는데, 이것은 유용한 방법이다.

오늘날 많은 사람들이 교육에 대해 생각할 때 크게 세 가지 관념을 사용한다. 나는 그것들을 사회화, 플라톤의 학문적 이데아, 루소의 발달 개념이라고 부른다. 이 개념들의 조합이 오늘날 학교교육의 현실, 즉 교육이란 이름으로 아이들에게 수행하는 행위를 지배한다.

교육이 처한 문제는 대부분의 사람이 이 관념들을 다르게 조합한다는 것이다. 결과적으로 그들의 관념 렌즈는 그 조합들을 다른 교육적 '실재'로 드러낸다. 이보다 더한 어려움은 각각의 관념이 단점을 가지고 있기 때문에 발생하며, 각각은 또한 다른 것들과 양립할 수 없다. 나는 세 가지 주요 관념에 대한 일반적인 교육적 신념들을 결점과 함께 소개하고, 각각이 얼마나 나머지를 약화시키면서 우리 교육제도의 효과를 떨어뜨려 왔는지 보여 주면서 문제를 풀어갈 것이다.

러셀(Bertrand Russell)은 교육에 대한 현재 우리의 이해가 이 세 가지 특정한 관념과 관련되며, 세 가지 관념이 학교교육의 목표가 되었음을 인식했다(1926, ch. 2). 그는 다양한 목표로 인해 발생하는 문제의 해결책은 그 목표들 간의 균형을 적절히 맞추는 것에 달려 있다고 생각했다. 물론 적절하게 구성한다는 것의 의미에 대해 사람들은 한 세기 반 동안 논쟁해 왔다. 츠비 램(Zvi Lamm)은 이 세 가지 관념이 공존할 수 없음을 예리하게 지적했으며, 각각을 사회화, 문화 변용, 그리고 개인화라고 불렀다(1976). 그는 각각의 관념이 교수의 뚜렷한 목표, 즉 "사회적 역할을 위해 아이들을 훈련시키는 것, 문화에 입문하는 것, 그들의 자아실현을 지지하는 것"(p. 56)과 어떻게 연결되는지 규명하였으며, 한 목표가 다른 두 목표를 어떻게 약화시키는지도 상세하게 보여 주었다.

그러나 우리는 이 세 가지 목표들이 서로 공존할 수 있다거나 각각 합리적으로 적절한 시간과 자원을 할당할 수 있다면 그 갈

등은 해결될 것이라고 가정하면서 교육 사업을 계속하고 있다. 그러나 이 장에서 나는 츠비 램의 통찰을 상기시키면서 좀 더 급진적인 이야기를 하고 싶다. 나의 주장과 유사한 로이(Arundhati Roy)가 『생활비(The Cost of Living)』(1999)에서 묘사한 상황에 대해 살펴보자.

> 사르다르 사로바르(Sardor Sarovar)와 같은 다목적 댐에서 주목해야 할 점은 댐의 '목적들'(관개, 전력 생산, 홍수 조절)이 서로 상충된다는 것이다. 관개를 위해서는 전력 생산에 필요한 물을 사용한다. 홍수를 조절하기 위해서는 장마철에 물이 범람하는 것을 막기 위해 저수지를 비워 놓아야 한다. 만약 물이 범람하지 않는다면 댐은 텅 빈 채로 남아 있게 된다. 이것은 장마철에 물을 저장해야 하는 관개의 목적에 타격을 준다. 이것은 마치 여우, 닭 그리고 곡식자루를 가지고 한 번에 강을 건너야 하는 어려운 문제와 같다.

이 비유를 너무 깊이 살펴보진 않을 것이다. 이 비유를 통해 말하고자 하는 것은 하나의 사업을 위해 세 가지 좋은 목적을 추구한다고 해서 이 모두를 하나의 제도 안에서 동시에 성취할 수 있지는 않다는 것이다. 나는 학교를 로이가 묘사한 다목적 댐과 같은 문제를 가진 제도로 보아야 하는 이유에 대해 설명할 것이다. 물론 당신은 학교가 이런 댐과 같이 비효율적인 것은 아니라고 항변할지도 모른다. 그러나 서구사회에서 실질적으로 문맹의 비율이 얼마나 놀라울 정도로 높은지를 생각해 보자. 그리고 글을 읽을 수 있는 사람 중에서도 글보다 그림이 더 많은 포뮬러(formula) 소설이나 자기계발서, 잡지의 수준을 넘어서는 책을 읽는 사람이 드물다. 문학 소설이나 진지한 논픽션을 위한 미국 시장은 아주 협소하다. 이 범주의 베스트셀러는 3억 인구 중 10,000부 정도가 팔렸을 뿐이다. 학교제도는 무려 10년 이상 교육이라는 공언된 목표를 지닌 채 의무적으로 강요되지만, 아이들로 하여금 단지 몇 편의 세계 걸작 문학에 흥미를 가지도록 할 뿐이다. '고급 문화' 수준의 글을 읽는 것이 교육의 성공 여부를 판가름하는 중요한 기준이라고 주장하는 것은 아니다. 이 문제는 나중에 좀 더 살펴볼 것이다. 그보다 나는 학교교육의 목적이 문맹 혹은 요즘 매우 보편적인 부분적 (절반 정도의) 문해 상태는 아니어야 한다고 주장하는 것이다.

댐의 목적과 달리 적절하게 수행되는 교육을 구성하는 세 가지 각각의 관념들은 다른 것과의 충돌 이전에 이미 그 자체로 문제를 내포하고 있다. 각각의 기본적인 관념의 문제점은 각 목표의 지지자들에 의해서 이미 지적된 바 있다. 20세기의 교육적 실천은 각 관념 혹은 개념에 내포된 단점이 다른 관념이나 개념에 의해 보완될 수 있을 것이라는 가정하에 진행되었다고 볼 수 있다. 즉, 세 가지의 잘못된 관념들이 결국 하나의 올바른 관념으로 완성될 것이라는 가정이다. 그러나 그런 시도는 효과가 없었으며 바람대로 되지도 않았다.

사회화와 교화, 세뇌의 위험

우리가 전수받은 위대한 교육적 관념 중 첫 번째는 현대의 교육자들에게 '좋은 소식'에서 '나쁜 소식' '더 나쁜 소식' 그리고 '정말 나쁜 소식'의 시나리오로 다가왔다.

우리 교육은 조상들이 진화의 문제에 부딪쳤던 25만 년 전부터 어려움을 겪었을 것이다. 그 시기에 인류의 두뇌 크기는 꽤 빠르게 커지고 있었던 것 같다. 문제는 더 큰 뇌를 가진 아기를 출산하기 위해 여자의 골반을 계속 크게 할 수 없다는 점이었다. 지나치게 큰 골반은 여자의 보행에 지장을 초래한다. 이 문제에 대한 주목할 만한 해결책은 아기의 뇌가 미성숙한 채로 태어난 후, 주로 자궁 밖에서 성숙하도록 하는 것이었다. 그래서 오늘날 우리는 350cc 정도의 뇌를 가지고 태어나는데, 이것은 인류의 사촌인 침팬지와 똑같은 크기다. 출생과 성인기 사이에 침팬지의 뇌는 100cc 더 커지는 반면, 인간의 뇌는 1000cc가 더 커지며 대부분 네 살에서 다섯 살 사이에 성장한다. 인간 뇌와 아동기의 이러한 특성으로 인해 이제는 교육의 일부가 된 보살핌과 가르침을 계속해야 할 필요성이 생겼다.

사회화의 좋은 소식

뇌가 커지면서 언어도 발달했고, 의사소통을 위해 언어의 사용이 현저하게 증가했다(Donald, 1991, ch. 7). 가장 중요한 이야기들은 듣는 이로 하여금 삶의 의미라고 부르는 것에 대한 개념적인 이미지를 떠올릴 수 있도록 고안되었다. 그것이 젊은이들에게 전해졌고, 노인들에 의해 강화되었다. '우리'가 누구인지, 우리가 이곳, 숲, 평원, 해변, 언덕, 동물들 사이에서, 별 아래에서 무엇을 하는지 그리고 다음에 어디로 가야 할지 등의 이미지가 첨가되었다. 이야기는 전형적으로 어떤 수렵채집 사회의 문화를 구성하는 규범 또는 가치를 정당화하는 신 또는 성스러운 조상들에 대한 것이었다. '좋은 소식'은 사회의 단일한 이미지를 만들어 내고, 그 안에서 개인의 역할을 인정하며 또한 우리 삶의 드라마가 일어나는 우주에 대해 설명하는 수렵채집 사회의 장치들이 오랜 세대를 거쳐 큰 성공을 거두었다는 것이다. 계속되는 '좋은 소식'은 구술 문화로 계승되어 온 과정들이 오늘날 젊은이들을 사회화하는 데 아주 효과적이라는 것이다.

예를 들어, 우리는 아이들이 자신의 경험을 이해하고 해석할 수 있도록 이야기를 이용한다. 그런데 종교적인 맥락에서는 더 이상 전통적인 신화를 사용하지 않기 때문에 이런 고대의 기술들이 의사소통을 위해, 그리고 '우리'가 누구인지, '우리'가 무엇을 믿는지, '우리'가 어떻게 행동해야 하는지를 뒷받침하기 위해 현대 사회에서도 여전히 흔하게 사용되고 있다는 것을 알아채기는 쉽지 않을 것이다. 종교적인 이야기는 그러한 잔존의 가장 명백한 예시다. 하지만 그것들은 더 다양한 비형식적인 이야기들, 즉 농담이나 도시괴담, 특정 규범이나 가치들을 강화하는 가족 에피소드(Rosenbluth, 1990), 속담 그리고 잘 알려진 이야기, 간략화된 역사, 사내 정치에 대한 설명, 영화나 텔레비전 쇼의 일반적인 구조 등이 전하는 반복적인 교훈들과 때때로 다투고 경쟁하게 된다. 이야기는 우리가 전수받아 온 사회화 기법 중에서도 특히 중요하다. 왜냐하면 그것은 듣는 이의 감정에 호소하며, 그들이 그 안에서 규정된 가치와 규범에 헌신하도록 만들어졌기 때문이다(Egan, 1988).

사회화의 나쁜 소식

'나쁜 소식'은 진화가 우리를 작고 안정된 수렵채집 사회에 살도록 준비시켰다는 점이다. 우리는 홍적세인(Pleistocene)이다. 그러나 언어화된 우리의 뇌는 우리가 살아가야 하는 거대하고 다문화적이며 기술적으로 정교하며 빠르게 변화하는 사회를 만들어왔다. 우리의 뇌가 아주 큰 범위의 사회적 환경에 적응할 수 있기 때문에 지금은 그 자체로 그렇게 나쁘진 않다. 나쁜 소식은 자궁 밖에서 우리의 뇌가 더 성장하도록 하는 놀라운 진화적 적응과 관련되어 있다. 이 진화의 결과 중 하나는 수렵채집 부족에서는 언어, 사회 및 사회의 규범과 가치들에 대한 개념, 삶, 우주 그리고 모든 것의 의미에 대한 신념을 유년기에 놀라우리만치 효율적으로 쉽게 배운다는 것이다. 즉, 우리는 개념적으로 아주 일찍 그리고 빠르게 새로운 상황에 적응하도록 준비한다는 것이다. 처음 듣는 이야기를 통해 아이들이 배우는 것이 무엇이든 간에 그것은 빠른 속도로 견고해지며 미래의 학습을 위한 바탕이 된다. 이렇게 빠르고 깊게 새겨진 초기 학습은 수렵채집 사회에서는 큰 도움이 된다. 왜냐하면 그러한 사회의 안정성과 연대감은 구성원들이 모두 무조건적이며 단일한 세계관이나 이념을 공유함으로써 유지되기 때문이다.

인간의 개념적 발달에 대해 설명하고자 하는 이가 있다면, 그는 진화를 통해서 우리가 두 종류의 학습을 준비하게 되었다고 주장할 것이다. 먼저 주로 유년 시절의 쉬운 학습을 들 수 있다. 이 학습은 우리가 언어와 우리 사회, 더 나아가 우주에 관한 이미지를 지니기 위해 필요하다. 이 초기 학습은 마치 시멘트나 소석고처럼 효과가 있는 것처럼 보인다. 즉, 처음에는 대단히 유동적이고 다양한 외적 통제를 광범위하게 받아들일 수 있으나 점점 굳어지며 견고해진다. 그리고 언어나 사회적 행동과 같은 아주 특정한 대상에 초점이 맞춰진 것처럼 보인다. 두 번째 종류의 학습은 우리 일생을 거쳐 유연한 상태에서 이루어지며, 다목적 유용성을 띤다. 그러나 더 많은 시간과 노력이 들며 더디게 이루어진다. 두 학습의 차이를 대조해 보면, 유년 시절에 언어를 배우고 사회적 관습을 받아들이는 방식이 효율적이라는 사실이 분명하게 드러난다. 반면 유년기를 지나 새로운 언어를 배우고 삶의 후반에 새로운 사회적 관습을 받아들이기는 상대적으로 어렵고 비효율적이라는 것을 느끼게 된다.

포더(Jerry Fodor)는 인간의 마음이 입력체계 구조와 중앙처리장치를 가지고 있다고 주장한다(1983). 입력체계는 일반적으로 뇌의 특정 부분과 관련되어 있다. 그것은 만지고 듣고 보는 것, 그리고 언어와 같은 것에 초점이 맞춰져 있다. 입력체계는 빠르고 '어리석지'만 우리는 정상적인 상태라면 큰 어려움 없이 들을 수 있고 언어를 학습할 수 있다. 중앙처리장치는 '똑똑'하며 뇌의 위치와 작동에 있어서 느리고 보편적이다. 이것은 '어리석은' 뇌의 시스템이 어떤 것에 아주 빠르게 반응하도록 하는 반면, 다른 시스템은 숙고하고 분석하게 한다. 포더는 "영원한 아름다움과 진리에 대해 숙고하는 것은 의심의 여지없이 중요하다. 그러나 적에게 잡아먹히지 않는 것, 즉 살아남는 것은 더 중요하다."(1985, p. 4)라고 말했다.

우리는 여전히 인지가 어떻게 이루어지는지에 대해 확신하지 못하기 때문에 이러한 두 종류의 학습 사이의 첨예한 차이점을 추론할 때 신중할 필요가 있다. 그러나 지금은 그 차이점 덕분에 사회화의 개념을 교육 목표의 일부로서 물려받는 데에 따르는 나쁜 소식의 문제점을 명확하게 알게 된다.

초기에 사회화는 '어리석은' 학습의 종류와 이 학습이 약속하는 것에 강하게 의존한다. 만약 지구가 거북이 등에 얹혀 있는 평평한 원반이라고 말한다면, 거의 모든 사람은 이것을 믿고 지구를 이 믿음에 따라 보게 될 것이다. 만약 지구가 빠른 속도로 자전축을 따라 돌며 상상할 수 없을 정도로 빠르게 태양 주위를 도는 거대한 구라고 말한다면, 사람들은 이것을 믿을 것이다. 우리의 어린 시절, 시멘트와 같은 학습은 거의 어떤 것이든 수용할 수 있으며, 이것은 견고해지고 점차 고정된다. 다른 다목적의 학습 능력은 당연히 처음 형성된 믿음을 부정하는 지식을 수용할 수 있으며 결과적으로 우리는 초기의 믿음과 약속을 바꿀 수 있다는 것을 알고 있다. 그러나 우리는 또한 이것이 대부분의 사람에게 드물게 일어나고 어렵다는 것도 알고 있다. 우리가 처음 들은 이야기들과 초기에 사용된 사회화 기법들은 사람들이 죽을 때까지 지니게 되는 가치들을 비교적 쉽게 고착시킨다. 그 결과, 사람들은 세계의 일부로서 세계와 함께 사고할 뿐 어떤 것에 관해 세계로부터 독립된 생각을 하지 못하게 된다.

사회화 관념이 가져다주는 나쁜 소식은 지금의 우리가 규범, 믿음 그리고 가치들을 수정할 수 있는 유연성이 필요한 세계에 살고 있다는 것이다. 그러나 진화의 과정은 우리를 낡은 특정 규범, 믿음, 가치에 헌신하도록 엄격하게 사회화시켜 왔다. 오늘날 대부분 서양의 아이들에게 문해 능력, 비판적 사고, 다른 사람에 대한 관용 등은 그들의 초기 사회화 동안에 충분히 이해할 수 있는 '규범, 믿음 그리고 가치'의 부분을 형성하게 한다. 여기서 나쁜 소식은 무엇인가? 우리는 사회화된 문해 능력, 비판적 사고, 관용과 그것들을 교육하는 방식 사이의 간극을 나중에 살펴볼 것이다. 때때로 그 간극은 미묘해서 묘사하기 힘든 것처럼 보이지만 실제로는 현저하게 나타난다. 사회화는 현재의 사회적 요구와 가치 기준에 의해 결정되는 하나의 과정이다. 사회는 다양한 사람들의 가능성을 제한하고 구속하며, 현재의 사회가 필요로 하는 것들과 미래 사회가 필요로 하는 것들에 대한 합리적인 예측에 따른 본보기를 제시한다. 사회화의 나쁜 소식은 사회의 요구가 인간의 가능성을 제한하도록 틀을 지운다는 점과 관련된다. 우리는 인간의 무한한 가능성을 탐구할 수 있도록 허용하는 이상적인 사회를 상상해 볼 수 있다. 교육의 일부분으로서 사회화의 문제점은 우리가 그런 사회를 이제껏 가지지 못했고 지금도 가지지 못하며 앞으로도 가질 수 있을 것 같지 않다는 점이 아니라, 사회화의 획일적인 요구사항이 상상력에 대한 열망과 대치된다는 점이다. 그러나 지금 여기서는 이상적인 삶이 목적인 시민을 형성하고자 하는 이상사회의 신념과 결부된 사회화 개념이 아니라, 자신의 목적에 적합한 아이들을 만들어 가길 원하는 정부, 기업 그리고 이익집단 등이 매일같이 학교에 요구하는 것에 대해 생각해 보자. 결국 이것이 정부가 학교교육 사업을 하는 이유다.

더 나쁜 소식, 세뇌되고 교화된 인간의 등장

이 나쁜 소식에 뒤따르는 '더 나쁜 소식'은 만약 사회화가 정말 성공을 거둔다면, 그 결과는 세뇌 혹은 교화된 인간의 등장이라는 것이다. 우리는 다른 사람들이 자신의 아이들을 교화시키는 방법을 매우 비판적으로 생각하는 경향이 있는 반면, 스스로가 이용하는 교화의 방식은 잘 의식하지 못한다. '다른 이들'은 교화시키거나 주입하지만, '우리'는 가르친다고 생각한다. 물론 '다른 사람들'은 '우리'가 교화나 주입을 행하고 자신들은 교육을 한다고 생각한다. 그러나 그것은 단지 그들이 그렇게 생각하도록 교화되었기 때문이다. 도쿄, 테헤란, 바그다드, 상트페테르부르크, 위니펙, 샌프란시스코, 마당(Madang) 등에 있는 다섯 살 아이들은 복잡한 믿음과 행동 유형들을 배웠으며 그것의 정당성에 대해 절대 의문을 제기하지 않을 것이다. 우리는 우리 서구인의 것과 가장 대립적인 그것을 세뇌 혹은 교화라고 부른다.

이것은 어려운 문제를 낳았다. '우리' 서구인은 개방적 탐구를 위해 세뇌 혹은 교화와 교육을 구분하며 개방적 탐구의 가치를 가르치도록 교육자들을 격려한다. 반면 교화자 혹은 주입자들은 그들의 가치를 의심의 여지가 없는 진실로 가르친다. 그러나 우리는 보통 아이들로 하여금 우리가 가르치는 '탐구 개방성'의 가치 자체에 대해 의문을 가지도록 격려하지는 않는다. 우리는 그것의 가치를 의심의 여지가 없는 진리로 가르친다. 우리는 언어가 사고 과정에 미치는 영향 중 한 가지에서 초래되는 '아주 나쁜 소식'에 관해서 살펴본 다음 다시 이 논점으로 돌아올 것이다.

아주 나쁜 소식, 구별과 파벌을 만들다

언어를 통한 사고는 우리가 특정 사물을 다른 것들과 구별하여 인식하고 이름 짓도록 한다. 'X는 X가 아닌 것이 아니라는 것'은 논리적이다. 이것이 두뇌 배선에서 비롯된 것이든 언어가 우리의 의식을 형성하는 방식에서 비롯된 것이든 우리는 세계에 대해 대립적 개념으로 이해하고 구성하는 성향이 강하다. '선'에 대한 우리의 지각은 '악'에 대한 지각과 연결되어 있다. 큰 것과 작은 것, 용기와 비겁함, 안전과 위험 등도 동일하다. 때때로 'No' 없이는 'Yes'도 없으며, '−x' 없이는 그것의 'x'도 없는 것처럼 보인다. ["실제 세계는 연속적이지만, 형태의 내부 세계는 예/아니요 응답을 이끌어 내기 때문에 비연속적이다." (Stewart & Cohen, 1997, p. 168)]

수렵채집인들이 '우리'가 누구인지 구분할 때, 그 구분은 '그들'이 누구인가에 대한 사고를 동반하였다. 오늘날 우리가 지닌 이런 사회화의 성격 또한 물려받은 것이다. 수렵채집인들은 '우리' 얼굴을 인식했고 친구로 대했다. '그들'은 알려지지 않았고, 잠재적인 적이며 그들이 '우리'를 죽이기 전에 '우리'는 '그들'을 죽일 준비를 해야 했다. 다이아몬드(Jared Diamond)는 다음과 같이 말했다. "7,500년 전 지배자의 등장과 함께 사람들은 역사상 처음으로 이방인을 죽이지 않고 어떻게 그들을 대면해야 하는지를 배워야 했다." (1977, p. 273)

오늘날 사회화는 우리를 특정 사회 집단에 동화시킬 뿐만 아니라 '우리' 스스로를 다른 집단과는 뚜렷하게 구별하도록 만든다. 미국인, 캐나다인 또는 영국인이 된다는 것은 탁월성이 부족한 국가들과 대조적으로 자국의 위대함을 나타내는 뚜렷한 특징을 학습한다는 것을 의미한다. 국가 안에서조차 우리는 스스로를 다른 사람들과 대립적으로 규정할 것이다. 그래서 보수주의나 자유주의자들은 스스로를 얼마간 상대방(자유주의자들이나 보수주의자들)과 대립적으로 규정한다.

겉으로 드러나는 대립적 사고의 이러한 불가피성이 사회화에서 발생할 때는 끔찍한 결과가 나타난다. 언어를 통한 사회화는 사람들을 어느 정도 서로 대립하게 한다. 로티(Richard Rorty)가 제안한 것처럼 해결책은 우리가 '우리'로 포함하는 사람들의 범위를 확대시키는 것이며, 그럼으로써 다른 사람들과 우리의 결속력을 넓히는 것이다(1989). 그러나 역사는 우리가 확대시킨 집단 내에서 또다시 새로운 구분을 하기 시작한다는 것을 보여준다. 심지어 지역 클럽이나 성가대에서조차도 당혹스러울 정도로 쉽게 파벌이 만들어진다. 아주 오랫동안 우리는 집단 내부에서 논쟁을 많이 벌이는 동물로 살아왔다.

합리적 사회화가 필요하다

이런 문제점에도 불구하고 아이들을 사회화시키는 것을 포기할 수 없다는 사실은 다소 기이한 일이다. 사회화가 합리적 성찰에 도달하는 것에서 멈추지 않고 어느 정도의 주입, 균질,

그리고 특정 믿음과 가치들을 고착시키는 것을 요구할지라도, 이런 믿음과 가치들이 훌륭하다면 우리는 그 과정과 함께 가야 하는 것은 아닐까? 만약 우리의 가치가 다른 인종과 문화에 관용적이고 긍정적인 태도를 지닌다면, 이런 가치들을 확고히 하는 사회화는 복잡한 다문화 사회에서 살아가게 될 아이들을 잘 준비시키지 않겠는가? 만약 사회화를 주입하는 것이 우리 아이들로 하여금 이 관용의 가치에 의문을 품지 않게 한다면, 그게 그렇게 나쁜 것일까?

교육적 이상으로서의 사회화는 수렵채집인 부족에서는 잘 수행되었다. 그러나 오늘날의 우리는 다음과 같은 딜레마를 쉽게 피할 수 없다. 한편으로 우리는 사회화가 광범위하게 방해받지 않고 자유롭게 일어날 수 있도록 함으로써 아이들이 집에서 사회로 나아갈 수 있게 해야 한다. 반면 우리는 일상적 삶 속에서 합리적으로 행하지만 우리의 합리성은 성공적인 사회화에서의 동질적이고 교화적인 요소에 의해 훼손된다. 적절한 사회화의 실패는 소외를 초래한다. 이러한 딜레마에 대한 일반적인 해결책은 한 가지 목적에만 전념하는 사회화는 나치당의 청소년 조직처럼 용납될 수 없으며, 사회화 과정의 중요한 역할에 대해 합리적으로 심사숙고할 필요가 있다는 것을 인식하는 것이다. 이 때문에 우리는 플라톤을 살펴보아야 한다.

학문적 이상과
책을 짊어진 멍청이

인류의 정신문화에서 언어 이후의 획기적인 발전은 문자의 발명이었다. 문자의 확산과 문자 기호로 축적된 지식의 확산으로 인하여 아이들에게 새로운 형태의 부호화된 지식을 가르칠 수 있는 학교라는 제도에 대한 요구가 생겼다. 전문적인 전수자가 필요했는데, 부모나 친지 곁에 머물러서는 아이들이 배워야 하는 새로운 기술을 습득하기가 어려웠기 때문이다. 문자는 다른 어떤 것과도 달리 삶의 조건과 마음의 조건을 변형시키며 인간이 발명한 것 중 가장 생산적인 것으로 간주되는 한편, 수준 낮은 교육자에게는 큰 문제들을 낳은 원천이 되었다. 일반적으로 말해 문자는 분명 '좋은 소식'이었지만, 교육자들에게는 '나쁜 소식' '더 나쁜 소식' '진짜 나쁜 소식'을 가져왔다.

문자가 가져다 준 좋은 소식은 명백하다. 여러 세대의 사람들이 자신의 지식과 경험을 기록할 수 있게 되었다는 것이다. 나아가 사람들은 아는 것과 스스로 발견한 것을 기록하여 비교할 수 있고, 더 정확한 기록을 남길 수 있게 되었다. 사람들은 자신의 것과 서로 다른 경험들을 비교할 수 있고, 이는 결과적으로 그들의 경험을 더 확장시키고 풍요롭게 한다. 오늘날 우리는 기록으로 엄청나게 많은 지식을 저장해 두고 있으며, 방대하게 기술된 다양한 인간 경험에 접근할 수 있다. 이것이 적어도 오늘날 우리에게는 방대해 보인다. 이렇게 글로 쓰인 기록물이 한 번 해독되면 우리의 정신은 시간과 공간, 그리고 환경을 초월할 수 있게 된다.

해블록(Eric Havelock)은 플라톤의 위대한 업적은 알파벳 문자가 일반화되었을 때 문자로 생각하는 법을 알 수 있도록 한 것이라 주장한다(1963, 1982, 1986). 그 결과는 플라톤 대화편에 기술될 뿐 아니라 동시에 하나의 패러다임으로 예시된다. 저서의 형태로 축적된 최고의 지식을 학습하면 학습자의 정신은 변화될 것이고, 학습자들은 세상을 보다 정확히, 그리고 제대로 이해할 수 있게 된다고 플라톤은 가르쳤다.

아이들이 알아야 할 최상의 지식은 무엇인가

'나쁜 소식'은 방대하게 축적된 이용 가능한 지식 중에서 아이들이 배워야 할 최상의 지식이 무엇인지를 오늘날의 교육자들이 알아야 한다는 것이다. 스펜서(Herbert Spencer)는 "어떤 지식이 가장 가치 있는가?"라는 질문에 대한 자신의 대답이 비판의 여지가 없는 것으로 확신하였다. 그러나 많은 사람이 이것을 비판한다. 아놀드(Mattew Arnold)가 주장한 것처럼 '시대를 초월한 고전' '생각하고 말한 최상의 것'이 최고의 지식인가? 아니면 긴급한 사회 상황이나 효율적인 생산 기술이 최고의 지식인가? 아이의 흥미가 교육과정을 결정해야 하는가? 아니면 학교교육과정이 '이해 당사자'들의 위원회에 의해 뷔페식으로 짜여야 하는가? 교육과정이 개별적으로 상이해야 하는가? 아니면 모두에게 동일한 공통교육과정이나 핵심교육과정이어야 하는가?

'나쁜 소식'은 일반적으로 합의된 방법으로는 그 답을 알 수 없다는 사실이 아니라 합의한 답변에 도달하기 위해 어떻게 해야 하는지에 대해 동의할 수 없다는 사실에서 비롯된다. 그 물음에 답할 수 있는 설득력 있는 이론에 대한 이해의 부재로 인해 '이해 당사자' 위원회가 뷔페식으로 제시한 정치적 힘에 해답을 맡겨 버리게 된다. 이런 방식은 우리가 교육을 단순히 사회화로 생각한다면 괜찮은 해결책일 수도 있다. 그러나 교육을 플라톤이 표현한 이상, 즉 시공간적 제약을 받는 관습을 초월하고 세계를 이해할 수 있게 하는 어떤 것이라고 생각한다면 이를 정치적 힘에 맡기는 것은 아주 좋지 않은 해결책이다.

지식의 장벽, 문자

'더 나쁜 소식'은 교육과정에 포함될 만큼 가장 가치 있는 것이라고 결정된 지식이 무엇이든 문자는 대다수 학생에게 그 지식에 접근할 수 없는 장벽으로 다가선다는 것이다. 아이들이 읽고 쓰기를 배우는 일은 쉬워야 한다. 어떤 이들은 모든 근대 문자의 근원인 그리스의 알파벳에 의해 만들어진 위대한 문명의 성과들은 읽고 쓰기를 통해 대중화되었다고 말하기도 한다.

우리는 구술 언어의 소리에 근접하도록 결합될 수 있는 20여 개의 상징어만을 배우면 됐지만, 글을 읽고 쓸 수 있는 것은 마땅히 그래야 하는 것으로 생각되는 것만큼 결코 쉬웠던 적이 없었다. 대다수 사람은 많은 양의 텍스트를 읽는 것을 대단히 힘들어하며, 강요받지 않으면 읽지 않는다. 글쓰기에 관한 한 대부분의 사람은 자신이 생각한 것을 경제적이고 명쾌하며 기품 있게 표현할 수 있는 일관성 있는 산문을 구성하기가 거의 불가능하다는 것을 알게 된다. 여러 해에 걸친 값비싼 가르침에도 불구하고, 대다수의 사람은 따분하고 관습적인 용어를 사용한 노트나 이메일을 그럭저럭 쓸 수 있을 뿐이다.

읽고 쓰는 것과 문자 형태로 부호화된 지식을 끈질기게 가르치는 학교의 행위는 대다수 아이의 어린 시절을 혼란에 빠뜨리고 유아기의 본능을 심각하게 훼손하였다. 학교는 문자가 선사하는 초월적 문화와 '읽고 쓰기'라는 영예를 대다수 어린이들이 누리도록 하는 데 실패하였다. 자신의 자녀를 강제로 기숙학교로 보내야 했던 캐나다 서부 해안의 원주민들은 "그들이 읽는 것을 가르쳐 우리 아이들을 바보로 만들었다."고 불평한다. 학교는 자연스런 구술 문화를 심각하게 파괴하였고, 이를 미숙하고 천박한 문자로 대체했다는 것이다. 이것이 바로 학교에 다니는 대부분의 아이에게 일어나는 일이다.

상상력, 창의력, 활력이 없는 현학의 교육

'진짜 나쁜 소식'은 모든 도서관이나 데이터베이스에 문자로 축적된 지식이 사실은 전혀 없다는 것이다. 우리가 축적할 수 있는 것은 지식을 암시하는 상징들이다. 사람들은 상징을 읽지만 지식을 이해할 수는 없으며, 단지 부분적으로 그것의 의미를 모호하게 이해할 뿐이다. 이러한 일은 우리가 아이들의 성취를 우리의 이해 기준으로 얼마나 등급화하는지에 따라 학교 안에서 자주 일어난다.

여기에서 문제는 지식이 살아 있는 인간 조직체에 존재한다는 것이다. 저장을 위한 문자는 지식이 다른 사람들에게도 생명력을 얻기 위해 거치는 복잡한 과정의 실마리에 불과하다. 많은 교육자들과 그 외의 더 많은 사람조차도 이 코드를 지식으로 혼동한다. 이들은 학생들이 코드를 내면화하면 지식을 가질 것이라고 추정한다. 그것은 사실이 아니다. 우리는 비교적 쉽게 사람들이 문자 코드를 내면화하도록 유혹하고 설득할 수 있다. 그래서 시험에 통과하고 박식하게 보이게 할 수도 있다. 이런 종류의 배움은 수세기 동안 내려온 통찰력 있는 교육자의 해악이었다. 그것이 만들어 낸 것은 지적인 사람이 아니라 몽테뉴(Michel de Montaigne)가 말한 것처럼 책을 짊어지고 있는 멍청이들이다. 다음은 독특한 개성을 표출했던 독서광 루소(Jean-Jacques Rousseau)가 어린 시절 독서가 그의 정신을 얼마나 자극했는지를 묘사한 글이다. "나는 책을 싫어한다. 책은 사

람들로 하여금 자신도 모르고 있는 것에 대해 말하도록 가르칠 뿐이다." (1762/1979, p. 184)

가드너(Howard Gardner)는 주요 대학의 많은 우수한 과학도들이 참여한 어떤 실험을 통해 이 현상을 근대적으로 재발견했다. 이미 배웠지만 제시된 문제와는 다른 맥락에서 배운 원리에 근거한 문제가 주어질 때, 이들은 일반적으로 학교를 다니지 않은 다섯 살 아이처럼 부정확하게 응답한다(1991, ch. 1). 이 학생들은 어린 시절에 노력 없이 쉽게 배운 직관적인 통속 물리학에 의존했다. 12년간 학교와 대학에서 배운 물리학은 학교를 다니기 이전의 근본적인 지식과 비교할 때 완전하지 않은 축적이었다. 문제는 직관적인 통속 물리학이 물리적 세계에 대한 과학적 이해에는 전적으로 부적절하다는 것이다.

우리는 순수 지식과 축적된 부호의 차이를 인식한다. 우리는 훈련과 대비되는 교육, '책 학습'과 대비되는 지혜, 그리고 문자적인 사고력과 대비되는 통찰력을 이야기한다. 그러나 학교는 그 차이를 인식하는 일, 결과적으로 가짜 혹은 모조가 아닌 진정한 글쓰기를 장려하는 일 모두 잘 해내지 못한다. 그리고 늘 그렇듯이 그레샴(Gresham)의 법칙, 악화가 양화를 구축한다는 법칙이 적용된다. 우리가 그 차이를 인식하지 못하면 "정보의 홍수 안에서 우리가 잃어버린 지식은 어디에 있는가?"라는 엘리엇(T. S. Eliot)의 물음에 대답할 수 없다. 학생들을 평가하는 우리의 모든 기술은 오직 정보만을 다룬다. 교사는 살아 있는 지식과 그것에 참여하는 상상력을 희생시키고, 정보에만 초점을 맞춘다. 시스템은 정보를 충분히 다루는 학생들 그리고 "문제와 인간적 감각을 분리함으로써 그 문제를 해결할 수 있는" 사람에게만 호의적이다(Donaldson, 1978, p. 76). 물론 우리는 이런 방식으로 가장 잘 보상받는 학교교육에서의 성취가 결과적으로 사려 깊음이라는 미덕, 박식함 등과 상관관계가 있기를 희망한다. 그러나 이것은 단지 희망일 뿐이다.

가드너는 몽테뉴와 동일한 문제를 제기했다. 몽테뉴가 살던 시대의 학교에서 이루어진 문자 교육은 모든 아이들에게 풍부한 이해력을 요구했고, 이는 종종 메마른 현학으로 변질되어 있었다. 19세기 개혁가들은 그 메마른 현학을 주목하여 고전 교육과정이 그런 결과를 야기했을 것으로 추정했다. "점진적으로 고전 교육을 받은 사람이 바보는 아니지만 편협한 시각을 가질 수는 있다."(Hazlitt, 1826/1951, p. 147) 그래서 그들은 '더 적절한' 교육과정을 고안했다. 20세기의 진보적인 후계자들은 더 나쁜 결과, 즉 지나치게 현학적이지는 않지만 지나치게 무지한 아이들을 양산하는 것에 곤혹스러워했다.

학문적 성취라는 이상이 주는 함정

'진짜 나쁜 소식'은 아마도 오래전에 죽은 누군가로부터 축적되어 온 메마른 부호의 지식을 새로운 정신의 새로운 삶으로 되돌려 놓을 수 있는 어떤 마법 같은 일(혹은 확실히 우리가 잘 복제하지 못하는 기술)이 필요하다는 것이다. 우리가 마술을 지배할 수 있다 해도 이것은 '진짜 나쁜 소식'보다 '더 나쁜 것'이라서 두렵다. 그것이 최고일지라도 플라톤의 학문적인 이데아는 그 약속을 지킬 수 없다.

플라톤은 참된 사물의 본성을 이해하기 위해 훈육된 지식 교육과정을 통해 어린 시절에 소극적으로 배운 통속 물리학, 통속 심리학, 통속 사회학의 혼란과 환영에서 벗어나 정신을 단련하는 교육 프로그램을 제시한다. 이 프로그램은 즐거움을 버리고 초기 오류 지식을 구별하여 이것에서 벗어나는 고된 학습 능력을 요구한다. 그리고 이것은 우리 마음을 믿음과 신화의 유혹에서 벗어나 합리성과 진리에 이르도록 변화시킨다. 우리는 세상을 바라볼 때 개인의 흥미를 넘어 객관적으로 보게 된다. 그러나 교육과정이 이런 혜택을 제공할 수 있다는 것을 플라톤을 비롯한 어느 누구도 장담하지 못했다. 높은 교양의 결과가 정의, 객관성, 진리를 포함한다는 것도 분명하지 않다. 플라톤은 이러한 것들이 교육 프로그램의 결과이며, 그러한 결실을 이루기 위해 엄격한 훈련의 필요성이 정당화된다고 믿었다. 이것은 그 이전, 이후의 다른 어떤 것보다 나은 교육의 개념이지만 충분하진 못하다. 그리하여 최악의 소식은 교육이 학문적 성취를 그 이상(ideal)으로 삼게 되었다는 것이고, 이는 우리가 단순히 성취할 수 없는 종류의 이해력을 성취하도록 요청하는 교육의 개념을 고안하였다는 것을 의미한다.

발달 개념의 이상과 한계

나는 앞서 교육에 관한 두 가지 아이디어를 연관지었는데, 첫째는 언어의 발달이고 둘째는 문자의 발명이었다. 균형을 맞추기 위해 세 번째 교육적 관념을 인쇄 기술의 발명과 새로운 학습법, 그리고 계몽주의와 연관시키고자 한다. 비록 인과 관계가 쉽게 성립되지는 않더라도 인쇄 기술은 이러한 지적인 변화에 확실하고도 중요한 영향을 미쳤다. 이 지적인 변화는 자신의 저작 속에서 교육의 본질을 급진적으로 재고한 로크(John Locke, 1632~1704), 콩디약(Etienn Bannot de Condillac, 1715~1780), 그리고 루소(Jean-Jacques Rousseau, 1712~1778)의 관념을 포함한다.

돌이켜 보면 그들의 교육에 대한 재이해는 뉴턴(Isaac Newton)의 저작 『자연철학의 수학적 원리인 프린키피아(Philosophiae naturalis principia mathematica)』에서 두드러지게 나타난 새로운 학습의 하나인 것처럼 보인다. 이러한 작업은 자연에 대한 과학적 관찰이 데이터를 산출하고 이성을 활용하여 우주 운행의 법칙을 드러낼 수 있다는 계몽주의 신념의 승리를 확증하는 것처럼 보인다. 루소는 주의 깊은 관찰을 통해서 인간 존재가 본성과 이성에 의한 자연적인 발달 과정을 겪는다고 주장한다. 조금 더 어렵긴 하겠지만 우리가 태어나서 나이가 들기까지 몸의 발달 유형을 관찰할 수 있는 것과 마찬가지로 마음의 규칙적인 발달 유형 또한 관찰할 수 있다는 것이다. 교육은 자연적인 마음 발달 과정의 충만한 성취를 돕기 위한 활동으로 재검토되었다.

이 혁명적 개념은 교육의 한 부분인 능동적인 시민성을 갖추기 위해 준비하는 것의 가치를 폄하하고 있다. 루소는 시민 형성과 개인 형성이 근본적으로 서로 상충된다고 주장하였다. 개인성은 정직하고 사려 깊으며 양심적인 것을 독려하는 학습에 의해 형성되는 것이지 타자의 교화, 사회의 요구, 훈화, 의무에 의해 형성되는 것이 아니다. 마음 깊은 곳에서 우리는 실제 본성을 발견하고 그 진실에 따를 것을 배운다. 단지 사회의 톱니바퀴 중 하나가 아닌 개인이 되어야 한다는 것이다. 시민이 되기 위해서는 먼저 스스로 진실해야 한다. 마음의 적절한 발달은 개인적 본성의 발견과 충만한 성장을 위한 조건을 만드는 것에 집중하는 데 있는 것이지 승인된 일부 지식을 배우는 데 있는 것이 아니다.

이러한 관념은 교육자들에게는 '좋은 소식'이지만 또한 그것과 함께 '나쁜 소식' '더 나쁜 소식' '진짜 나쁜 소식'이 있음을 추측할 수 있다.

새로운 교육적 가능성에 대한 기대

'좋은 소식'은 이러한 관념으로 플라톤이 남긴 문제를 해결할 수 있다는 것이다. 루소는 플라톤을 위대한 교육사상가로 인정했다. 플라톤은 지식이 마음을 어떻게 형성하는지, 특정한 추상적 지식 그리고 그것이 요구하는 훈련이 어떻게 더 적합하고 효과적인 방법으로 세계를 이해하는 정신을 형성하는지를 깨달았다. 그러나 그것만으로 충분하지 못했다는 것은 자명하다. 플라톤 교육은 책을 짊어진 멍청이거나 상상력, 창의력, 활력이 없는 현학이라는 공통된 결과를 낳는다. 루소는 이 누락된 요소들이 발달의 자연스러운 과정을 주의 깊게 관찰함으로써 추론할 수 있는 지식이라는 점을 지적하고, 연령에 따라 학습하는 방법과 각기 다른 개개인이 학습하는 방법을 제안하였다.

루소는 플라톤이 교육에서 지식이 갖는 중요성을 올바르게 봤지만, 다양한 지식을 가장 잘 배울 수 있는 어린아이의 발달 단계와 개개인의 상이한 학습 방식에 대한 인식은 하지 못했다는 측면에서 한계를 가진다고 보았다. 플라톤은 마음의 자율적 성장을 인식하지 못했다. 그의 마음 발달 개념은 진리의 형상인 논리적 개념이 만들어 낸 그림자, 즉 거울에 비친 상에 불과했다. 플라톤에게 마음은 인식론적 수단이었다. 루소는 자율적 마음의 성장을 이해함으로써 (오늘날 교육에서 누구나 추구하는) 지식 정교화의 논리를 마음 발달의 심리적 논리를 통해 조직화할 수 있다고 믿었다.

계속되는 좋은 소식은 많은 교육자들이 개별적인 발달 단계에서 아이의 학습의 본성에 주목하고, 상이한 학습 스타일을 지지해 주며, 진보주의의 특징이 된 학습자에 대한 섬세한 감각을 개발하는 것이 중요하다고 보편적으로 믿게 된 것이다. 일단 아이들의 뚜렷한 심리적 발달에 주목하는 것을 교육자의 주된 작업으로 이해하게 되자, 상당한 교육적 이득이 따라왔다. 첫째, 지금까지 가장 중요한 이득은 교육과정을 학습하는 데 실패한 이유가 아이들의 반항심 때문이 아니라 다른 결함에 원인이 있다는 것을 인식한 것이다. 예를 들어, 교수 방법이나 가르치고자 하는 주제가 아이들의 단계에 너무 어렵기 때문일 수도 있다는 것이다. 이러한 인식은 학습에 실패할 것을 걱정하는 아이들이 갖는 학교생활에 대한 두려움을 경감시킨다. 이러한 교육적 이득이 로크와 루소의 간결한 교육 개념으로부터 도출되는 데에는 오랜 시간이 걸렸지만, 학습자의 본성에 주목하는 인도주의적 결과의 중요성을 과소평가하지는 말아야 한다.

플라톤의 지식에 대한 관념과 루소의 마음에 관한 관념의 결합은 학습에서의 혁명을 약속한 루소에 의해 진척되었다. 20세기 들어서 사상가들의 주장, 특히 피아제(Jean Piaget)는 발달 과정을 충분히 보여 줌으로써 학습 혁신에 대한 기대를 부활시켰다. 학습, 발달, 동기의 본질을 발견하고자 하는 교육심리학적 연구의 기획은 초기 선구자들이 약속했던 '지금은 꿈꿀 수 없는 교육학적 가능성'에 대한 기대를 진전시켰다(Hall, 1904, II, p. 222).

현실에서는 통하지 않는 학습 혁명

'나쁜 소식'은 학습 혁명이 일어나기가 매우 어렵다는 것이다. 아동 발달과 학습에 대한 지식의 증가와 연구는 일반 교육을 명백히 개선시키는 결과를 가져와야만 한다. 학습 혁명이 일어나기 어려운 것은 사람들이 학습자에게서 학습의 증거를 성급히 원하는 데 있다.

분명한 것은 본성 개발을 위한 자유에의 헌신이 그렇게 큰 결실을 약속하지 못한다는 것이다. 하나의 교육적 관념으로서 이것은 교육과정을 결정하기 어렵게 만들고, 교육과정 자료의 선택을 지역적 편견, 카리스마적 열정, 맹목적 선택에 맡겨버리는 경향이 있다. 그러나 민감한 진보주의자에게 교육과정은 핵심이 아니기 때문에 이것은 그다지 문제가 되지 않는다.

우리는 루소에게 물려받은 관념과 그에 대한 진보주의자들의 해석 그리고 과학적으로 그것을 증명하려는 교육심리학적인 시도와 관련된 다양한 형태의 교육을 구현하기 위해 집중적으로 실험에 몰두하면서 한 세기를 보냈다. 지금 시점에서 볼 때, 이러한 시도들에는 무엇인가가 누락되어 있다는 사실을 알아챌 필요가 있다. 바로 플라톤과 루소의 사상 모두를 합쳐도 일부 아이들에게서 일어나는 특별한 종류의 학습을 대부분의 아이들에게 일어나게 할 수는 없다는 점이다. 이러한 종류의 학습은 엄청난 비용이 드는 학교에서만 기대할 수 있는 것이다. 발달에 대한 수세기 동안의 주의 깊은 관찰과 한 세기 동안의 집중적인 연구가 있었지만, 일반교육에서 어떤 뚜렷한 개선이 일어났다고 보기는 힘들 것이다.

'더 나쁜 소식'은 이것이 현실에서는 통하지 않는다는 것이다. 이 소식은 인간 존재가 하나의 본성을 가진 것이 아니라는 관찰에 기초한다. 이 말은 핵심을 강조하기 위해 다소 과장되어 기술되었을 수도 있다. 인간 마음의 발달에 규칙성이 있는 것은 확실하지만, 이 규칙성은 우리의 문화와 경험, 문명 그리고 우리에게 접근 가능한 지적인 도구와 밀접한 관련이 있다. 그렇기 때문에 그 규칙성이 우리의 본성에서 기인하는 것인지 아니면 우리의 사회, 문화 혹은 우리의 지적인 수단이나 그 이외의 것에 기인하는 것인지 말할 수 없다는 것이다.

우리는 규칙성들을 단순하게 측정할 수 없는데, 왜냐하면 이것은 결국 사람마다 아주 불규칙적으로 드러나고 이를 통해 우리의 본성이나 자율적인 발달 과정을 조금 알아내는 데 그칠 뿐이기 때문이다. 러시아의 심리학자인 비고츠키(Lev Vygotsky)는 1920년대에 피아제의 치명적 결함으로서 이 점을 지적했지만, 이제야 비로소 피아제 이론의 결함을 일반적으로 받아들이고 비고츠키가 한 비판이 세계적으로 영향력을 발휘하고 있다. 오클랜드에 관하여 거트루드 스타인(Gertrude Stein)이 한 명언, "거기에 그것은 없었다."라는 말을 되새길 필요가 있다. 마음 발달의 본성은 거기에 없었던 것이다.

루소의 이분법, 세기의 논쟁을 낳다

'정말 나쁜 소식'은 루소가 근대의 교육 세계에 자율적으로 발달하는 마음과 외재적 지식체계 간의 이분법적인 구별을 정착시켰다는 것이다. 일단 교육이 지식과 마음(혹은 내용과 방법, 교육과정과 교수법)의 관점에서 사유되기 시작하면, 문제는 이 두 가지를 어떻게 다시 합할 수 있는가에 놓이게 된다. 20세기 교육사상의 역사는 뚜렷하게 '주제-중심'을 강조하는 측과 '아동-중심'을 강조하는 측, 즉 '전통주의자와 진보주의자' 사이의 이상한 전쟁에 연루되어 왔다.

만약 교육을 개인 마음의 이상적 발달을 촉진하는 것으로 본다면, 우리는 이 과정에서 지식이 수행하는 역할의 문제를 다루어야 한다는 난관에 봉착한다. 진보주의는 '전통적인' 고전 교육과정의 일반적인 무용성을 강조하고, 현재의 사회적 필요에 부응하는 유용한 지식의 가치를 장려한다. 다시 말하면 루소의 이분법은 플라톤의 '인식론적인 마음', 즉 배우는 지식에 대한 개인적이고 직접적인 반응과 이 지식에 비례하여 성장하는 마음의 개념을 훼손시켰다. 루소의 사상은 설득력이 있었기 때문에 마음은 환경과의 자연적이고 정상적인 혹은 즉흥적인 상호작용하에서 그 자체의 자율적인 과정을 거치는 것으로 간주되었고, 교육과정을 위한 지식은 이러한 사회적 유용성에 기초하여 선택되었다.

무용지물이 된 전통적인 옛 교육과정은 부분적으로는 플라톤 사상에 무언가가 있을지도 모른다는 직관에 의하여 혹은 여전히 구식의 '사치스러운' 교육을 원하는 소수를 만족시키기 위하여 아직도 우리 주위에 머물러 있다. 그러나 새로운 진보적인 교육과정에서는 항상 유용성이 초월성에 승리하며, 교육과정상에서의 제한된 시간을 분배할 때는 진로와 개인적 준비, 마약 교육, 일상의 삶을 위한 경제학, 컴퓨터 교육 등이 언제나 라틴어 교육에 승리한다.

스펜서(Herbert Spencer)와 듀이(John Dewey) 그리고 상당수의 진보적인 교육학자들에 의해 받아들여졌던 루소의 이분법은 이제 아동 중심과 교과 중심 지지자들 간의 세기를 초월한 논쟁을 낳았다. 물론 우리는 순수한 이분법을 좇는 이들이다. 그 외에 전쟁터로 나갈 이유가 있는가? 이 전투는 루소의 사상으로부터 초래된 '가장 나쁜 소식'의 결과다.

양립 가능하지 않은 개념에 기초한 학교 제도

분명 우리는 앞서 기술된 이 세 가지 위대한 교육 개념을 각각 따로 물려받은 것은 아니다. 물론 우리는 교육에 대한 우리의 신념을 다른 요소들의 합성물이 아닌 하나의 일관된 관념으로 생각한다. 하지만 앞선 세 개념들은 몇백 년에 걸쳐 서로 얽혀 왔고 그것이 현재 우리의 학교와 교육과정, 그리고 교육 실천을 형성해 왔다.

이러한 세 개념들이 경쟁적으로 요구하는 것들 사이의 차이에 주목할 때, 예를 들어 정치인이나 사업가들이 학교가 좀 더 사회적으로 필요한 지식이나 직업 기술과 관련되어야 한다고 요구하거나 신보수주의자들이 학문적 지식을 발달시키는 데 집중해야 한다고 요구할 때, 우리는 이를 가리켜 다양한 이해 당사자들의 요구 사이에 긴장이 있다고 표현한다. 좋은 교육 행정가들의 역할은 이러한 긴장 사이의 균형을 잘 맞추어 모든 주요 이해 당사자들의 요구가 적절하게 충족될 수 있는 지점을 찾는 것이다. 우리는 아주 오랫동안 이러한 긴장 속에서 살아왔기 때문에 대부분은 이를 불가피한 관리와 경영의 문제일 뿐이라고 생각한다. 그러나 이러한 생각은 단지 우리 자신의 혼란을 위장하는 방법이며, 우리의 사고에 깊이 자리한 개념적 오류를 덮어 두는 것이다.

세 가지 교육 개념은 각기 상당한 결점이 있다. 물론 19세기 중반부터 이에 대한 대응이 있어 왔다. 이것이 바로 우리가 이 세 가지를 함께 다루는 이유다. 이 개념들 중 하나 혹은 다른 것을 신중하게 적용하여 또 다른 개념을 지원하거나 제한할 수 있다. 각각은 다른 두 가지 개념이 만들어 낸 문제들을 해결한다. 학문적 이상의 개념은 개인 발달의 이상을 지원해 왔고 지나친 사회화에 제동을 걸어 왔다. 또한 사회화는 개인의 발달이라는 교육적 이상에 지향성을 가질 것을 요청하였고 학문적 이상이 지니는 엘리트주의를 제어해 왔다. 개인 발달의 이상은 학문적 이상이 지닌 지나친 주지주의 교육에 제재를 가함과 동시에 사회화 과정을 풍요롭게 하고 확장시키며 다양화할 것을 요청하였다. 이런 방식은 존재할 수 있는 모든 가능성 중 가장 바람직한 것이다.

약간 덜 긍정적으로 보자면, 각각의 결함이 있는 이 세 가지 교육 개념은 서로가 지나치게 유해한 역할을 하지 않도록 상호적인 예방책이 된다. 우리는 아이들을 사회화하지만, 기존의 사회적 가치에 의문을 제기하는 학문적 프로그램과 특정 개인들에 대한 사회의 영향력을 줄이는 방식의 개인 발달 추구를 통해 사회화가 수행하려는 교화를 약화시킨다. 우리는 학문적 프로그램을 추구하지만 사회화에 대한 평등주의자들의 압박과 개인 발달의 다른 측면에 주목함으로써 지적 엘리트주의를 약화시킨다. 다른 한편 우리는 개인 발달을 독려하지만, 사회화가 추구하는 동질화 과정과 공통의 주지적 교육과정이 낳은 표준화 과정을 통해 개인 발달의 '실현'을 약화시킨다. 이러한 우리의 근대적 교육 개념은 얼마나 훌륭한 타협의 산물인가?

우리의 교육 개념이 세 가지의 주된 요소로 이루어져 있고, 각각은 그 자체로 바람직한 결과를 낳지만 각 개별 요소가 다른 두 가지의 적절한 구현을 방해함으로써 잘 작동하게 된다는 것은 정말 사실일까? 이것은 비관적 전망에 기초한 착각일 뿐인가? 교육적 신념들의 이러한 삼자협정 위에 설립되고 운영된 근대의 대부분 학교는 학생들에게 적절한 학문적 교육을 제공해 왔는가? 우리는 전형적인 학교교육이 학생들을 자신의 문화적 유산에 지독히도 무지하도록 방치해 왔다는 강한 비판이 수년에 걸쳐 계속되어 왔다는 사실을 분명히 알고 있다. 학교는 적절한 사회화를 제공할 수 없는가? 비판적인 이들이 한편으로는 학생들의 소외 그리고 다른 한편으로는 일반적인 '시민적 가치'가 결여된 학생들에 대해 지속적으로 불평해 왔다는 것을 우리는 분명히 알고 있다. 뿐만 아니라 학교는 학생 개개인의 잠재력을 적절하게 발달시킬 수 없는가? 우리는 여전히 학교교육이 학생들의 개인적 필요에 너무나 무관심하다는 강한 비판의 소리를 듣는다.

물론 이러한 비판은 바람직하다. 결국 이것이 민주주의인 것이다. 심지어 낙관론자들도 세 가지 교육 개념의 완벽한 실행을 기대하지는 않는다. 우리 교육제도의 위대한 성공은 이 세 가지의 상이한 목적 사이를 오가며 균형을 이루어 낸 결과이기도 하다. 학교는 모든 학생이 학문적 내용을 접할 수 있도록 지식을 제공하며, 몇몇 학생이 뛰어난 학문적 성취를 이룰 수 있게도 한다. 또한 지나치게 극단적인 방식은 피하되 모든 학생이 기본적 수준에서 사회화되도록 한다. 이에 더해 모든 아동의 전체적 발달에 주목하면서 추가적인 도움이 필요한 아이들에게는 특별한 도움을 제공하기도 한다. 물론 학교를 이끌어가는 이 세 가지의 일반적인 교육적 이상 사이에는 긴장이 존재한다. 성공적인 교육은 지역사회에 의해 지원되는 적절한 균형을 유지함으로써 성취된다.

서로 양립할 수 없는 세 가지 개념

나는 학교교육에 대하여 일반적으로 받아들여지는 이러한 낙천적 상식이나 현실적인 대답을 사회정치적 안건을 결정할 때 어린 암소의 간을 잘라 보는 것이 가장 좋은 방법이라고 여긴 고대 아테네인들의 주장과 동일한 것으로 여겨야 한다고 제안해 왔다. 그래서 이제부터는 학교를 조금 덜 현실적이고 조금 덜 자기만족적 방식으로 바라보도록 당신을 설득해 보고자 한다. 내가 여기서 설득하고자 한다고 표현한 것은 당신이 그렇게 현실에 안주하는 방식으로 학교를 바라본다고 생각해서가 아니라 현재 학교교육 제도의 작동에 참여해 온 사람들에게는 교육적 기초들이 결점이 많고 서로 양립할 수 없다는 나의 비관적인 묘사가 그다지 설득력 있게 들리지 않을 것이 분명하기 때문이다.

다음 시나리오를 한 번 생각해 보자. 최근에 사람들의 봉급이 결정되는 방식은 어마어마한 수입의 차이를 가져왔고, 이러한 부당함에 대한 사회적 불만이 고조되었다. 이에 대응하기 위해 정부는 봉급 할당 방식을 급진적으로 재조직하기 위한 개정 법안을 공표했다. 당신은 평상시의 일을 계속하게 될 것이지만, 매 주 한 번씩 저녁마다 영화관에 의무적으로 가야 한다. 영화가 끝나면, 당신은 책상들이 줄지어 있는 로비로 나온다. 책상 앞에 앉은 후 신호가 울리면 방금 본 영화에 대한 선다형의 시험에 답해야 한다. 당신은 두 번째 추격 장면 속 악당의 차 색상, 여주인공의 개 이름, 여성 암살자의 동기가 타당했는지의 여부, 외계인이 변신하기 전 한 연설의 요지 등에 관한 질문을 받게 될 것이며, 이 시험 점수가 다음 주 당신의 봉급을 결정할 것이다. 일주일 후 당신은 다른 영화를 보고 또 다른 시험을 치르게 될 것이며, 당신의 그다음 주 월급은 그 점수에 따라 재조정될 것이다. 이 방식은 앞으로 당신이 일을 하는 한 매주 계속될 것이다. 이런 시험과 그 결과가 영화를 보는 당신의 태도에 어떤 영향을 끼칠지 잠시 생각해 보라. 근심걱정 없었던 즐거움이 불안으로 바뀔 것이다. 영화가 상영되는 동안 당신은 어떤 질문을 받게 될지 예측하려고 많은 노력을 기울일 것이며, 그 예상 문제를 만들어 내는 데 주의를 집중할 것이다.

당신은 이런 과정에서 무엇을 떠올리는가? 그렇다. 학교다. 이와 같은 터무니없는 시나리오는 의심의 여지없이 대립적인 두 가지 목적을 혼동하는 거대한 시험 서비스와 엄격한 관료들 그리고 시험 코칭 회사들을 설립하는 기업가들로 구성된 하나의 사회제도를 탄생시킨다. 한 기관이 두 가지 목적을 추구하는 것에는 아무런 문제가 없지만, 그 목적들이 서로 상충된다면 문제가 발생한다. 만약 교육기관의 목적 중 하나가 학문적 지식을 추구하는 것이라면, 그 기관에 인재의 사회적 분류 역할을 부여하고 학문적인 시험 결과를 사회적 분류에 사용하는 방식은 학문적 지식 추구라는 목적을 방해하는 파괴적인 결과를 가져올 것이다. 사회적 분류의 역할 또한 혼란스러워질 것이다. 어찌되었든 시험을 통해 미미하게 검증될 뿐인 학문적 탁월함이 사회적 가치를 결정하는 가장 중요한 요소는 아니기 때문이다. 다시 말하면 서로 구별되고 긴장 관계에 놓인 목적들을 동시에 추구함으로써 서로 다른 목적을 훼손하는 현상은 우리가 학교를 학생들의 사회화와 학문적 이상의 성취를 동시에 목적으로 하는 기관으로 만들고자 할 때 피할 수 없는 현실이 될 것이다. 그 결과는 마치 근심걱정 없는 즐거움과 봉급을 적절하게 배분해야 한다는 목적을 둘 다 성취하지 못하는 영화관 시나리오에서처럼 적절하지도 합리적이지도 못한 것으로 드러날 것이다.

우리는 아우크스부르크 조약(Treaty of Augsburg)의 조항들을 정해진 시간에 잘 기억해 내거나 세 명 반의 사람들이 7피트 깊이의 배수로를 파는 것과 같은 수학 문제를 잘 푸는 학생이 그렇지 못한 학생보다 더 좋은 직업을 가질 기회를 가져야 한다고 너무도 당연하게 생각한다. 이러한 가정은 두 가지 점에서 잘못되었다. 첫째, 학교 시험을 성공으로 이끄는 기술이 (이 성공의 결과로 할 수 있게 된) 직업에서의 성공을 이끄는 기술과 연관이 있는지는 자기충족적인 예언이 될 때를 제외하면 그리 분명하지 않다. 둘째, 사회 분류를 목적으로 역사적 · 수학적 이해의 내용을 활용하는 것은 후자를 공부하는 학문적 목적을 저급하게 만들고 오용하며 훼손시키는 것이 분명하다.

두 번째 시나리오를 생각해 보자. 당신은 55세 변호사로 우수한 경력을 가지고 있으며, 배우자와 영민한 자녀 둘을 두고 있다. 뿐만 아니라 교회와 지역 공동체센터 그리고 스포츠 활동에도 열성적이다. 하지만 최근에는 이렇게 활동하는 것이 영원할 수 없을 것 같은 불안감 그리고 그 끝이 가까워지고 있다는 예감이 들고 있다. 인생길에서 놓치고 지나온 어딘가로부터의 먼 울림처럼, 인식하지는 못했지만 여전히 존재하고 있을 것만 같은 또 다른 당신에게서 걸려온 전화처럼, 당신은 당신 안의 무언가가 채워지지 못한 채 공허하다. 이 느낌은 날이 갈수록 증폭되는 불안한 신호이며 고통스러운 파장이다. 점점 더 당신은 이것이 진짜 당신 혹은 파묻힌 삶의 요청, 온갖 법적 다툼과 아이들의 축구, 발레, 대학과 결혼을 뒷받침하느라 잃어버린 당신 자신의 요청이라고 느낀다. 그리고 지금 당신은 스스로 나 자신으로 인정할 수 있는 당신 자신만의 삶을 회복해야 한다는 영혼의 갈구를 느낀다.

운 좋게도 당신은 정부의 필수 프로그램인 'ReTRY'에 가입할 수 있다. '진정한 자신을 실현하기(Realize The Real You)'의 머리글자를 딴 ReTRY는 국가 최고의 전문성을 갖추고 가장 높은 연봉을 받는 심리학자들에 의해 원활히 운영되고 있다. 이 프로그램은 중년이 지난 시민들의 심리적 적응을 돕도록 법으로 규정되어 있다. 프로그램의 성공 여부는 참여자들이 그들 삶의 오랜 일상에 대한 만족을 회복하는 정도에 의해 평가된다.

잠시 생각해 보자. 진정한 당신을 발견하도록 세워진 이 기관이 기존의 당신을 진짜 당신이라고 설득하는 것으로 그 성공을 측정할 수 있는가? 크루즈를 타고 저 멀리 항해하거나, 남태평양에서 그림을 그리거나, 견과류가 흩뿌려진 길을 당당하게 걷거나, 적어도 카약을 타거나 일본식 정원을 만들어 보도록 하면 안 되는 것일까?

사회화는 그 기준을 사회적 필요로부터 도출해내고, 당신을 사회적 틀에 끼워 맞출 필요가 있다. 그러나 당신 개인의 발달은 당신이 자신의 고유한 특수성을 정교화할 것과 가능한 최대한의 잠재력을 실현할 것을 요구한다. 우리는 사회적 동물이기 때문에 사회 속에서 실천의 길을 찾는 것이 사실이다. 하지만 동질화되고 구속돼야 하는 사회적 필요와 자유와 고유성을 갈망하는 개인적 욕망 간에는 항상 갈등이 있을 수밖에 없다. 루소는 "자연이나 사회적 제도와 싸우도록 강요받으면 우리는 인간을 만들지 시민을 만들지 선택해야만 한다. 왜냐하면 동시에 두 가지 모두를 할 수는 없기 때문이다(1979, p. 39)."라고 주장하면서 아이들이 유년기에 있을 때는 완전히 개인 발달에만 집중하라고 조언한다. 아이들은 나중에 언제든지 시민이 될 수 있다.

반면 시민으로 길러지면 이 아이들은 결코 자신의 개인성을 발달시킬 수 없다. 우리는 루소의 에밀(Emile)이 나중에 얼마나 훌륭한 시민이 되었는지 의심할 수 있다. 반대로 우리는 현재의 학교가 이 두 가지 목적을 성공적으로 달성할 수 있다고 기대한다.

사회화는 동질화하려고 하며, 개인 발달은 각 인간의 독특성을 끄집어내려고 한다. 하나의 기관이 사회화와 개인 발달 모두의 목적 달성에 성공할 것이라 기대하기는 어렵다. 두 가지 목적은 당신을 끊임없이 서로 반대되는 방향으로 이끈다. 당신이 한 가지를 더 많이 할수록 다른 한 가지를 하기는 더욱 힘들어진다.

세 번째 시나리오를 생각해 보자. 20년 후 정부의 교육당국은 각각의 잠재력을 최대치로 발달시키는 방법은 학생들의 학습 방식이나 지능의 정도에 맞추어 상이한 학교를 세우는 것이라고 확신하게 되었다. 그리하여 10가지 종류의 학교를 만든다. 어떤 학교가 아동이 지닌 특정 능력을 가장 완전하게 발달시킬 수 있을지를 측정하기 위해 대단히 정교한 시험 제도와 절차가 적용된다. 어마어마한 비용이 아동의 필요를 충족시키거나 이 필요에 대응할 수 있는 학교를 만드는 데 투자된다. 그러나 각 학교들이 제공하는 교육과정은 동일하다.

아동은 철저하게 학문적인 프로그램을 따른다. 이 프로그램은 무지와 혼란의 상태인 학령기 이전 아동들의 마음을 문화적 유산에 대한 이해로 이끌어가도록 설계되었다. 대학의 전공과정에 입문할 때까지 선택과목은 없다. 이는 당국이 교육의 유일한 목적을 아동의 마음이 인류가 창조한 가장 우수한 지식들이 제공하는 힘으로 채워지는 것으로 보고, 이 목적은 학문적 형식에 대한 이해를 통해서 분명히 성취될 수 있다고 보기 때문이다.

하지만 이러한 시스템은 분명히 자기 모순적이다. 학문적 형식에 대한 이해를 가르쳐 우리의 마음을 형성해야 한다는 학문적 헌신에 대한 신념은 자신의 특정한 학습 방식, 지능의 정도, 필요 그리고 흥미에 맞는 지식을 선택함으로써 상이한 사람들의 마음은 최선으로 발달될 수 있다는 신념과 양립할 수 없다. 우리는 두 주인을 둘 수 없다. 특히 두 사람이 각기 다른 것을 명령할 때에 더욱 그러하다. 근본적으로 다른 기준을 사용해 일관성 있는 교육기관을 구성하는 것은 불가능하다. 어떤 준거는 필수과목이 있는 학문적 교육과정 쪽으로 우리를 몰아가고, 또 다른 기준은 개인적 필요에 기초한 다양성과 차이 쪽으로 우리를 몰아간다. 어떤 경우는 그 기준이 지식의 본성에서 나오고, 다른 경우는 그 기준이 상이한 마음의 필요에 대한 우리의 이해로부터 나온다. 일반적이고 추상적인 용어를 쓰는 조금 영리한 말장난을 한다면 이 문제는 극복 가능한 것으로 보일지도 모른다. 그러나 이는 우리가 한 세기 반 동안 목격했던 전통주의와 진보주의 지지자들의 교육적 비전 간의 끊이지 않았던 분쟁을 암시한다는 사실을 고려할 필요가 있다.

무엇이 아동의 교육에 가장 큰 영향을 미쳐야 하는가

하지만 이것은 정확히 오늘날 학교에 요구되는 것이다. 우리는 학교가 이 사실을 인식하고, 서로 다른 특성을 지닌 사람들에게 서로 다른 학습 방식과 서로 다른 목적을 지닌 교육과정을 가능한 한 최선을 다해 제공해 주기를 요청한다. 아마도 한 아동을 위한 '교육'은 다른 아동에게 주어진 것과는 아주 다른 특성을 지닐 것이다. 아마도 상당히 다른 '잠재력'이 계발되고 각 아동은 성공한 교육의 사례가 될 수 있을 것이다.

우리는 또한 오직 학문 범주에 속하는 것들을 이해하는 과정을 통해 마음을 형성하는 교육이라는 학문적 이상이 인정되기를 요구한다. 물론 그 결과는 일관성 있는 교육과정은 아니지만, 상호 갈등하는 이 두 원리를 모두 수용하려는 시도다. 그 결과는 무엇이 아동의 교육에 더 큰 영향을 미쳐야 하는지에 대한 문제를 둘러싸고 상반된 원리를 지지하는 사람들 사이에서 벌어지는 끝나지 않는 싸움이다.

생각의 매듭을 풀다

어떤 이들은 분류된 개념 틀에 지나치게 얽매이고 싶어 하지 않는다. 그 틀로 모든 것을 바라보게 될 가능성이 높기 때문이다. 하나의 틀은 그것이 조직하는 사안에 대해 잘 사고할 수 있도록 하는 매개가 되지만, 드러내야만 하는 것을 드러내지 못하게 할 위험성 또한 지닌다. 하지만 나는 이 세 가지 분류가 교육에 대해 언급해야 하는 전부인 것처럼 모든 것을 이 속에 집어넣는 광적인 분류자가 되는 것을 경계하면서, 이 개념들에 대해 조금 더 이야기하고자 한다.

분명히 나는 교육 개념들을 세 개의 분리된 상자들 속에 끼어 맞추는 식으로 단순화하였고, 세 가지 개념 각각이 단순히 한 가지의 통일적 입장과는 거리가 멀다는 사실을 무시했다. 각 개념 내에도 여러 입장이 겹쳐 있고 사람들은 각 개념의 부분들에 다양한 방식으로 매료되기도 한다. 아마도 이 장의 전반적 구조가 교육이 지난 한 세기 반 동안 왜 그러한 논쟁의 영역으로 남아 있는지에 대한 이해를 돕고, 이 문제에 대한 분명한 해결을 모색할 이 책의 다음 부분으로 넘어가는 데 필요한 준비 학습의 단계로 보일 수도 있을 것이다.

(잠시 둘러가겠다. 이 개념들은 거의 모든 교육적 갈등의 영역에서

꽤 분명하게 나타나는 것이라는 사실을 지적할 필요가 있다. 나는 우연히 19세기 후반에 시작되었던 대학교육과정에 영어 교과를 도입하는 것에 관한 논쟁을 접하게 되었다. 이 제안을 옹호했던 사람들은 분명히 이 새로운 학문 분야의 목적이 무엇인가에 대해 서로 다른 생각을 가지고 있었다. 서로 경쟁하는 입장은 영어 교과의 목적을 각각 '지식의 대상으로서의 문학' '개인적 성장의 수단' 그리고 '사회적 통합의 수단'과 같은 것으로 표현하였다. 그 논쟁에 대해 글을 쓴 적이 있던 나는 영국 학교의 영어 교육과정 수정에 대한 최근의 논쟁이 사실은 한 세기 이상 전에 제기되었던 논변과 입장을 정확히 반복하고 있다는 것에 놀랐다. 물론 이 논변은 정확히 앞서 탐색한 세 가지 주요 교육적 이상을 표현하고 있다.)

각각의 개념은 마음에 대한 서로 다른 개념에 의존하고 있다. 사회화 옹호자들에게 마음은 사회적 기관이며 이것의 실현은 특수한 사회적 맥락에서만 일어날 수 있다. 이들이 염두에 두는 교육적 전략은 사회를 가능한 한 바람직하게 만들어 사회에 적응하는 것이 곧 한 개인의 성장을 가져다주는 것과 같게 하는 것이다. 그러나 이 관점 안에도 다양한 견해가 있는데, 현재의 사회적 구조에 만족하거나 학생이 이 구조에 잘 적응하도록 교육되길 바라는 견해에서부터 학교가 바람직한 방식으로 개조되고 혁신되어 교육적 경험을 풍성하게 제시하기를 바라는 견해에 이르기까지 광범위하다. 나의 일반적인 표현에 따르면 이러한 신념들은 사회화를 요구하는 공동체의 요구에 잘 들어맞는다. 그 까닭은 그들의 사고를 지배하는 교육적 기준이 현재 혹은 앞으로 기대되는 사회적 조건에서 파생되기 때문이다.

어떤 학자들에게 마음이란 대체로 인식적 기관이다. 그것은 학습해 온 지식으로 구성된다. 이들이 염두에 두는 교육적 전략은 학생들로 하여금 우리의 마음을 가장 잘 자극한다고 알려진 모든 것을 가능한 한 많이 배우도록 하는 것이다. 이 입장 안에도 다양한 의견이 있다. 안정적이고 신뢰할 만한 고전 속에서 회자되고 사유되는 가장 최선의 것을 발견해야 한다는 입장에서부터 현대의 과학 지식과 첨단 예술이 마음을 자극하기에 가장 적합하다고 생각하는 입장에 이르기까지 엄청나게 다양하다. 이러한 의견 중 양 극단의 입장을 학문 중심이라는 동일한 범주로 분류하는 이유는 교육과정을 결정하는 일차적 기준을 마음을 풍요롭게 하는 특정한 유형의 지식이 갖는 가치에 두기 때문이다.

개인의 발달을 가장 지지하는 사람에게 마음이란 거대한 심리적 기관이다. 이러한 입장을 가진 이들이 염두에 두는 교육적 전략은 마음의 발달 과정을 자극하고 지원하는 데 도움이 되는 것은 무엇이든 찾아내는 것이다. 이러한 입장 안에도 역시 다양한 견해가 있는데, 교육자의 주요 기능은 세계를 향한 학생 스스로의 자유로운 탐구에 방해가 되는 것들을 제거함으로써 학생의 발달을 돕는 것이라는 견해에서부터 교육과정은 자유로운 탐구의 장애물이 존재하고 있는 세계를 반영하여 설계되어야 한다는 견해까지 여러 관점이 있다. 후자의 경우 그 예로 어떤 특성이 학생의 두드러진 성장을 가장 잘 도울지 알기 위해 학생들은 고전 음악이나 학문적 지식을 접해야 할 필요가 있다는 것을 들 수 있다. 이러한 다양한 견해가 모두 개인적 발달의 범주에 속하는 이유는 그것들이 학생 개개인의 마음의 발달에 대한 이상을 교육에서 실행되어야 할 것을 결정하는 준거로 삼기 때문이다.

상호 대립이 없는 새로운 교육 개념이 필요하다

여기까지가 분류에 관한 이야기다. 그러나 내가 주장했듯이 이 구조는 현재 학교교육을 이끌고 있는 교육의 지배적 개념의 기초에 내재한 오류를 발견할 수 있게 한다. 나는 우리가 교육에 대한 세 가지의 기본 개념을 이어받았다고 주장했다. 이들 각각은 결함이 있으며, 각 개념에 내재된 최소한 한 가지의 결함은 우리가 합당하게 승인할 수 있는 교육적 이상을 대표하는 개념 본래의 의도에 치명적일 수 있다. '더 나쁜 소식'은 이 개념들 중 한 가지는 다른 두 가지와 양립할 수 없다는 사실이다. 대립 중인 이 개념들은 공립학교가 생겨날 즈음 등장하여 자신의 선물들을 내밀었다. 학교는 그 모두를 가지고자 열망했고 그 결과 교육은 어렵고 논쟁적인 상태로 남아 있다.

그렇다면 우리가 일반적으로 생각해 온 이러한 개념들에 대해 살펴본 지금, 우리는 어디에 서 있는 것인가? 설득력 있는 한 가지 대답은 우리가 혼란 속에 있다는 것이다. 세 가지 개념의 근원을 점검하고 그것의 부적합함을 발견한 후 우리가 하는 가장 상식적인 반응은 돌아서서 이 모든 것과 함께 예전처럼 계속 걸어가는 것이다. 내 말은 이 장에서 논의했던 것처럼 우리의 교육적 개념에 결함이 있고 그에 대해 어떤 조치를 취해야 한다고 결론을 내렸을 때 우리가 감당해야 할 수많은 어려움을 상상해 보라는 것이다.

일반적으로 대부분의 사람은 개념이나 관념이 아닌 제도에 의해 무언가를 계속하는 것 같다. 제도가 특별한 개념이나 관념 때문에 지금과 같이 존재하는 것이라는 생각은 교육에 종사하는 대부분 사람의 관심에서 벗어나는 것처럼 보인다. 실용적인 사람들은 존재하는 제도 속에서 그들이 할 수 있는 최선을 다할 뿐이다. 물론 이러한 실용적이고 상식적인 접근이 없다면 우리는 더 큰 혼란에 빠질 것이다.

하지만 만약 우리가 이 개념을 심각하게 받아들인다면, 그것이 어떻게 제도를 형성하는지를 이해하고, 이러한 논변이 일반적으로 옳다는 결론을 내린다면, 우리는 무엇을 해야 할 것인가? 우선 우리를 힘들게 하는 혼돈보다 더 나은 교육의 개념이 필요하다. 그렇다면 우리는 그것을 어디서 찾을 것인가? 어떠하든 우리는 그것을 만들어 내야만 할 것이다. 듀이의 조언을 경청할 필요가 있다. "존재하는 갈등의 원인을 알아내는 것, 그리고 어느 쪽을 지지하기보다는 대립적인 입장이 내세우는 개념과 실천보다 더 깊고 포괄적인 단계에서 비롯된 운영 계획을 제안하는 것이 교육의 지성적 이론이 해야 할 일이다."

마치 승자가 있을 수 있다는 듯이 혹은 이러한 입장 간에 정교한 균형이 있을 수 있다는 듯이 전통주의자들과 진보주의자들 사이에 논쟁을 계속하는 것은 결코 어떤 의미 있는 결실도 거두지 못할 것이다. 이것은 지난 한 세기 반 동안 실현되지 못한 일이다. 또한 학교가 각 아동의 독특한 잠재력을 실현해야 한다는 것과는 다른 의미로, 지역 학교가 표방하는 직업 준비 기술을 가르쳐야 하는지의 여부에 대한 논쟁도 별다른 의미가 없다.

사람들을 더 잘 교육시키기 위해 위에서 기술한 갈등을 어떻게든 해결해야만 한다고 말하고 있는 것은 아니다. 예를 들어, 츠비 램(Zvi Lamm)은 "그만의 독특한 감각을 지닌 개인과 개인적인 차이를 없애고 순응을 강요하는 사회 간의 관계는 복잡하며 많은 문제를 안고 있다."고 말했다(1976, p. 127). 자신의 고유함을 개발하고자 하는 자유에 대한 개인의 욕구와 순응성을 필요로 하는 사회 간의 이러한 특수한 갈등에 내재된 문제를 '해결'하고자 이것을 제안하는 것은 아니다. 오히려 이러한 문제가 끼어들지 않는 교육의 과정을 기술하는 데 전념할 것이다. 한 세기 반 동안 학교의 발전을 저해한 이 문제가 적절한 형태의 교육의 구조에 속하는 속성이 아니라는 것을 제안할 것이다. 이러한 주장은 우리 모두가 알고 있는 학교교육의 특징을 피하는 것으로 보일지도 모른다. 그러나 아테네 사람들, 그리고 암소의 간과 관련된 나의 대답을 떠올리며 미루어 짐작할 수 있을 것이다. 다음 장에서는 그러한 상호 대립하는 개념 없이 교육을 다시 생각하는 방법에 대한 대략적인 개요를 기술할 것이다.

물론 비교적 철저하게 이루어진 나의 연구에 의하면 모든 학교, 모든 지역과 지방정부 및 연방정부 교육기관들의 조직 강령은 변함없이 세 가지 상호 양립할 수 없는 선을 모두 약속한다. 이러한 약속은 실현될 수 없고 일종의 넌센스를 만들 뿐이라는 결론에 이를 때, 우리는 이 문제들과 현재 지배적인 상호 갈등하는 신념을 극복하는 대안을 구성하는 어려운 작업으로 돌아가야만 할 것이다.

03 교육을 다시 생각하다

- 교육 문제를 해결할 수 있는 새로운 사고방식

교육은 인지 도구 상자를 최대화하는 과정이다

교육이란 어떤 좋은 것을 마음에 가하는 과정이다. 만일 우리가 누군가를 가르쳐서 그 결과를 후회한다면 그 행위는 소위 비교육, 교화 혹은 덜 온건한 어떤 것으로 불릴 것이다. 어떻게 교육할 것인가에 관한 문제는 마음이 무엇인지, 더 나아가 마음을 위한 최선의 방법이 무엇인지에 대한 불확실성과 연결되어 왔다. 만일 당신이 마음을 '죄 많은 영혼의 거처'나 '미학적 신체기관'으로 보기보다 단순히 '정보처리장치'로 생각한다면, 앞의 두 가지의 정의와는 전혀 다른 방식으로 마음을 개선시키려 할 것이다. 만일 어떤 사람이 마음에 대해 옳지 못한 관념을 가지고 있다면 이를 개선시키기 위한 처방 역시 그다지 희망적이지 못하다. 혹은 적어도 이 처방은 그러한 관념과 마찬가지로 부적절한 것이다. 이 장에서는 마음에 대한 기존의 일반적 인식을 넘어 보다 적절한 관념을 제공하고 나아가 그러한 마음을 적절히 교육하기 위한 일련의 처방을 제공하려 한다.

우리는 어떤 형태로든 정신(마음)과 뇌가 연결되어 있다는 것을 알고 있다. 뇌는 주름이 촘촘히 잡힌 덩어리로, 우리 모두 자신만의 독특한 뇌를 갖고 있는 반면 마음은 우리가 타인과 복잡한 방식으로 공유하고 있는 언어나 문화(당신이나 내가 사라져도 계속 존재할)와 같은 것으로 구성되어 있다. 우리는 과학기술이 사용하는 비유를 통해 마음을 이해하고자 노력해 왔다. 시계 장치나 전화 시스템과 같은 비유는 오해의 여지가 있기에 현재 우리에게는 컴퓨터와 같은 다양한 비유가 제공된다. 그래서 우리는 두뇌를 컴퓨터 하드웨어로, 그리고 마음을 뇌의 운영체제 혹은 작동 프로그램으로 생각하는 데 익숙하다.

마음에 관한 한 가지 분명한 특징은 그것이 문화적 조직이라는 사실이다. 인간은 의심할 수 없는 '진화의 원리에 따라' 먼저 저장했다가 이후에 그것을 재현하는 방식으로 상징을 축적하는 방법을 생체 기억 외부에 발전시켜 왔다. 이는 엄청나게 영리한 기술이지만, 우리가 이미 살펴보았듯이 대가를 치러야 한다. 비고츠키(Lev Vygotsky)에 의해 일반화된 또 다른 일반적이고 유용한 비유에 따르면, 외부에 축적된 상징적 자료와 두뇌 사이의 관계는 마치 도구와 우리 몸의 관계와 같다.

이 비유는 도구를 사용하는 인간의 고유한 방식에 대해 성찰할 수 있게 한다. 많은 동물들은 썩은 나무에서 벌레를 끄집어내거나 껍질을 깨뜨리는 등 특수한 목적에 따라 도구를 사용한다. 그러나 우리는 동물과는 확실히 다른 방식으로 도구 체제를 수립하는 듯하다. 새로운 도구는 인간에게 특정한 과제를 수행할 수 있게 할 뿐 아니라 우리가 무엇을 할 수 있고, 심지어 우리가 누구인가에 대한 이미지까지 바꾼다. 일단 특정한 목적을 가지고 도구를 발명하면 동물과 달리 우리는 그것을 활용하여 또 다른 무엇을 할 수 있을까에 대해 골몰한다. 오래전 우리가 발명한 첫 도구는 하늘을 날아오르는 금속기계나 거대한 고층 건물이나 우주선 등을 만들기 위한 것은 아니었다. 그러나 도구가 계속 축적되고, 이들의 사용 가능성에 대한 상상력이 증가하면서 우주선을 만드는 것도 가능하게 되었다. 도구가 주어지면 우리의 몸은 잠재성과 가능성 속에 있는 마음으로 변형된다.

만일 우리가 상징의 외재적 축적물을 뇌의 도구 상자로 간주한다면, 뇌가 그런 도구들과 연합함으로 인해서 어떻게 변형되어가는지를 탐구하기 위해서 비고츠키의 비유를 사용할 수 있을 것이다. 예를 들어, 문해 능력은 우리가 기록을 남겼다가 후에 다시 복원하는 것을 가능하게 해 주었는데, 이는 긴 세월의 발전 끝에 우리의 삶을 엄청나게 바꾸어 버렸다. 곡식이나 포도주의 수량을 기록하기 위해 쓰기 능력이 발명된 후부터 인간은 쓰기의 또 다른 용도를 탐구하기 시작했다. 즉, 인간은 단순한 유용성에서 시작했지만 예측할 수 없는 가능성의 방향으로 상징 도구의 용도를 확장시켜 왔다. 이 확장은 플로베르(Gustave Flaubert)가 『마담 보바리(Madame Bovary)』에서 언어의 사용에 대해 언급한 다음의 문장에 잘 나타나 있다. 언어는 "곰들이 춤출 수 있게 곡조를 치는 우리의 싸구려 음악과 같다. 그러나 그러는 동안 우리는 별들이 연민을 느끼도록 갈망한다." 인간 피조물이 하늘을 향해 탑을 쌓는 것을 보면서 히브리의 하나님이 불평하셨듯이 "보아라…… 이제 그 무엇도 그들이 하고자 상상해 온 것들을 막을 수 없을 것이다."(창세기 11장 6절) 상상력과 결합된 도구는 새로운 세계를 만든다.

따라서 이 '상징적 자료의 외부 저장'은 좀 더 실용적인 기록일 뿐만 아니라 우리의 꿈의 저장고로 이해되어야 한다. 도널드(Merlyn Donald)는 이러한 문화적 저장고의 건설을 인간의 지적 기능에 있어 가장 중요한 진화론적 변화에 견주면서, 이러한 문화적 저장고는 뇌 자체의 체계만큼이나 현대적 마음에 많은 영향력을 미친다고 주장한다(1991, 2001). 다시 말하면, 우리의 뇌와 문화는 마음의 윤곽을 함께 만들어 내고 있는 것이다. 우리의 두뇌는 언어 능력, 추상적 사고 능력과 같은 많은 능력을 포함하고 있는데, 이는 문화를 떠나서 혼자 살아가는 개인에게서는 결코 실현될 수 없다. 이러한 뇌의 능력은 문화 안에서 자극받고 발달되지 않는다면 마음의 일부가 될 수 없다.

만일 우리가 상징의 외적 축적물을 개인의 두뇌에 내면화되어 마음을 구성할 그 무엇으로 본다면, 그리고 비고츠키의 생각과 같이 우리의 뇌를 위한 도구 또는 '운영체제' 그리고 '프로그램'이 우리의 몸 바깥에 있는 문화 속에 애초부터 존재하고 있다는 생각을 받아들인다면 교육의 과제에 대해서 조금은 다르게 인식하기 시작할 수 있을 것이다. 즉, 교육은 문화라는 외적 축적물로부터 우리가 개인적으로 받아들이는 도구 상자를 최대화하는 과정이라고 정의되어야 한다. 그리하여 문화적 도구는 우리 각자를 위한 사고의 도구가 된다.

용어가 낯설긴 하지만 이 생각은 기본적으로 교육의 현대적 관념과 다르지 않다. 모든 사람은 두뇌 능력을 향상시키기 위하여 주어진 문화 안에서 가장 적절한 것을 선택하는 과정이 바로 교육이라고 생각해 왔기 때문이다. 물론 이 논의의 한 가지 골칫거리는 단어만 약간 바꾸더라도 현대적 관념과의 차이가 쉽게 생략되거나 혹은 과장될 만큼 지나치게 추상적이라는 사실이다. 이 장에서 새롭게 정의한 바와 같이 교육이 '인지 도구 상자를 최대화하는 과정'이라고 한다면 이것이 현재의 교육 규범 및 실천과는 어떻게 다른지 다음 장에서 좀 더 자세히 다룰 것이다.

인지 도구, 마음의 운영체제와 프로그램

인지 도구란 무엇인가? 이에 관해서는 짧은 대답과 긴 대답이 있다. 긴 대답은 이 장의 대부분을 차지한다. 이 과정에서 나는 교육과정 속에서 우리가 다룰 주요 인지 도구의 예를 들어 설명할 것이다. 짧은 대답은 인지 도구가 우리의 뇌로 하여금 문화적 작업을 할 수 있도록 도와준다는 것이다. 우리의 두뇌는 다른 동물들과 마찬가지로 일련의 생리학적이고 사회적인 작업을 통제할 책임이 있다. 하지만 동물과 달리 우리는 문화를 구성하는 상징적 요소를 우리의 두뇌 외부에 축적해 왔다. 우리가 문화적 유산의 특징을 배우는 동안 우리의 뇌는 이를 통해 다양한 능력을 실현할 수 있게 해 주는 도구를 제공받는다. 혼자서는 누구라도 말하고, 읽고 쓰는 법 혹은 이론적인 추상 개념을 갖고 생각하는 법을 배울 수 없다. 이러한 인간 뇌의 잠재력은 오로지 뇌의 학습을 통해, 그리고 우리의 문화적 저장고에서부터 특정한 부분을 사용하는 법을 학습함으로써 실현된다. 말하자면 문화는 뇌의 구조를 프로그램화하는 것이다. 뇌를 컴퓨터에, 문화를 운영체제와 프로그램에 비유한 것은 이 관계를 매우 단순화한 결과이지만 이 비유는 우리 마음의 중대한 부분을 문화적 재료 속에 위치시킨다는 점에서 지금까지는 유용하다.

나는 매우 독실한 가톨릭 신자인 우리 가족이 분개했던, 그러나 한편으로 죄의식이 깃든 흥미로운 사건 하나를 기억한다. 그때 (이 사건의 주인공인) 한 의사는 '영혼'이란 단어를 언급하면서 자신은 남자와 여자, 흑인과 백인 모두의 몸을 해부해 보았지만 그 안에서 영혼을 발견한 적은 없다고 말했다. 뇌에 대한 연구가 마음의 작동 과정을 보여 줄 것이라고 믿는 사람들에게 위 이야기와 관련지어 우리의 견해를 제시하고자 한다. 뇌가 뇌 바깥에 존재하는 문화적 상징 저장고와 상호작용하기 전까지는 뇌 속에 마음은 들어 있지 않다. 영혼을 믿는 사람들은 영혼이 해부학자의 눈에 보일 것이라고 기대하지 않아야 하며, 마음에 대해 성찰하는 사람들은, 신경생리학자들이 교육을 위하여 마음에 어떤 일을 해야 할지에 관한 지식을 제공해 줄 것이라 기대하지 말아야 한다. 물론 우리는 비유를 너무 폭넓게 적용하는 위험에 쉽게 빠질 수 있다. 내 말의 요지는 현재 우리가 가진 뇌에 대한 이해에서 마음은 거의 보이지 않는 존재이지만, 우리의 뇌가 상호작용하는 범주인 '문화'의 관점에서 보자면 마음은 아주 확실히 보인다는 것이다.

인지 도구가 무엇인지에 대하여 짧은 답변을 제시할 경우 발생하는 한 가지 문제는 그 답이 너무나 막연해서 교육을 '인지 도구의 극대화'로 생각하는 것이 실제 교육하는 데에 어떤 차이나 변화를 가져올 수 있는지를 명확하게 보여 줄 수 없다는 것이다. 뇌/컴퓨터 비유의 다른 특징을 좀 더 살펴보면서 보다

긴 대답으로 옮겨갈 수 있을 것이다.

마음의 다섯 가지 운영체제

당신은 어느 시점에서 당신 컴퓨터의 운영체제를 업그레이드시켰을지도 모른다. 이런 복잡한 운영체제를 만드는 회사는 컴퓨터를 업그레이드함으로써 생산성을 상당히 끌어올릴 수 있고, 컴퓨터의 속도와 힘 그리고 신뢰성을 증진시키며, 현재 쓰고 있는 프로그램보다 더 나은 프로그램을 사용할 수 있을 것이라고 말한다.

하지만 운영체제의 업그레이드가 간단하지만은 않다. 때때로 한때 당신이 의존했던 소프트웨어가 새로운 운영체제에서 작동하지 않을 수 있고, 새로운 운영체제에 맞는 새로운 소프트웨어 버전이 언제 발매될지도 모른다. 당신의 편리한 일상은 파괴될 것이며 예기치 못한 문제에 대해 항상 새로운 방법을 알아야 하는 불편함이 생겨날 것이다. 하지만 새로운 운영체제의 업그레이드의 불편함에도 불구하고, 당신은 새로운 운영체제가 예전에는 불가능했거나 다루기 힘들었던 기능을 비교적 쉽게 다룰 수 있도록 해 주고, 더 효율적으로 일을 할 수 있도록 해 주는 것을 깨닫게 될 것이다. 즉, 새로운 운영체제는 눈에 띄게 컴퓨터 하드웨어가 할 수 있는 일을 증진시켜 주지만 그에 따른 비용이 뒤따른다. 그 비용은 매우 작을 때도 있고 때로는 크기도 하며, 어떨 때는 비용이 이익을 능가할 때도 있다. 우리는 앞으로 육의 관점에서 이러한 비용과 이익의 유사점을 찾아볼 것이다.

만약 뇌를 컴퓨터 하드웨어에 비교한다면, 인지 도구는 컴퓨터 운영체제와 프로그램에 비유할 수 있다. 앞으로 뇌에 대해 서양 문화권이 만들어 낸 다섯 개의 두드러진 '운영체제'에 대해 소개할 것이다. 이러한 다섯 개의 주요 인지 도구는 서양 문화권에서 비롯된 것이다. 이들은 복잡하게 서로 연관이 되어 있다. 당신이 마음을 최적의 상태에서 작동시키고 싶다면, 이 다섯 개의 인지 도구를 원래 생성된 순서대로 사용해야 할 것이다(이는 운영체제 버전 2를 가지고 있는 상태에서 운영체제 버전 5를 잘 작동시킬 수 없는 것과 같다. 운영체제 버전 3을 업그레이드하고 그 뒤에 버전 4로 업그레이드시킨 후에야 버전 5의 이익을 얻을 수 있는 것과 같다는 의미다).

각각의 운영체제는 많은 프로그램을 사용 가능하게 한다. 이전 운영체제하에서 가동되었던 많은 프로그램 중 일부는 여전히 새로운 운영체제하에서 가동되지만 일부는 그렇지 않다. 이러한 비유를 고려해 봤을 때, 교육의 임무는 우리 문화권에서 이 다섯 개의 주요 운영체제가 순차적으로 잘 받아들여지고, 작은 단위의 인지 도구들이 최대한 많이 받아들여질 수 있도록 보장해 주는 것이다.

다시 말하지만 이것은 유용하지만 한계가 있는 비유다. 교육을 인지 도구 상자의 최대화의 관점에서 묘사하는 나의 관점을 통해 그 유용성은 보다 분명해질 것이다. 그 한계는 컴퓨터 운영체제와 달리 작은 규모의 프로그램과 같은 인지 도구는 부분적으로 인지 도구 자체를 구성한다는 것이다. 아마 이것은 내 논의를 계속 따라가다 보면 이해될 것이다.

인지 도구를 통해 뇌가 수행하는 주요 문화적 작업은 이해다. 교육을 인지 도구 상자를 최대화하는 과정으로 본다는 것은 교육을 우리 문화가 개발한 도구들을 가지고 가능한 한 우리의 이해를 확장시켜 나가는 과정으로 본다는 것이다. 그리하여 나는 주요 운영체제 혹은 인지 도구 상자를 신체적 이해, 신화적 이해, 낭만적 이해, 철학적 이해, 반어적 이해로 불리는 일종의 이해로 묘사할 것이다. (나는 앞서 1997년에 이 이론을 발표한 적이 있다.) 먼저 각각의 이해 양식에 대한 일반적 특징을 설명할 것이고 그러고 나서 하위 프로그램들을 기술할 것이다. 이 하위 프로그램들은 각각의 운영체제에서 가장 잘 가동하는 작은 규모의 인지 도구이며 운영체제를 구성하는 것이기도 하다. 이 장의 말미에서 이러한 마음 모형의 추가적 특징과 이것이 교육 실천에 함의하는 바를 탐색할 것이다.

신체적 이해

만약 동물, 이를테면 들쥐나 에뮤(타조와 비슷한 오스트레일리아산의 날지 못하는 큰 새)를 묘사해야 한다면, 우리는 그 동물의 신체적인 특징과 그것이 어떤 감각 배열을 가지고 있는지 그리고 이러한 감각이 보통의 환경에서 어떤 전형적인 행동을 이끌어 내는가에 초점을 둘 것이다. 하지만 인간이 자신에 대해 묘사할 때에는 신경전달자, 의식 언어 그리고 다른 뇌 관련 물질의 보유자라는 사실을 제외하고는 우리 자신이 몸을 가졌다는 사실을 잊어버리는 경향이 있다. 실제로 기린의 긴 목이나 공작의 아름다운 꼬리처럼 인간의 뇌는 가장 눈에 띄는 인간 신체의 부위다. 우리 인간은 눈에 두드러지는 신체를 가졌다. 그래서 인간이 사용할 수 있는 인지 도구의 상자에 들어 있는 일반적 목록을 알아보고자 한다면, 우선 신체라는 도구 상자로부터 시작해야 한다.

우리가 몸에 대해 가장 먼저 알아보아야 하는 이유는 우리 몸의 감각 배열이 경험에서 파생되는 기초적 의미를 결정하기 때문이다. 즉, 우리는 특정 범위와 규모의 현상을 지각한다. 우리의 지배적인 감각으로는 시각, 청각, 촉각, 미각, 후각이 있는데, 이 순서에 따라 감각의 가치를 매기는 경향이 있다. 그에 따라 우리의 언어는 그 감각들로부터 구성된 은유로 가득 차 있다. 당신은 내가 무엇을 말하는지 이해하는가?

이러한 감각들이 우리의 이해력을 지배해왔기에 우리는 감각으로는 파악하기 어려운 원자보다 작은 입자의 행동이나 우주의 초기 조건의 모형과 같은 추상적인 것을 이해하는 데 어려움을 겪는다. 근대 과학이 우리의 감각으로 이해할 수 없는 상황을 설명하기 위해 점차 수학에 의존해 왔기 때문에, 일반인(비전문가)들은 수학자들의 지식을 가장 근접하게 보여 주고 설명하는 능력이 뛰어난 사람에게 의존해야만 했다. 아인슈타인(Albert Einstein)이 광파타기에 대해 묘사할 때 우리는 그것을 부분적으로 이해할 수 있지만, 가시적인 우주가 수학적 공식으로 전환될 때 더 이상 그 설명을 따라갈 수 없게 된다. 램(Christina Lamb, 2003)은 아프가니스탄의 전 탈리반 교육부 장관이 태양이 지구로부터 9천만 마일 넘게 떨어져 있다는 사실을 맹신하는 서양 사람들을 조롱한 것에 대해서 별 개탄 없이 "9천만 마일을 측정할 수 있을 만큼 긴 측정 도구는 없다!"라고 기술했다. 우리가 거리를 무엇이라고 믿든지 그것은 우리 대부분에게 일종의 신앙의 행동이다. 자신에게 익숙한 감각에 기초하여 거리를 측정하고자 하는 이들에 대하여 조금이라도 공감하지 않기는 어렵기 때문이다.

우리는 아주 오래전부터 우리 자신을 마치 몸에서 분리되어 나온 별개의 인격체인 것 같이 생각해 왔다. 그래서 우리는 신체와 영혼, 마음과 몸에 관해 이야기한다. 아시시 출신의 성인

프란체스코(St. Francis)는 그의 몸을 '당나귀 형제'라고 불렀다. 만약 들쥐나 에뮤가 이런 이분법적 방식으로 스스로를 범주화해서 바라본다면 분명 어처구니없는 일이다. 이렇게 몸을 우리 자신과 별개라고 생각하는 데에는 좋은 이유와 나쁜 이유가 있다.

좋은 이유는 인간 뇌의 발전에서 유래한다. 이러한 뇌의 발전은 우리의 삶을 지배하는 언어와 문화의 발전을 가져왔다. 나쁜 이유는 우리 뇌가 우리 몸의 일부라는 사실, 그리고 우리 마음 또한 비록 다른 이들과 복잡한 방식으로 공유하는 문화적 요소들을 포함한다고 하더라도, 기본적으로 몸 안에 있다는 사실을 잊곤 하는 인간의 성향과 관련이 있다. 우리가 소유한 특수한 이 몸이 세상에 대하여 우리가 취하는 독특한 방식을 결정한다. 우리 몸은 가장 정교한 정신적 활동에조차 철저하게 그리고 구석구석 영향을 미친다.

우리 몸은 우리의 언어를 형성하게 한다. 인두, 후두, 혀의 신체 구조뿐만 아니라 이 신체 구조가 허용하는 선에서 우리가 낼 수 있는 소리 배열을 결정하는 방식, 그리고 일련의 언어 소리를 문장으로 엮기 위해서 이러한 신체 기관들을 통해 호흡을 편안하게 하는 데에 걸리는 시간 등 우리 몸은 언어 형성에 결정적이다. 마지막 사례는 핑커(Steven Pinker, 1994)의 재밌는 어구로 말하자면 호흡할 때 내뿜는 이산화탄소를 제압하는 구문의 경우다(물론 이산화탄소가 우리의 구문을 결정하는 경우, 문장의 한계를 보다 적절하게 알 수 있다). 다시 말하면, 우리 언어의 기본적인 은유는 광범위하게 서로 연결된 문자적 의미에 전제되어 있는 인간 이해의 일반적 원리를 제공하는 신체적 경험으로부터 유래한다(Johnson, 1987, p. 65). 존슨(Allen Johnson)은 신체에 기초한 개념들, 예를 들어 '안'과 '밖', '힘'과 '균형' 등의 개념이 어떻게 세계의 구성 과정에 대한 우리의 이해에 널리 퍼져 있는지 보여 주었다. 이 기본적인 개념은 공적으로 공유되고 누구나 이해하지만, 우리 각각은 개인적인 신체적 경험과 그 경험에 대한 감정적인 반응의 결과에 따라 조금씩 다른 방식으로 그것을 파악한다.

역사적으로 경험으로부터 구성된 의미에 신체적인 원천이 있음을 인정하지 않으려는 일관된 시도가 존재해 왔는데, 이 시도에 대한 일종의 좌절의 표현으로 존슨은 "대부분의 언어학과 언어철학의 문헌들은 의미라는 것이 무엇보다도 가장 중요한, 문장의 어떤 속성이라고 가정한다."고 말하였다(1987, p. I 원문의 강조).

두뇌의 첫 번째 임무는 신체에까지 스스로를 확장하는 것이다. 말하자면 손과 손가락 같은 중심에서 멀리 떨어진 부분을 허우적거릴 때 그 패턴을 인식하고 그것을 신체의 목적에 알맞게 조정된 행동으로 이끄는 것이다. 유아기 아기는 초기에 상호적인 눈 맞춤과 신체적인 접촉을 통해서 타인과 만난다. 이들은 어떤 목소리를 모방하고, 이 목소리는 또 그들의 목소리를 모방하는 상호 모방적인 행위를 통해서 상호작용을 위한 기본적 규칙을 설정하는 일련의 모방체계를 형성하기 시작한다.

이러한 초기 유아의 신체적 상호작용은 "유아의 성장하는 마음을 유모의 마음 혹은 더 나아가서는 최종적으로 보다 광범위한 사회의 마음과 연동되도록 하는 것이다."(Donald, 2001, p. 255)

신체적 이해와 신체의 의미 형성 도구 상자에 대한 설명에서 중요한 것은 그것이 본질적으로 정서적이고 감정적이라는 점이다. 이러한 정서는 우리의 인식을 가장 기초적으로 조직하고 방향 짓는 요인으로서 삶 전반에 걸쳐 지속되고 발전한다. 만약 내가 당신에게 아프리카나 남미, 북미의 나라에서 지금 막 어떤 혁명이 발생했다고 말한다면, 반역이 좌파나 우파의 열정적 지지자들에 의해 일어났는지, CIA를 배후로 하는지, 반역자들이 최근의 선거에서 패했는지, 그 주변국의 독재자들이 반군이나 정부 중 어디를 지지하는지에 대한 당신의 이성적 평가는 이러한 의문들의 연상에 의해 연결된 정서나 감정의 바탕 위에서 이루어진다.

기쁨, 고뇌, 우쭐, 공포, 만족, 분노, 동정심은 혁명에 대한 당신의 반응을 형성하는 잠재적 기반의 요소를 구성한다. 크레쉬(David Kresch)는 우리의 인식을 설명하기 위해 'perfinkers'라는 적절한 용어를 조어했다. 우리는 동시에 느끼고 이해하고 생각한다. 만약 신체적 이해의 핵심으로서 정서의 근본성을 인식한다면, 인식과 인식 도구를 우리의 정서적 삶과 분리된 것으로 보지 않을 것이다. 우리의 사고가 아무리 정련되고 정교해진다 하더라도, 사유는 언제나 그것이 일어나는 거처인 우리 몸의 정서와 감정에 의해 방향성이 결정되고 형성된다.

까꿍 놀이, 서로 혀 내밀기, 숨바꼭질, 웃고 울기와 같은 신체적 모방과 반응들로 시작하는 타인과의 초기 연결은 나중에 언어 게임으로 이어진다. 기대와 만족을 오가는 의례는 이야기가 된다. 흉내 내기 놀이는 은유가 되며, 유머 감각은 농담이 된다. 절차와 패턴은 수학과 음률 등이 된다. 두서너 살 사이의 유아에게 개발시키는 풍부한 언어의 형태는 나중에는 더욱 정교화되는데, 이 모든 것은 유아기의 초기 신체적 경험에서부터 시작한다. 그러한 기초적인 신체성은 나중의 지적 발달에서 생략되거나 사라지지 않는다. (덧붙여 말하자면, 컴퓨터가 우리와 같이 신체나 정서와 통합되거나 통합을 모방하지 못한다면, 결과적으로 인간의 지성을 결코 모방할 수 없을 것이라는 점은 분명하다.)

만약 우리의 당면 과제가 사람들을 가장 잘 교육시키는 방법을 찾는 것이라면, 일찍부터 아이들에게 관심을 기울여 신체적 도구 상자를 자극하고 개발하는 일에 주목해야 한다. 이러한 신체적 도구 상자는 언어 능력이 발전해 감에 따라 기능을 멈추는 것이 아니라 전 생애를 통해 발전하도록 되어 있다는 점을 인식해야 한다. 이제까지 언급된 도구들은 그것들을 사용하는 데에 관련된 감각과 정서에 밀접하게 연관되어 있다. 그리하여 신체적 교육은 아이들의 시야를 자극하는 다양한 방식을 포함할 것이다. 가능한 다양한 방식으로 자연 세계에 접촉하게 하고, 다양한 얼굴과 표정에 노출시키며, 손가락 게임을 하는 손에 노출시켜야 한다. 그리고 아이들의 청각을 자극하기 위해 리듬 있는 소리와 게임, 언어, 사람이 만들어 낼 수 있는 '앙앙' '삐걱 삐걱' '딸깍' 등의 자극을 활용한다. 대부분의 유아는 움직임과 신체 접촉 그리고 다양하고 신기한 소리가 결합된 게임을 매우 좋아한다. 부모가 일상적으로 참여하고 모든 감각을 끌어들이는 유형의 게임과 사랑의 돌봄에 대해서는 더 이상 상세하게 설명할 필요가 없을 것이다. 신체적 교육은 후에 형성될 교육의 토대가 되기 때문에 광범위한 감각 자극과 상호작용, 놀이는 매우 중요한 것이다. 더불어 기억해야 하는 것은 아기는 대부분의 경우 성인과 닮았으며 여유롭게 탐구하고 그것에 대해서 숙고하며 보내는 시간 또한 가치롭다는 것이다.

신체적 도구의 구성요소

신체적 도구 상자에서 중요한 두 가지 구성요소는 유머와 정서다. 교육자들은 통상 그들의 이론적 논의에서 유머와 정서를 경시해 왔다. 그러나 유머와 정서의 자극과 개발은 교육 프로그램에서 가장 중요한 구성요소다. 앞서 언급한 게임들은 유머의 개발에 도움이 될 수 있지만, 유머는 형태가 다양하다는 것을 기억해야 한다. 게임을 위해 어떤 패턴을 방금 만들었다 해도 정상적인 활동 패턴을 의도적으로 중단시키는 행위는 재미있는 반응을 불러 일으킬 수 있다. 중단은 아기에게 부적절한 것으로 느껴진다. 부적절함은 광범위한 유머 형식들의 핵심이다. 부적절함을 쉽고 즐겁게 다룰 수 있는 능력은 마음의 유연성을 기르기 위해 필요하다. 마음의 유연성은 교육받은 사람의 중요한 요소다. 유머는 많은 점에서 중요하다. 그 이유는 단지 유머가 재미있는 경험을 주기 때문이 아니라 유연하고 풍부한 상상력과 창의적인 사고에 기여함으로써 특별한 교육적 중요성을 지니기 때문이다.

신체적 이해는 감각, 유머, 정서/감정을 자극하고 개발함으로써 극대화될 수 있다. 이러한 자극과 개발은 언어 발달 단계 이전에 적용할 수 있는 교육 프로그램의 기초가 되는 중요한 활동이다. 비록 감각, 유머, 정서의 우선적 중요성은 언어가 발달함에 따라 다소 줄어들겠지만, 그럼에도 불구하고 이것들은 전 생애에 걸친 교육적 발전의 중요한 요소로 이어질 것이다. 이러한 요소들을 지속적으로 자극하고 개발하기 위해 활용해야 하는 교육 방식은 미래의 이해 유형들을 구성하는 요소에 맞춰 변화되고 조절될 것이다. 만약 버스에서 만난 15세나 45세의 사람들과 까꿍 놀이를 한다고 생각해 보라. 얼마나 이상하겠는가? 그러나 전 생애에 걸쳐 감각, 유머, 정서에 대한 자극은 교육의 중요한 부분으로 남을 것이다. 〔작고한 캐나다 수상 트뤼도(Pierre Elliott Trudeau)의 일화가 기억난다. 그는 매년 새로운 신체적 기술을 정련하고자 했다. 그 일화에서 그는 50대 후반이나 60대 초반 즈음 다이빙 보드에서 뛰어내린 경험에 대해 이야기했다. 그 해에 트뤼도 수상은 공중돌기를 하면서 수영장에서 다이빙하는 기술을 배우기로 결심하였다고 한다.〕

우리는 초기 인류에서 발달된 더 많은 도구를 추가할 수 있을 것이다. 예를 들면, 미슨(Steven Mithen)은 『노래하는 네안데르탈인(The singing Neanderthals, 2005)』에서 우리 인간이 얼마나 음악적인 동물인지를 보여 주고 있다. 아마도 우리의 음악성은 미슨의 주장처럼 진화의 초기부터 근대적 인간에 이르기까지 우리의 신체적 도구 상자의 핵심적인 특징일 것이다. 우리는 어떤 패턴에 따라 걷다가 춤추고, 노래하고, 또 그 노래를 함께 부르게 되는데, 이것이 인간이 존재하는 심오한 핵심적 방식이다. 특별히 쓸모 있을 것 같지 않은 신체적 세계(소리의 패턴을 포함하여)의 패턴을 알아차리고, 쫓아가고, 조합하고, 반응하는 방식에서 우리 몸은 모든 동물의 세계에서 유일무이하다. 감각을 만들어 가는 이러한 독특성은 모든 문화 속의 인간에게, 누구보다도 아이들에게 크나큰 심미적 즐거움을 준다.

리듬과 패턴은 어떤 형식으로든 모든 동물이 인식하는 것이다. 하지만 리듬과 패턴에 대한 인간의 감각은 더욱 풍부하고, 모든 감각을 통해 표현을 발견하는 보다 복잡한 형식으로 재빨리 나아간다. 우리는 출생 이후부터 패턴에서 의미를 찾는다. 심지어 별 생각 없이 되는 대로 보고, 듣고, 만질 때조차 그러하다. 우리는 자신이 속해 있는 세계의 소리, 시각, 촉각, 미각, 후각의 중요한 패턴에 대한 가장 기본적인 이해를 제공하는 이러한 반복적인 규칙성을 빠르게 인식한다. 감각이 우리에게 전달하는 유형화된 규칙성의 배경 속에 있는 독특한 인간의 의미를 구축하기 시작한다.

도널드(Merlin Donald)는 '미메시스(mimesis)', 즉 '고안된 의

도적인 (세계의) 재현'이 인간 학습 행위의 초기 형태에서 가장 중요하다고 주장한다(1991). 많은 다른 동물들이 그들 공동체의 다른 동물의 신체적 움직임과 소리를 흉내 내거나 모방하지만, 오직 인간만이 그러한 몸짓과 소리를 새로운 방식으로 결합하는 능력이 있으며, 이미 알려진 몸짓에서 새로운 몸짓을 만들어 낼 수 있다. 우리는 우리 신체를 타인의 몸짓을 해석하는 데 사용할 뿐만 아니라 의사소통을 하기 위해 새로운 몸짓을 창조할 때에도 사용한다. 이러한 유형의 상호작용은 도널드가 다음과 같이 기술한 과정을 성취하기 위한 더 나은 도구들이다. "초기 유아들의 마음의 성장은 유모의 마음의 발달, 궁극적으로는 보다 광범위한 사회의 마음의 발달과 상호 연동된다."

만약 생후 1년이 된 유아와 고양이 옆에 앉아서 문을 가리키면 걸음마 아기는 일반적으로 문을 쳐다보지만, 고양이는 문을 가리키는 당신의 손가락을 쳐다볼 것이다. 걸음마 아기는 사물을 가리킬 줄 안다. 고양이나 침팬지는 그렇지 않다. 우리는 일찍부터 타인의 행위에서 그들의 의도를 읽어 낼 수 있는 능력과 우리의 행위 속에 있는 우리 자신의 의도를 타인이 읽어 낸다는 것을 예견하는 능력을 개발해 왔다. 동물 가운데서 인간은 유일하게 마음 안에서 세상을 재현해 내고, 그렇게 마음속에 구성된 외부 세계와 관계를 맺는다.

지금까지 이상적인 신체적 이해의 구성요소를 피상적인 수준에서도 거의 드러내지 못했고 다만 이러한 이해의 몇몇 구성요소들을 요약해서 제시했다. 하지만 여기서 나의 목적은 인지적 도구를 극대화하는 관점에서 교육을 이해하는 새로운 방식을 확립하고자 하는 것에 있다. 유아기에 신체적 이해를 적절히 발달시키는 것은 그 이후의 인지 도구 활용에도 중요하며, 이 접근의 고유한 가치는 보통의 학교생활에서 '신체적 이해'를 필요로 할 때 더욱 분명해질 것이다.

신화적 이해

언어의 발달은 마치 아이들의 뇌에 새로운 운영시스템을 도입하는 것과 같이 놀라운 변화를 일으킨 것이라 할 수 있다. 언어는 뇌가 새로운 과업을 수행하고, 오래된 과업을 바꾸거나 강화시키며, 다른 것들은 약화시키도록 프로그램을 설정한다. 나는 이런 종류의 이해를 '신화적' 이해라고 부른다. 왜냐하면 이것은 세계 전역의 구술 문화와 우리 문화의 선사시대에서 나타나는 사고와 일치하는 중요한 특징을 가지고 있기 때문이다. 정교한 언어는 있지만 문자 체계가 없는 사회에는 '신화'라 불리는 이야기들이 있는데, 이들은 고대 그리스의 신화와 비슷하기 때문에 그렇게 불린다.

(물론 현대에 만들어진 '어린이'와 '성인'의 개념을 구술 문화 맥락에서 똑같이 적용하는 것은 위험한 일이다. 이런 비교는 과거에 식민주의와 인종차별 정책을 정당화하기 위해 만들어졌다. 당시 사회적 진보와 개인적 발달에 대해 사람들이 가지고 있던 잘못된 이론 때문에 그 비교는 어느 정도 이와 같은 결론을 이끌어 내게 되었다. 그러나 이제는 그러한 비교가 얼마나 부적절하고 재앙적인 것인지에 대한 일반적인 인식과 더불어 그러한 비교를 떠올리는 것조차도 끔찍한 것이 되었다. 이것은 점차 진부한 과잉 반응으로 여겨져 왔

다. 우리가 이용할 수 있는 인지 도구의 관점에서 사람들의 사고에 대해 생각한다면, 그리고 우리가 어린아이들과 구술 문화의 구성원들 모두 글은 읽을 줄 몰라도 언어는 사용할 수 있다는 것을 알게 된다면, 인식에 영향을 주는 많은 공통점을 발견할 수 있을 것이다. 그리고 하나에 대한 연구는 다른 것에 대한 이해를 도울 수 있을 것이다. 단지 우리가 잘못된 결론을 이끌어 내려 하고 입증되지 않은 일반화를 만들어 내거나 이용 가능한 그들의 인지 도구의 사용이 동일하다고 주장할 때 위험은 발생한다.)

뇌를 프로그램화하는 구술 언어

글을 읽고 쓸 줄 알게 되는 것이 인간에게 자연스러운 발달이라고 하더라도, 어린아이들과 구술 문화를 '문자 사용 이전 시대'라고 부르는 것은 일반적인 일이 되었다. 우리는 문해력이 최근에 발명되었다는 사실을 쉽게 잊는다. 문해력의 엄청난 유용성 때문에 거의 모든 사람은 문해력을 배우고 활용하려 한다. 그러나 많은 세대를 걸쳐 끝없이 다양한 문화에서 인간은 문해력 없이도 세계에 대한 완전한 인간적 경험을 해 왔다. 그래서 나는 신화적인 이해가 그것을 완성시켜 줄 무언가의 '이전' 상태가 아닌 풍부한 요소로 구성된 인지적인 도구라고 말하고 싶다. 그것은 그 자체로서 완전한, 세계의 의미를 이해하는 독특한 방식이다. 대부분 현대 아이들에게 문해력은 새로운 운영체제처럼 추후에 도입될 것이다. 그러나 아이들이 먼저 구술 언어의 자원을 배우고 활용할 수 있게 된다면 문해력을 배우고 활용하기 위한 준비를 마친 것이다.

우리 뇌를 프로그램화하는 이런 구술 언어의 구성요소들은 무엇이며, 이 구성요소들은 어떻게 특정한 이해를 낳는가? 다음은 이 이해를 시작하는 데 관련된 간단하고 혼합된 몇몇 구성요소들의 목록이다. 이야기, 비유, 이중적 구조화와 매개하기, 운율과 리듬, 패턴, 농담, 단어로부터 이미지 형성하기, 놀이, 수수께끼 그리고 신비에 대한 인식이 그것이다. 누군가 이 목록을 추가하거나 좀 더 일관되게 만들 수도 있겠지만, 나는 위 목록들이, 이런 인지 도구들이 어떻게 하나의 두드러진 양식의 이해에 기여하는지 또 왜 이 요소들이 언어가 유창해지는 시기와 문해력이 유창해지기 이전 시기 사이의 아이들을 교육할 때 초점이 되어야 하는지를 보이는 데 충분하다고 본다.

이야기의 힘

이야기는 어떤 종류의 '도구'인가? 이것은 사건을 어떻게 느껴야 하는지를 이해할 수 있게 하는 도구다. 이야기는 경험과 지식을 독특한 감정적 의미가 자리할 수 있는 형식으로 만들어 준다. 즉, 이야기들은 단지 정보를 전달하고 사건을 묘사하는 것이 아니라 우리가 그 이야기를 들을 때 그것에 대해 '좋다, 나쁘다' 또는 '즐겁다, 슬프다' 라고 느끼게 될 내용을 만든다. 다른 언어의 형식은 이렇게 할 수 없다. 만약 내가 당신에게 관대하고 유능한 의사에 대해 이야기하다가 "날씨가 더워서 그 의사는 물속으로 뛰어 들었어."라고 덧붙인다면 당신은 그 의사에 대해서 어떤 작은 즐거움을 느낄지도 모른다. 그러나 내가 "그 물 속에는 배고픈 상어들이 득실거리고 있었어."라고 계속 얘기한다면, 당신은 안타까워하거나 끔찍하게 느낄 것이다. 그 의사가 새로운 상어 퇴치제를 시험했다거나 물에 빠진 아이를 구하기 위해 목숨을 걸고 물에 뛰어 들었다는 정보가 그 이야기에 더해질 수 있다. 그 의사가 물에 뛰어든 사건에 대한 당신의 감정은 뒤이은 사건에 따라 변해갈 것이다. 물에 뛰어든 그와 다른 사건들에 대해 어떻게 느껴야 하는지 깨달았을 때 당신은 그 이야기의 결말에 도달했다는 것을 알 것이다. 이 경우 그 의사가 결국 점심을 먹었는지 아니면 상어의 점심거리가 되었는지에 따라 우리의 감정은 결정될 것이다.

당신이 알아차린 것처럼 우리 삶의 문제는 이야기에 끼워 맞출 수 있는 것을 제외하고는 어떤 분명한 의미를 가질 수 없다. 다시 말하면, 어떤 사람들은 그들을 더 이상 걱정하지 않게 하거나 안전감을 느끼게는 하지만 인간 경험에 잠재된 풍요로움을 이해하는 것과 상관이 없는 매우 거친 이야기를 창조하거나 이어받는다. 당의 신념에 교화된 청년 나치당원들은 자신의 경험을 이해하는 것과 아무 상관이 없는 아주 거칠고 유치한 이야기를 회피하는 경향이 있는 이들의 불안을 이해하지 못할 것이다. 인생은 고난의 연속으로 볼 수 있다. 일상의 의미를 구성할 때 우리는 현재 활동을, 자기 자신을 이끌어 갈 수 있고, 우선순위를 선택할 수 있고, 어떻게 느껴야 하는지 알게 하는 일반적인 이야기로 만든다.

이런 주장, 즉 당신 스스로 구성했거나 어떤 권위 있는 이야기를 받아들인 것이 아니라면 어떤 이야기이든 당신의 삶에서 아무런 의미가 없다는 주장에 당신은 지겨움을 느끼고 이 책을 방바닥에 내동댕이치며 기뻐하면서, 대신 『National Inquirer』 잡지나 제임스 조이스(James Joyce)의 소설 『피네건의 경야(Finnegans Wake)』를 집어 든다. 그러나 당신이 집어 던진 그 책은 벽난로 선반에 부딪친 후 왼쪽으로 튕겨 나오며 시어머니나 장모님이 지난주에 가져온 특이하고 큰 초록색 꽃병 측면에 부딪친다. 이제 그 책을 내던진 것이 기쁜가 아니면 후회스러운가? 당신은 깨진 꽃병 조각들을 치우다 파편 사이에서 어제 샀지만 어디 두었는지 잊어버렸던 복권을 발견한다. 복권의 회색 부분을 긁고는 평생 매주마다 1,000달러를 받을 수 있게 되었다는 사실을 알게 된다. 이제 책을 던진 것이 기쁜가 아니면 후회스러운가? 당신은 오랫동안 원했던 멋진 유럽산 스포츠카를 구입해서 운전해 집으로 돌아오는 길에 통제 불능의 SUV와 충돌하는 사고가 난다. 그리고 죽는다. 이제 당신은 그 책을 던진 것이 기쁜가 아니면 후회스러운가?

요점은 이 책을 던진 사람에게 나쁜 일이 일어날 것이라는 것이 아니라 우리가 인생의 사건들을 잠정적인 이야기로 축적함으로써 그것들의 감정적인 의미를 결정해야 한다는 것이다. 현실의 이야기와 역사를 만들기 위해 사용한 이야기들은 잠정적인 것으로 남아 있다. 새로운 것이 발생함에 따라 우리는 중요성과 의미를 재조정하며 사건에 대한 감정적 평가와 반응을 재평가할 준비를 해야 한다. 허구적 이야기의 즐거움은 결말이 있으며 구성된 사건의 정서적 의미를 고정시킬 수 있다는 데 있다. 조금만 깊이 성찰한다면 인간의 삶과 역사는 고정된 의미의 안정감을 거부한다는 사실을 알게 된다.

그래서 이야기는 허구적 소재만 다루는 것이 아니라 사실적 소재를 형성하는 데 사용될 수도 있다. 만약 상사가 "새로운 거래에 대한 얘기는 어떻게 되어가고 있어?"라고 물을 때 그는 당신에게 소설을 쓰라는 얘기가 아니다. 그는 당신에게 새로운 거래와 상황에 대해 무엇이 중요한지, 결과적으로 그가 새로운 거래에 대해 어떻게 느껴야 할지를 분명하게 묘사하라는 것이다. 마찬가지로 신문 편집자가 "경기장 폭동에 대한 이야기가 어떻게 되어가고 있어?"라고 묻는 것은 사건을 지어내라는 얘기가 아니라 사건을 정서적으로 명확한 형태로 설명하라는 것이다. 유년기 시절 동안 이야기가 교육적인 중요성을 지니는 이유는 사건의 내용에 감정적 반응을 일으키는 이야기라는 형식이 지닌 바로 이러한 힘 때문이다. 우리는 아이들이 자신을 발견할 수 있는 세계에 관한 위대한 이야기들을 해 주길 원한다. 수학에 대해서, 인간 사회와 역사에 대해서, 그리고 과학과 기타 등등의 것에 대해서 말이다. 허구적인 이야기가 아이들의 교육에서 중요한 부분을 차지하고 있는 한편, 사실적인 세계의 지식을 감정적이고 상상적인 참여가 이루어지는 수업이나 학습의 단위로 만들기 위해서 이야기 형식의 요소를 사용하는 것 또한 더욱 효과적일 것이다. 이야기 형식은 진정한 세계의 경이로움으로 아이들을 데려가고 아이들이 이 경이를 보고 느낄 수 있도록 도울 수 있다.

이야기를 일상적으로 할 수 있기 위해서는 먼저 약간의 독창성을 활용하여 강력한 흡입력을 가지도록 하는 이야기의 특징이 무엇인지를 분석하고, 그 후에 이것을 어떻게 대수학, 구두법 그리고 교육과정에 있는 모든 다른 것에 적용할 수 있는지 밝혀내야 한다. 나는 이 책에서 이것을 비교적 쉽게 할 수 있는 방법을 보여 줄 것이다. 수업을 구성하고 아이들이 상상력을 발휘해 지식에 참여하도록 하면서 신화적 이해를 확장시킬 수 있게 해 주는 다른 인지 도구들이 있다.

많은 책들이 어린아이들에게 허구적 이야기를 해 주는 것이 교육적, 사회적, 감정적, 정서적으로 중요하다는 사실을 이미 다루었기 때문에 여기서 이 내용을 더 이상 언급하지는 않을 것이다. 그러나 이야기 형식을 활용하는 것이 마음의 적절한 발달을 위해 중요하다면 아이들을 다양한 이야기에 익숙하도록 만드는 것도 분명히 중요하다는 것은 짚고 넘어갈 만하다. 이야기가 전개되는 다양한 방법에 대해서 이해하는 것은 마음에 유연성을 더해 준다. 이야기를 이해하고 자기 자신의 이야기를 구성해 보는 것을 배우는 것은 교육의 기초다. 이야기는 다른 사람이 되어 보는 것이 어떤 경험인지 이해할 수 있는 최고의 도구다. 우리는 다른 사람에 대한 이해를 넓힐 수 있으며 공감도 확대시킬 수 있다. 다양한 문화에서 전해지는 현대적이고 전통적인 이야기들의 저장고는 교육 목적 달성을 위한 중요한 자원이 된다.

물론 이야기는 어린이들을 교화시키기 위해 사용되곤 했고 지금도 그렇다. 이야기에 공통적인 메시지, 즉 한 사회 집단의 우월성에 대한 내용 혹은 자신의 집단 외의 모든 다른 집단의 사악함이나 아둔함에 대한 내용이 있을 때 교화가 일어난다. 이런 종류의 주입을 막을 수 있는 가장 좋은 방법은 이야기를 검열하는 것이 아니라 아이들에게 다양한 이야기를 들려 주는 것이다.

공통적으로 어린아이들의 주의를 끄는 이야기들의 공통점은 또 다른 특출한 인지 도구를 사용한다는 것이다. 동서양을 막론하고 많은 어린이들이 좋아하는 그림형제를 생각해 보라. 각각의 이야기에는 표면 아래에 하나의 단순한 구조적 요소가 있다. 감정적으로 상반된 요소, 즉 용기와 비겁함, 안전함과 두려움, 사랑과 미움, 선과 악은 사건에 어떤 형태를 부여하여 그 의미에 접근할 수 있게 한다. 헨젤과 그레텔 이야기가 사건의 순서에서 안전함과 두려움의 감정을 신중히 구조화시켜 놓지 않았더라면 단지 하나의 사건 뒤에 다른 사건이 따라 나오는 것에 지나지 않았을 것이다. 이야기에는 그러한 감정과 이 감정 간의 상호작용 및 갈등이 포함되어 있다. 숲 속에서 길을 잃고 굶주린 아이들은 얼마나 무서웠을까. 무언가를 먹을 수 있는 오두막을 발견했으니 얼마나 안심이 될까. 그 사악한 마녀는 얼마나 무서울까……. 교육적 요령이라는 것이 있다면 그것은 동화의 이러한 상반된 구조적 특징을 추출하여 그것을 대수학, 역사 혹은 다른 무엇을 가르치는 데 어떻게 사용할 수 있는지를 살펴보는 것이다.

들을 때마다 당황스러운 현재 교육자들의 속설 중 하나는 어린아이들이 '구체적(concretely)'으로 사고한다는 것이다. 이러한 생각은 분명히 어린아이들의 사고방식이 어른과는 어떠한 점에서 다르다는 것을 포착하는 것 같다. 이것은 일반적으로 어린아이들이 지적인 결핍으로 인해 추상적 개념을 이해하지 못한다는 것으로 여겨진다. 이러한 신념이 지니는 문제는 아이들을 볼 때 그런 신념 이외의 방식으로는 아이들을 보지 못하게 한다는 점이다. 그림형제와 같은 동화 속에 있는 이야기의 토대, 즉 안정감과 두려움, 용기와 비겁함, 선과 악을 생각해 보자. 이것보다 더 추상적인 이야기를 배운 적이 있는가? 등장인물에 대해서도 생각해 보자. 그들은 균형 감각을 가진 인물이 아니라 아름다움, 무지, 탐욕, 공포, 선 등을 대표하는 인물이다. 즉, 이야기에 깔려 있는 구조만이 추상 개념을 담고 있는 것이 아니라 등장인물도 추상 개념을 구체화하고 있다.

어린아이들이 이론적인 추상 개념을 항상 사용하지는 않지만 그들의 사고는 끝없는 추상 개념으로 가득 차 있다. 어린아이들이 구체적으로 사고한다고 주장하기보다는 구체적 사고와 그 기저에 깔린 추상 개념이 연결되어 있을 때 구체적인 것을 더 잘 이해한다고 주장하는 것이 타당하다. 어린아이들이 보다 깊이 있게 알고 있으며 그들의 사고에 보다 광범위하게 퍼져 있는 것은 사랑, 미움, 두려움, 안정감, 화, 선, 악과 같은 추상 개념이다. 그래서 우리의 교육 프로그램은 아이들이 추상 개념을 활용하는 데 의지하고 이것을 자극하며 정교화하도록 해야 할 것이다. 이러한 감정이 담겨 있는 추상 개념들은 새로운 구술 운영체제의 또 다른 유용성으로써 우리가 현명하게 개발해야 할 인지 도구다.

그림형제 이야기와 아이들의 게임 그리고 아이들의 상상력을 끌어들이는 대부분의 것은 감정적으로 두 개의 상반된 추상 개념 위에 만들어진다. 만약 초기 학교교육이 아이들에게 위대한 이야기와 우리 문화, 즉 우리의 역사, 과학, 수학, 문학 등의 게임을 소개하는 것이라면, 그들이 자발적으로 참여하는 분야에서 볼 수 있는 구조적인 특징을 무시하는 것은 어리석은 일이다. 우리가 가르치는 것을 왜곡하지 않으면서 수학이나 역사를 어떻게 그러한 방식으로 나타낼지를 알기 위해서는 약간의 창의성이 요구될지도 모른다. 그러나 오직 약간의 창의성만으로도 아이들의 이해라는 측면에 이것이 가져다주는 보상은 엄청나다.

시간과 경험, 그리고 교육이 계속되면서 아이들은 지식을 습득하기 위한 첫 번째 도구로서 '상반된 것들' 사이를 오가도록 배운다. 우리는 각각 양 극단, 즉 이상적으로 선한 것과 악한 것, 완전히 안전한 것과 위험한 것, 무한히 용기 있는 것과 비겁한 것 사이에서 개념의 세계를 구축하는 것을 배운다. 교육은 우리가 경험하는 세계를 언어로 좀 더 적절히 성찰하는 개념적 중간 세계를 정교화하는 과정이다. 그러나 성인이 되어서 어릴 때 배우기 시작하는 이원적인 용어 체계가 복잡한 현실에 대한 적절한 설명이 아님을 인식한다고 해서 어린아이들이 지식의 세계에 힘들게 들어가기 위한 노력에서 이것이 지니는 유용성을 인식하지 못하거나 부정해서는 안 된다.

문자 그대로의 사고를 뛰어넘는 은유

바람 부는 날 갈팡질팡하고 있는 들쥐가 흔들리는 수풀을 보면서 그것을 미래의 짝과의 관계 속에서 자신의 영혼이 흔들리는 것으로 보지는 않을 것이다. 그러나 우리가 언어를 통해 얻게 되는 도구 상자의 굉장한 기능 중 하나는 새로운 작동 시스템의 구성요소다. 이는 어떤 것을 이것과 전적으로 아무 연관이 없는 것 같은 관점에서 보도록 하는 이상한 능력이다. 인간은 종종 날씨나 자연적인 사물을 보며 그것들이 자신의 감정을 나타낸다고 여긴다. 실제로 거의 모든 것이 전혀 다른 방식으로 보일 수 있다.

이러한 풍부한 은유의 능력은 우리의 상징화에 반드시 필요한 유용한 도구로 발전하는 것 같다. 만약 우리가 만들어 내는 어떤 소리가 다른 사람에게 견고한 의미로 이해되려면 기본적으로 그 소리를 이용하여 지시하고자 하는 것에 관한 말의 상징을 알 수 있어야만 한다. 이는 분명하기도 하지만 매우 이상한 점이기도 하다. 우리는 꽤 큰소리의 덩어리를 만들기 위해서 폐 밖으로 나가는 공기를 어떻게 형성해야 하는지를 배웠고, 이러한 다양한 소리가 특정한 것을 의미한다는 것을 배웠다. 따라서 은유는 언어를 가득 채운다.

모든 문장은 우리가 은유였다는 사실조차 잊어버린 은유로 구성된다. 우리가 은유였다는 사실조차 잊어버린 이러한 은유를 볼 수 있다는 것은 창의적인 언어 사용의 한 가지 도구가 된다. 우리를 구속했을지도 모르는 언어를 통해 우리가 자유롭게 사고할 수 있기 때문이다. 은유는 좀 더 풍성하게 의미를 표현할 수 있도록 해 주며, 마찬가지로 우리의 의미를 풍요롭게 하는 다른 사람들로부터의 복잡한 메시지를 이해할 수 있도록 해 준다.

교육을 할 때 혹은 은유적으로 표현하자면 아이들에게 언어라는 굉장한 도구 상자 안의 인지 도구를 장착시키고, 아이들의 내부에 새로운 운영체제가 아주 잘 작동하도록 준비시키려고 할 때, 우리는 아이들에게 다양하고 풍부한 은유를 인식하고 사용할 수 있는 능력을 자극하고 발달시키는 데에 집중할 필요가 있다. 사고의 유연성과 창조성은 분명히 이러한 기술과 관련이 있으며, 따라서 교육 프로그램에서 이것을 무시하거나 이것의 개발을 우연에 맡기는 것은 어리석은 일이다. 이러한 은유 능력을 개발하는 데 실패하면, 아이들은 초기 가설이나 전제를 결코 넘지 못하는 문자 그대로의 사고에 머무르게 될 것이다. 이것은 비판적이거나 창의적인 것이라기보다는 단순히 계산하는 것과 유사한 사고로서 주어진 '박스' 혹은 '틀'

내에 머무르도록 운명 지워진, 심지어 그 틀 바깥의 세상이 있다는 것을 알지도 못하는 것이다. 물론 우리는 정도의 차이가 있지만 모두 틀 안에 있다. 교육의 역할 중 하나는 최소한 그 틀을 확장시키는 것이며, 나아가 그 틀 밖이 존재하며 틀 밖을 보는 것이 가치가 있다는 것을 분명히 알려 주는 것이다.

교육에 이미지를 활용해야 하는 이유

언어와 함께 따라오는 훨씬 더 독특한 도구는 듣는 단어로부터 정신적인 이미지를 형성하는 능력이다. 사실 우리는 이러한 상징화에 기여하는 거대한 세제곱 센티미터의 뇌와 관련된 독특한 도구를 할 수밖에 없다. 바르톨리(Signor Bartoli)가 레이스 끈을 제작하는 사업에서 은퇴한 후 살이 쪘다고 생각해 보라. 그는 제네바 호수가 올려다 보이는 빌라로 이사를 갔다. 여느 때와 같이 오늘도 그는 지팡이를 들고 침실 밖 발코니 의자에 앉는다. 그리고 런던 신문 「인디펜던트(Independent)」를 읽는다. 블랙커피를 마시고 마멀레이드가 묻은 토스트를 조금씩 먹는다. 아침 식사 쟁반 위에 있는 커다란 접시는 베이컨과 버섯 수프 한 그릇과 함께 먹어치운 두 개의 달걀 찌꺼기로 더럽혀져 있다. 그는 잎이 떨어진 포플러나무 사이로 희미하고 흐릿한 보라색 안개가 솟아올라서 천천히 호수의 회색 물빛을 드러내고 있는 것을 발견하면서 가운을 고쳐 입는다.

당신은 아마도 위에 몇 줄 갈겨 쓴 내용을 읽으면서 이상하게도 당신도 모르는 사이에 머릿속에 어떤 그림을 만들어 냈을 것이다. 이것을 읽은 독자들은 서로 다른 이미지를 형성해 낼 것이다. 우리는 그것들이 외부 그림의 내부 판이라는 듯이 '이미지'라고 지칭한다. 하지만 그렇지 않다. 당신의 이미지 안에서는 커피 냄새가 등장했을 것이다. 아침 식사 쟁반을 받치고 있는 것이 무엇인지에 대한 설명이 전혀 없음에도 불구하고 몇몇 사람들은 바르톨리 씨에게 유리 탁자를 부여했을지도 모를 일이다. 더욱 이상한 것은 당신이 나이 든 바르톨리 씨에 대해 순간적으로 약간 싫은 감정을 느꼈을 수도 있고 또 어떤 사람은 희미하게나마 동정의 감정을 느꼈을 수도 있다는 것이다.

내가 당신에게 부끄러워하지 말고 뛰어들라고 격려하는 이러한 특정한 행동은 우리가 '상상'이라고 부르는 것과 연결되어 있다. 단어로부터 이미지를 만들어 내는 것은 구술 언어와 함께 따라 나오는 강력한 인지 도구 중 하나다. 이것의 엄청난 유용성은 오래전에 밝혀졌다. '우리'가 누구인지(우리의 가족, 부족 혹은 국가), 우리가 무엇을 하고 있는지, 우리가 여기 있는 동안에 무엇을 해야 하는지 등에 대한 공유된 이미지와 감정을 만들어 내는 과정에서 이와 같은 도구는 이야기와 결합되어 한 사회의 사람들을 함께 묶어 주는 개념적 접착제를 제공하며 단결심과 정체성을 만들어 낸다. 미국 사람들은 그들 국가의 설립과 정체성에 대한 이야기를 배우며, 그 이야기를 뒷받침할 적절한 감정적인 반응과 함께 일련의 이미지를 학습한다. 이상하게도 다른 나라들도 자신의 독특한 방식으로 똑같은 일을 하는데, 그들의 이야기와 강력한 이미지는 그 공동체에 속해 있지 않은 '우리'에게는 별로 영향을 주지 못한다.

이 이미지 형성 도구가 우리로 하여금 수행할 수 있도록 하는 사회적이고 심리적인 기능의 범위를 고려할 때, 그것은 우리가 교육에서 사용해야 하는 그 무엇이며, 다른 말로 표현하면 우리가 교육시켜야 하는 도구다. 즉, 수학, 과학, 역사 등을 가르칠 때 우리는 개념과 지식을 넘어서서 그것들을 더 매력적이고 선명하게 만들어 주는 이미지를 향해서 나아가야 한다. 또한 이러한 도구를 사용할 때 사용 빈도와는 별도로, 우리는 유연성과 정교성이 점점 증가하도록 자극해 줄 조건을 고려하는 데 좀 더 민감해질 것이다. 머리가 지끈지끈해질 때까지 현재 활용되고 있는 교육 교재를 살펴보아도, 단어로부터 어떤 이미지가 형성될 기미가 거의 없고 교사들이 어떻게 이미지를 자극하고 발달시킬 수 있는지에 대한 어떤 논의도 찾을 수 없을 것이다.

일반적으로 오늘날 우리는 이러한 인지 도구를 단순히 무시할 뿐만 아니라 그것을 거의 억제하고자 하는 것 같다. 요즈음의 어린아이들은 이미지에 의해 폭격당한다. TV는 끊임없이 이미지를 공급하며 단어에서 이미지를 만들어 내는 능력을 발휘하지 못하게 하기 때문에 이러한 도구의 발달을 가로막는 가장 큰 적이다. 대신 우리는 정형화된 이미지를 쉽게 생산하도록 독려한다. 우리는 아이들에게 삽화로 가득 차 있는 이야기책을 준다. 거의 모든 아이들은 시각적으로 매력적인 삽화가 많이 있는 책을 읽어 주는 것보다도 성인이 말해 주는 구술 이야기에, 심지어 머뭇거리면서 얘기하거나 더듬거리더라도 더 흥미를 느낄 것이다. 적어도 아이들이 실제로 말로 하는 이야기를 들었을 때는 그렇다. 오늘날의 많은 어린이는 결코 이것을 경험하지 못한다. 그들은 영화나 TV를 보거나 최상의 경우에는 그림을 보면서 이야기를 듣게 된다.

상상력의 발달에 있어서 단어에서 이미지를 생성해 내는 것의 중요성을 고려한다면 많은 아이, 특히 부유한 환경에서 자라난 아이들은 시작부터 이러한 도구의 빈곤에 시달린다. 따라서 우리는 우리의 교육 프로그램에서 이러한 상황에 대해 무엇인가 해야 할 필요가 있다.

삶의 즐거움을 확대시키는 도구, 유머

이제 이러한 항목을 고려해 보아라. 한 남자 아이가 바다에 빠져서 "저는 수영을 못해요. 저는 수영을 못해요."라고 소리치면서 파도를 헤쳐 나가고 있다. 한 여자 아이는 해안가에서 그를 쳐다보며 앉아 있다. "그래서 어쩌라고? 나도 바이올린을 못 켜지만 '난 바이올린 못 켜요!' 하고 소리치면서 돌아다니진 않아." 당신은 아마도 경기 때문에 마을을 방문했다가 머무를 집을 찾는 역도 선수 이야기를 들어보았을지도 모르겠다. 집주인이 "일주일에 육백 달러에요."라고 말하자, 역도 선수가 "그럼 힘이 센 사람에게는 얼마입니까?"라고 했다. 아마도 당신은 사자가 자기 종족을 잡아먹는 동물이 되어서 사자 떼(의

자존심)를 잡아 삼키는 것을 들어보았을 것이다. 우리 삼촌은 다리 없는 개를 키우고 있다. "그 개 이름이 뭐예요?" 하고 내가 물어보자 그가 말하기를, "상관없단다. 왜냐하면 어차피 (개를 불러도) 오지 않을 거거든." 하고 대답했다. 당신은 너무 천천히 이야기해서 한 문장(sentence: 형벌이라는 다른 의미가 있음)을 마치는 데 10년이 걸리는 죄수에 대해 들어봤는가?

앞의 글을 읽으며 당신이 웃기보다는 속으로 끙끙거렸다는 것을 나는 알고 있다. 왜냐하면 (내가 무모하게 추측한 바로는) 당신은 여섯 살이 아니기 때문이다. 앞 문단의 목적은 어른의 눈에는 보이지 않는 명백한 무엇인가를 지적하기 위한 것이었다. 어른이 왜곡된 이런 저런 이유로 억압하지 않는 한, 어린아이들은 특정 종류의 농담을 좋아하고 유머는 그들의 삶에서 중요한 부분이라는 것이다. 이러한 관찰은 너무나 분명하고 명료해서 마치 교육자들이 유머가 언어와 함께 따라 오는 인지 도구라는 사실, 그리고 유머가 우리의 이해와 삶에서의 즐거움을 확대시켜 주는 도구라는 사실을 보지 못하도록 해 온 것 같다.

이것은 적어도 책장 선반을 가득 채운 교육학 교재들에 언급이 전혀 없는 것만 보아도 입증된다. 유머는 가치 있는 교육적 목표이며 따라서 이것은 지속적으로 우리가 작업해 나갈 교육 프로그램의 한 부분이 될 것이다. 신체적으로 유머러스한 게임과 소리는 언어의 발휘와 개발에 훨씬 더 풍부한 무대를 제공할 것이다.

이전 단락의 모든 농담은, 심지어 개에 대한 농담까지도, 우리를 즐겁게 하는 언어 게임임을 알아차려야만 농담으로 받아들일 수 있는 그런 방식의 언어적 유희다. 당신은 비춰 보고 성찰할 수 있는 대상으로서 언어를 봐야만 한다. 언어는 당신의 간이 기능하는 것만큼이나 분명한 인간의 행동인 한편 문화를 가능하게 만드는 이상한 형태의 공유된 행위 중 하나다. 그것을 의식하게 되는 것, 그것에 대해 숙고할 수 있는 것이 바로 더욱 더 유연한 언어 사용을 발달시키기 위한 선행 조건이며, 광범위한 범위에서의 문화적 달성의 선행 조건이다.

유머 감각의 발달에 먼저 진지하고 실리적인 목적을 둔 후에야 유머 감각 고유의 내재적 가치를 정당화하는 것이 현명하다고 생각하는 것은 안타까운 일이다. 유머 감각이 초기에 잘 발달되고 이어지는 교육 프로그램을 통해 자극을 받은 이들은 풍자나 반어의 열매를 가장 잘 거둬들일 것이다. 풍자는 내가 제안하는 교육받은 사람의 핵심적인 특징이다. 그것은 무한히 미묘하고 중요한 방식으로 우리의 이해를 향상시키고 확대시키는 것들 중의 하나다.

언어와 함께 따라오는 인지 도구를 묘사하는 것도 가능하지만 지금까지의 설명만으로도 언어의 위대한 도구 상자의 가능성을 살펴보는 것이 어떻게 교육을 다소 특이한 방식으로 접근할 수 있도록 해 줄 수 있는지 충분히 보여 주었을 것이다. 이제 나는 한 가지 도구만 더 간단히 언급하려 하는데, 그 도구는 이러한 접근법의 채택이 함의하는 교육에서의 차이점을 좀 더 드러내 줄 것이다.

교육은 아이들을 지식을 둘러싸고 있는 신비로 입문시키는 것

줄리어스 시저(Julius Caesar)의 이름을 본 딴 미국의 주가 어디인지 아는가? 알고 싶다면 힌트를 주겠다. 기원전 57년에 시저는 영국을 침략했고, 여름의 종군이 끝나고 나서 그는 군대를 갈리아 해변가에서 다른 섬으로 철수시켰다. 그들은 시저의 섬, 즉 'insulae Caesareae'로 알려지게 되었다. 몇 세기 동안 Caesareae는 'Jersey'라는 말로 변질되었다. 따라서 'New Jersey'라는 말은 실제로는 'New Caesar'라는 뜻이다. 여기서 무엇이 우리의 흥미를 끄는 수수께끼인가? 만약 이 대답을 알지 못했다 해도 우리는 왜 이 사실을 평생 기억할까? 만약 이 질문에 대해 답할 수 있다면 아이들을 교육하는 데 수수께끼를 활용하지 않는 것은 정말 어리석은 일이라는 사실을 깨닫게 될 것이다.

들쥐나 에뮤는 그들이 살고 있는 세계가 신비나 경이로 가득 차 있다는 것을 알지 못한다. 신비를 알아차리는 것은 언어와 관련되어 있는 또 다른 인지적인 도구다. 우리가 구술 언어를 발달시킨 이래로 세계나 경험에 대해 무엇을 발견하든지 간에 상징으로 포착하고 표현하는 방법을 찾기 위해 노력하는 이상한 과업이 생겼다. 우리의 지식 저장고는 그것이 얼마나 빨리 축적되는가에 상관없이 불쌍하리만큼 작다. 너무 이른 시기에 학교교육을 시작하면서 발생하는 문제는 아이들에게 세계가 가장 기초적인 조각들부터 배워야 하는 일종의 광대한 백과사전처럼 제시된다는 것이다.

교실에서 아이들은 광대한 지식의 영역으로 점차 안내되는 초보자의 상황에 놓이게 된다. 물론 이것도 부분적으로는 조기 학교교육의 중요한 목적으로 간주될 수 있다. 하지만 과학은 교재에 포함된 사실들의 비교적 단조로운 축적으로 제시되며, 일련의 교재들이 학교가 끝나갈 때쯤 한 권 한 권씩 추가로 줄지어 서고, 심지어 더 두터운 책들이 대학 시절을 거치는 동안에 섭렵된다. 짧게 말하면, 이 세계는 아이들에게 차라리 따분하다 할 만큼 이미 알려져 있는 것으로 제시된다. 내부의 상반되는 관점들이 조화를 이루고, 수천 개의 다른 법칙들이 인간적 의미나 중요성에 대한 의식 없이 초기 학교생활 동안에 아이들의 정신을 짓누른다. 수학과 과학에 대한 경이로움이 학생들의 마음속에 활기차고 풍요롭게 숨 쉬어야 할 학교가 오늘날 거의 모든 학생에게는 광대하고 공허한 사막으로 자리 잡고 있다.

말년의 뉴턴(Isaac Newton)은 그에게 대단한 명성을 가져다준 수학 · 과학 분야에서의 경이로운 업적 때문에 조카에게 칭송받았다. 그는 자신이 자신 앞의 거대한 지식의 바다를 주목하지 않고 해변에서 좀 더 매끄러운 자갈이나 더 예쁜 조개 껍질에 정신이 팔려 있는 소년과 같다고 대답했다. 이러한 이미지는 우리가 아는 것이 앞으로 알려질 것들에 비하면 작고 대수롭지 않다는 것을 암시한다. 어리석게도 우리는 점점 더 많은 지식을 빛나는 인식의 궤도 속으로 가져 오는 종으로서의 자신을 자축한다.

하지만 또한 그 작은 궤도 밖으로 무한히 뻗어나갈 수 있는 알려지지 않은 것들이 얼마나 광대하고 신비로운가에 대해서는 거의 주목하지 않는다. 우리는 신비로 둘러싸여 있다. 뉴에이지적이거나 감상적, 심지어 영적인 의미에서 신비로 둘러싸여 있다는 얘기가 아니다. 그럼에도 불구하고 우리가 알고 있는 모든 것은 너무나 파편적이고 불안정하기에 교육은 아이들로 하여금 지식을 둘러싸고 있는 이 신비로 입문시킬 수 있어야 한다. 우리는 우리가 가르치는 지식을 알려지지 않은 것, 어쩌면 알 수 없는 것들의 거대한 배경에 비추어 볼 필요가 있다. 홀데인(J. B. S. Haldane)은 "우주는 우리가 상상했던 것보다 더 이상한 곳이 아니라 우리가 상상할 수 있는 것보다 더 이상한 곳이다."라고 했다. 신비감은 알려져 있는 것의 뒤안을 넘어서 존재하며 이는 교육받은 마음에 결정적이다. 이러한 신비감을 위해서는 시인 예이츠(W. B. Yeat)가 "우리가 올려다보는 모든 것이 축복받은 것이다."라고 표현했던 그러한 태도를 아이들에게 발달시키는 것이 좋다.

이렇게 오랫동안 에둘러 전개해 온 이야기의 핵심은 애처로울 만큼 거의 배울 능력이 없다는 식으로 아이들의 마음이 지닌 멍청함을 도출하여 그들로 하여금 노력하지 않도록 하려는 것이 아니라, 알려져 있지 않은 것들에서 오는 신비한 창조성과 더불어 우리가 가지고 있는 지식이 얼마나 소중하고 대단한 것인지를 아이들에게 보여 주어야 한다는 것이다. 얼마나 이상한 모험인가! 이러한 감탄사가 바로 그 모험 길에 오르는 아이들에게 가르쳐야 할 태도다.

낭만적 이해

역사와 교육에 있어서 우리 뇌 작동 시스템에서 일어난 또 다른 중요한 발전은 읽고 쓸 수 있는 능력의 획득에 의해서 혹은 최소한 우리의 문화적 역사에서 읽고 쓸 수 있는 능력이 사용된 방식에 의해서 이루어졌다. 옹(Walter Ong)은 그것을 약간 다르게 "쓰기는 생각을 변형시키는 기술이다."(1982, p. x)라고 표현한다. 읽고 쓰는 능력이 획득됨에 따라 우리 마음의 이해능력을 근본적으로 변형할 수 있는 인지 도구들이 나타났다. 읽고 쓰는 능력, 즉 문해력의 발달과 관련된 몇몇 인지 도구의 간단한 목록은 다음과 같다.

새로운 현실 감각, 현실의 양극단에 관한 집중, 영웅적인 특징과의 연관, 경이감, 취미와 수집품, 서사적 이해, 서사의 인간적 의미를 통한 지식의 획득, 반항과 이상의 추구 그것이다. 여기에 더 많은 것을 추가할 수도 있다. 이제부터 이것들 중 몇 가지를 좀 더 구체적으로 탐구하고 이러한 용어를 사용하는 것이 왜 교육을 더 잘하는 데 도움을 주는지 알아보자.

낭만적 이해는 우리의 사고에서 나중에 아주 중요한 위치를 차지하게 될 것이지만, 이것 없이도 우리가 읽고 쓰는 것을 배울 수 있다는 사실은 처음부터 강조할 필요가 있다. 즉, 문해력이란 뇌의 작동에 오로지 최소한의 영향만을 주는 기본적인 읽기 쓰기 능력을 말한다. 그것은 당신의 컴퓨터를 강력한 새로운 시스템으로 업그레이드하고도 계속 예전의 오래된 워드 프로세서와 이메일, 프로그램만을 사용하는 것과 비슷하다. 이러한 작업 중 어떤 것도 업그레이드된 시스템의 잠재력을 활용하지 못한다. 혹은 내가 이전에 사용했던 다른 은유의 용어로 표현하자면, 읽고 쓰는 문해력은 문화의 거대한 보물창고에 접근할 수 있도록 해 줄지는 몰라도, 그 자체로 우리에게 문화의 풍요로움을 이용하고 즐기도록 하는 다른 문을 열어 주지는 않는다. 이를 위해서 우리는 읽고 쓰는 문해력과 함께 다른 인지 도구들을 개발할 필요가 있다.

문해력은 마음의 기능을 향상시킬 수 있는 놀랄 만한 잠재력으로 뇌를 발전시키지만, 또한 그것은 꽤 사소한 목적으로도 사용될 수도 있다. 식료품 가게의 계산대 주위 물건들을 살펴보라. 그러면 내가 무슨 말을 하는지 알 수 있을 것이다. 문해력은 지적인 속물근성이 아니라 사람들을 교육시키고 사람의 지성으로부터 최대한의 즐거움과 유용성을 이끌어 내기 위한 것이다. 계산대 물건을 읽는 것이 우리 마음에 미치는 영향은 기름지고 짠 패스트푸드가 우리 몸에 미치는 영향과 같다. 패스트푸드를 선호하는 사람이 있을지도 모르지만 그가 자신의 몸에 최대한의 기쁨과 유용성을 취하고자 한다면 그런 선택을 하지는 않을 것이다. 교육 프로그램을 개발할 때에는 어떻게 해야 개인에게 최대한의 도움이 될 수 있는 방식으로 문해력을 개발할 수 있는지 고민해야 한다.

광대한 현실을 배우기 위한 최상의 전략

위에서 언급했다시피, 문해력 도구 상자의 첫 번째 인지 도구는 새로운 현실 감각(sense of reality)*이다. 하지만 분명한 것은 대부분의 아이들이 읽고 쓰는 능력을 갖추기 전에 상상 세계와 현실을 구분할 수 있다는 것이다. 문해력을 갖춘 후의 현실 감각에서는 무엇이 새로워지는 것일까? 아마도 우리는 읽고 쓰는 능력을 갖추기 전과 후, 아이들이 즐겨 읽는 이야기에서 그것을 분명히 발견할 수 있을 것이다.

네 살이나 다섯 살의 아이들은 마술이 어떤 이야기를 담고 있다고 받아들인다. 마녀, 용 그리고 말을 하는 중산층 출신의 곰, 그리고 어디에도 어느 시대에도 존재하지 않았을 것 같은 독특한 토끼 등은 초기 아동 문학의 전형이다. 이러한 이야기의 등장인물은 '인간적'이라기보다는(심지어는 동물일 때도) 선, 사악함, 탐욕, 친절함 등과 같은 하나의 특성을 구현하고 있다.

아홉 살이나 열 살이 되었을 때, 아이들은 여전히 판타지 이야기를 즐겨 읽는다. 하지만 아무리 판타지라고 하지라도 그만

* reality란 본래 인간의 관념이나 정서에서 독립된 객관적 존재라는 의미의 철학 용어로서, 보통 실재(實在)라고 한다. 본문에서 저자는 reality를 대체로 위 개념으로 사용하지만, 가장 일상적인 의미, 즉 우리가 맞닥뜨려 경험하고 느끼는 현상의 의미까지도 종종 포함시키고 있다. 따라서 역자는 reality를 '현실'과 '실재'라는 두 용어를 함께 사용하여 번역하였다.

의 특징, 즉 슈퍼맨의 힘이라든지 헐크의 힘에 대해 합리적인 설명이 있어야만 한다. 구름 꼭대기에 사는 거인들이나 동화 속의 대모는 열 살짜리들의 슈퍼 영웅과 같이 현실적이기를 요청받지는 않는다. 마찬가지로, 읽고 쓰는 능력이 형성된 이후의 이야기 등장인물은 그들이 얼마나 단순한가에 상관없이 눈에 띄게 인간적이다. 포터(Beatrix Potter)의 피터 래빗(Peter Rabbit)과 아담스(Richard Adams)의 『워터십 다운의 열한 마리 토끼(Watership Down)』에 등장하는 해즐(Hazel)과 빅윅(Bigwig)이라는 토끼의 행동 차이를 생각해 보라.

이것은 읽고 쓰는 능력을 갖춘 사람의 마음이 세상을 다르게 이해하기 시작한다는 근본적인 변화의 작은 지표인 셈이다. 좀 더 일반적으로 우리의 문화적인 역사에서 문해력은 '객관적'인 현실 감각으로 나아가는데, 이는 우리의 희망, 두려움, 소망과 무관하고 독립된 그 자체의 규칙과 질서에 따라 존재하는 현실 혹은 실재에 대한 감각이다. 이것은 우리 각자를 이러한 동일한 인식으로 이끌 수 있다. 우리가 이러한 통찰을 확보할 수 있는 한 가지 방식은 문해력으로 인해 더 진전된 산물로 발전한 학문 분야를 활용하여 실재에 대해 많이 배우는 것이다.

새로운 현실 감각을 인식하게 됨으로써 마음은 현실의 정도와 한계 그리고 그것의 가장 두드러진 특징에 집중하게 된다. 따라서 자유자재로 읽고 쓸 수 있는 능력을 기반으로 자신을 둘러싼 세계에 대해 배우기 시작한 학생들은 현실이 얼마나 광범위한지, 그것의 한계는 무엇인지 그리고 현실의 가장 극적이고 대단한 점은 어떤 것인지에 대한 정보를 찾으려고 한다. 교사 교육 프로그램을 오염시켰던 가장 이상한 도그마 중 하나는 학생이 자신의 즉각적인 환경이나 경험만을 다룰 수 있으며 또 그것을 가장 잘 다룰 수 있다고 생각한다는 것이다. 그래서 학생에게 조금 더 멀리 떨어져 있는 지식을 가르쳐주고자 시도할 때에는 항상 그들에게 익숙한 것부터 시작해야 한다고 믿는다. 하지만 내가 알고 있는 열 살이나 열한 살짜리 여자 아이들은 스파이나 흡혈귀 혹은 심각하리만큼 괴상한 팝스타에 흥미가 있으며 남자 아이들은 슈퍼 히어로나 초자연적일 만큼 표현하기 어려운 스포츠 스타나 외계 생명체에 빠져 있다. 남녀 아이 모두 세상에서 손톱이 가장 긴 사람이 누구인지, 세계에서 가장 긴 벌레가 무엇인지, 얼마나 많은 종의 곤충이 있는지 등에 대해 알고 싶어 한다. 엄청난 크기의 신체 부분도 큰 흥미를 유발시키는 요소다.

당신이 현실에 대한 한계와 신비를 발견하고 싶다면 학생들의 '지금 바로 여기'의 일상생활에 계속해서 초점을 두는 것은 매우 부적절한 전략이다. 하지만 이것은 서구 세계의 모든 예비 교사들이 배우게 되는 교수 방식 중 하나다. 그 결과 학생들은 보통 대수학이라든지 사회 교과, 학교에서 그들이 하는 대부분의 것들 그리고 학교 자체를 지루한 것으로 생각하게 된다. 이런 상황에서 많은 선생님들은 학생들이 대수학에 흥미를 갖게끔 노력하거나 대수의 진정한 즐거움 자체를 학생들이 깨닫도록 하고 있다. 그리고 많은 학생은 수업 시간에 해야만 하는 강제적인 것에도 불구하고 학교가 정말 즐거운 곳이라고 생각하고 있다.

우리가 아이들을 어떻게 교육시켜야 하는지 진정으로 밝히고 싶다면, 읽고 쓰는 능력에 따라 생겨나는 일련의 인지 도구를 어떻게 가장 잘 발달시킬 수 있는지에 대해 관심을 기울이고, 첫 번째 도구, 즉 현실 감각을 위해 아이들로 하여금 자신이 속해 있는 현실에 대한 생생한 감각을 발달시키도록 할 필요가 있다. 이것은 현실에 대한 많은 것, 즉 역사, 우주론, 물리, 수학, 문학 등을 배우는 것과 관련이 있다. 하지만 역사나 우주론 등에 관심을 기울일 때 나타나는 최초의 양상은 내가 '낭만적'이라고 부르는 특징을 지닌다.

낭만은 경계에 의해서 제한받을 수 있다는 것을 인식하면서도 그 현실의 경계를 넘으려는 욕망으로 정의될 수 있다. 갈라하드(Galahad)나 슈퍼맨 혹은 빨간 머리 앤 등의 전형적인 낭만적 영웅의 모습에서 잘 표현되는 것처럼 그 안에는 일종의 양가감정이 포함되어 있다. 이들은 모두 자신을 가두는 경계와 구속을 넘어서려고 한다. 자신이 극복할 수 없는 한계가 있다는 것을 인식하면서도 그러한 한계를 극복하려고 한다는 점에서 이들은 영웅적이다. 오직 크립토나이트(슈퍼맨 행성의 신비한 돌)만이 나의 발목을 잡았다!

이러한 원리, 즉 가장 극적이고 생소하며 불가사의한 특징들을 통해 실제 세계에 대해 가르치는 교수 방법의 원리는 교육을 오락물과 혼동하는 것일까? 내 추측으로는 이 반론이 주장하는 바는 오락물의 특징이 피상적이고 사소하며 감각적일 뿐 아니라 사소한 장관으로 가득한 데 반해 학습의 요소가 없다는 것이다. 그러나 나는 우리가 심지어 오락의 이런 특징까지도 버리기를 원하는지 확신할 수 없다. 낭만적인 태도는 모든 것이 어떤 측면에서는 대단하다고 느끼는 것, 즉 '모든 것을 다시 보는 것'이다. 그래서 우리가 지렁이에 대해 공부하는 것은 가장 긴 종에서부터 시작해서 가장 뚱뚱하거나 가장 작은 것, 가장 오래 사는 것, 1평방킬로미터 내에 몇 마리가 있는지, 어떤 종이 가장 많은 땅을 경작하는지, 사람이 여행한 가장 긴 거리는 얼마인지 혹은 가장 화려하거나 특이한 짝짓기 스타일이 무엇인지 등으로 이어진다.

지렁이에 대한 단원을 기네스 세계기록 참가와 같은 사소한 흥밋거리와 함께 감각적인 방식으로 접근하는 것은 낭만적인 마음과 관련된다. 교사들의 임무는 지렁이에 대한 모든 것이 매혹적이며 놀라운 것임을 보여 주는 것이다. 이것은 그렇게 어렵지 않다. 왜냐하면 그것이 진리이기 때문이다. 교사의 과제는 새롭게 읽고 쓸 수 있게 된 능력과 관련된 마음의 상상력을 움직이는 것이 무엇인지 이해하고, 쉽게 접근 가능한 형태로 지식을 제시하는 것이다. 이것은 감각주의를 위한 갈망을 채워 주는 것이 아니라 단순히 상식과 예의의 문제와 관계가 있다.

학생들이 실재에 대해 느끼는 매력이 현실의 한계와 극단 또는 현실의 색다르고도 신비한 측면을 발견함으로써 더 극대화된다는 것이 사실일지라도, 일부의 교육자들은 분명히 그에 대해 유감을 표하며 그것이 무시되거나 억제되어야 한다고 생각한다. 그러나 우리가 잠시 멈춰 서서 우리가 속한 이러한 광대한 현실을 배우기 위한 최상의 전략이 무엇인지 다시 숙고한다면 낭만적인 접근법은 상당히 적절하다. 지역적이고 개별적인 환경에 집중함으로써 발생되는 한 가지 문제점은 학생들이 그것에 대한 균형 잡힌 시각을 가질 수 없다는 것이다.

학생들은 환경의 규모와 다양성에 관한 감각을 어느 정도 가지고 있을 때에만 자신의 국지적이고 개별적인 환경과 경험의 의미를 자신감 있게 평가할 수 있다. 그래서 '학생들의 경험과 관련된 수업하기'라는 오랜 원칙은 의도와 상반되는 결과를 초래해 왔다. 맥락에 대한 감각이 없을 때 '관련성'이라는 말은 좌절감을 줄 정도로 초점이 없고 의미가 없는 것으로 남게 된다. 반어적으로 '연관된 것들'이 의미를 가질 수 있는 맥락을 만드는 것은 실재나 현실의 한계와 극단에 초점을 맞춤으로써 비로소 가능해진다. 결국 이것은 낯선 환경에 처했을 때 당신이 사용할 전략이다. 당신은 낯선 도시의 경계, 그것의 주요 특징, 강이 도시를 통과해서 어디로 흘러가는지, 중앙광장이 어디에 있는지, 현지인의 의식이나 격식이 무엇인지, 그들이 어떤 특별한 옷을 입는지 등을 탐구할 수 있다.

지식은 인간의 열정, 용기, 교활함, 희망, 두려움의 산물이다

읽고 쓰는 능력, 즉 문해력이 획득되면 이외에 또 어떤 일이 일어나는가? 현실이나 실재(reality)를 파악하기 위한 학생들의 상상력을 발달시켜 주는 또 다른 인지 도구에 무엇이 있는가? 당신의 열한 살 무렵, 세계가 항상 호의적이지만은 않다는 사실을 깨닫고 이에 적응하려 할 때 생겨난 크고 작은 걱정거리를 다루었던 경험이 어떠했었는지 회상해 보라〔나는 하우스먼(A. E. Housman)의 "나는 이방인이었고 무서웠다. 결코 내가 만든 적이 없던 세계 안에서"라는 어구가 사춘기 시절 초기에 아주 강력한 울림으로 다가왔다〕. 거의 모든 학생이 사용하는 한 가지 전략은 자신을 둘러싸는 위협을 가장 잘 극복할 수 있게 해 줄 것 같은 사람이나 사물을 '낭만적으로' 연결시키는 것이다. 즉, 그들은 영웅과 연관시킨다. 사람이든 제도든 그 무엇이든 영웅은 사춘기 아이들이 자신이 갇혀 있다고 느끼는 구속을 극복할 수 있게 한다고 본다. 그래서 스포츠 스타나 대중 가수나 역사적인 인물이나 가족 구성원이 남자 아이나 여자 아이에게 영웅이 될 수 있다.

영웅을 갖는다는 것은 수동적인 상태가 아니다. 학생 혹은 당신이나 나는 우리가 건널 수 없거나 건너지 않는 경계나 한계에 도전하는 영웅의 모험에 간접적으로 참여한다. 스포츠 스타나 대중 스타는 최신 휴대용 뮤직 플레이어를 살 돈이 충분하지 않거나 집에 갈 버스를 타는 데 필요한 현금이 충분하지 않아도, 엄마가 입으라고 하는 것을 입어야만 할 때에도 걱정하지 않는다. 그들은 '이방인 같고 두려운' 느낌을 갖지 않는다. 왜냐하면 그들은 학생이나 당신과 나에게 결여되어 있는 어떤 힘, 현실을 우리 가슴 속 열망에 더 가깝도록 재창조하는 힘을 가지고 있기 때문이다.

그렇다면 이 모든 것이 말해 주는 교육적 중요성은 무엇인가? 수학, 과학, 역사 그리고 문학은 영웅들로 꽉 채워져서 들어설 공간이 거의 없다. 학생들은 엇각이 일치한다는 지식이 어떻게 쓸모 있는지 알아내는 데 창의성을 발휘할 능력을 충분히 갖고 있지 못하다. 그러므로 나는 당신에게 알렉산드리아의 영웅적인 에라토스테네스 사람들을 소개한다. 그들은 강을 가로지르거나 강 밑으로 혹은 몇 마일의 암벽을 뚫는 철로를 건설하는 법을 알지 못했다. 당신에게 이삼버드 킹덤 부르넬(Isambard Kingdom Brunel)을 소개하겠다.

실재에 대한 낭만적인 관점은 사람들, 좀 더 정확하게는 인간의 감정과 극단적이고 독특하고 대단한 특징, 즉 용기, 충성심, 동정, 창의성, 질투, 배반, 탐욕 등을 체현한 사람들과 연결되어 있다. 학생들은 정확히 영웅이나 팝스타 혹은 스포츠 스타 그 자체보다는 오히려 그 영웅이 몸소 실현하는 초월적인 인간의 특성이나 자질에 마음을 기울인다. 따라서 교육적 요령은 수학이나 과학 혹은 다른 과목들을 어떤 사람들의 '초월적인 인간의 특성이나 자질'의 산물로서 제시하는 것이다. 즉, 누군가의 비범한 창의성, 용기, 배반, 동정 등의 산물로 이야기하는 것이다.

교육과정 안에 있는 모든 것은 이러한 관점으로 볼 수 있다. 특히 현존하는 수학과 과학 텍스트는 인간이 이룬 높은 공적이다. 당신은 지식이 인간의 열정, 용기, 교활함, 희망, 두려움의 산물이라는 것을 결코 짐작하지 못할 것이다. 만약 우리가 초기 사춘기 아이들의 상상력을 사로잡을 수 있는 지식을 원한다면, 우리는 사람의 열정, 용기 등의 관점에서 그 지식을 보여줄 필요가 있다.

이렇게 하는 것은 별로 어렵지 않다. 정말로 그것은 교사와 학생 모두에게 재미있고 의미가 있지만, 인간 감성의 중요성이 거의 드러나지 않는 시스템을 만들어 왔다. 그 결과, 제시된 지식은 무기력해지고 그 지식을 제공하는 교사나 제공받는 학생들은 매우 지루해진다. 정말로 그렇게 될 필요는 조금도 없는데도 말이다.

작은 기쁨으로 삶을 풍요롭게 만드는 경이감

문자가 사용되기 이전 시대에 존재했던 사물에 대한 신비로움과 수수께끼의 감각은 문해력과 현실/실재에 대한 관심에 의해 경이로움으로 변형되었다. 이러한 경이로움을 잘 자극하면 탐구의 핵심 도구로 발전될 수 있다. 모든 과학, 모든 탐구는 우리가 "나는 ……이 궁금하다."로 표현되는 느낌과 함께 시작된다. 문해력이라는 인지 도구가 육 년여의 시간 동안 뇌의 기능을 점차 지배하며 우리의 마음을 향상시켜 오는 동안 경이감은 지속적으로 세계와 인간 경험을 흥미롭게 하는 데 도움이 된다. 사물을 당연히 여기는 것은 교육의 커다란 적이다. 교실 상황에서 이 경이감은 학생들의 관심을 예상치 못한 현실의 모든 측면을 인간적 자질과 연관시키는 데 집중시킴으로써 멋진 것을 끌어내는 데 사용될 수 있다.

단어들이 잉크로 갈겨 쓰여 있는 종이, 당신이 바라보고 있는 이 종이를 곰곰이 살펴보라. 종이가 얼마나 부드러운지, 종이의 하얀 색이 얼마나 놀라울 정도로 고르며 종이가 얼마나 얇은지 그리고 뒷면을 보기 위해 얼마나 쉽게 그 종이를 뒤집을 수 있는지 느껴 보라. 이렇게 곱고 단정하게 쌓인 수십 장의 종이라는 물건을 만드는 데에 얼마나 놀라운 독창성이 요구되었을지 생각해 보라. 종이 제조 역사에 대해 더 많이 알면 알수록 그리고 이 훌륭한 물건을 만드는 데 축적되어 온 다양한 발명가들의 역사에 대해 알면 알수록 학생들이 그 경이로움을 생생하게 느끼도록 하는 것은 더 쉬울 것이다. 화학적 · 물리적 발명품과 그것의 발명 과정에 대해 그리고 그것을 만든 사람에 대해 더 많이 알게 될수록 경이로움은 더 지속되고 다른 사람에게 전해지며 학생들이 책을 보는 매 순간 기쁨이 일상적으로 조금씩 더해질 것이다. 이것이 바로 끊임없는 작은 기쁨으로 우리의 삶을 더 풍요롭고 풍부하게 만드는 기술이다.

무기력한 암호들을 마음 안의 지식으로 되돌리는 요령

덧붙여 문해력 이전의 구성요소와 관련하여 앞서 언급한 논점을 다시 반복하자면 다음과 같다. 쓰인 글은 우리로 하여금 그것을 당연하게 받아들이도록 유혹하고 그것을 그 자체가 아닌 다른 것으로 보도록 한다. 우리는 지식의 어떤 측면을 이처럼 이상하게 갈겨 쓴 꼬부랑 글씨로 전환하는 것에 아주 능숙해서 그 꼬부랑 글씨가 지식을 포함한다고 가정한다. 우리는 스스로가 멍청한 것도 모르고 "도서관은 지식으로 가득 차 있다."라고 말한다. 그러나 이것은 전적으로 틀린 말이거나 오히려 하나의 미묘한 은유라 할 수 있다.

앞 장에서 지적한 것처럼 도서관에도 컴퓨터의 하드 드라이브에도 지식은 없다. 다양한 종류의 암호들만 있는데, 우리가 독창성을 가질 때 이것을 지식으로 재구성할 수 있다. 지식은 우리 몸의 살아 있는 신체 조직에서만 존재한다. 도서관이나 컴퓨터에 존재하는 것은 암호일 뿐이다. 사람들이야말로 지식의 저장소다. 우리가 자연스럽게 책이나 컴퓨터가 지식을 가지고 있다는 이야기를 하며 그 안에 담긴 은유적 의미를 잊는 것은 일반적으로 문제가 되지 않는다. 그러나 그것이 하나의 은유에 불과하다는 사실을 잊는 것, 그것을 문자 그대로 받아들이는 것은 교육에 재앙적인 결과를 초래해 왔다. 그 문제는 암호가 지식의 이상적인 형태라는 잘못된 개념을 둘러싸고 확장되어 왔고 그래서 교사는 학생들의 마음이 이 암호화된 체제를 모방하도록 만든다. 그리하여 교육에서는 우리의 뇌가 교과서나 백과사전의 방식으로 암호화된 정보를 저장하는 일에 적합하지 않다는 인식 없이, 학생들의 마음은 정보를 저장해야 한다는 의미로 학습의 개념을 발달시켜 왔다. 그러나 인간의 뇌는 뇌가 잘 학습할 수 있는 방식으로 안내되기만 한다면 엄청난 양의 지식을 축적할 수 있다. 책과 컴퓨터는 어떤 순서로든 모든 암호를 수용한다. 지식이 의미 있고 감정이 동반되며 상상력을 통해 이끌어졌을 때 인간의 마음은 학습을 아주 잘할 수 있게 된다.

지식을 어떻게 그러한 기준들, 교육의 상이한 단계에서 상이한 성격을 갖는 기준들에 맞도록 만들 수 있는지 알아내는 것은 어렵지 않다. 효율적으로 문해력이 발휘된 직후 그리고 효율적인 이론적 사고의 시작 직전 단계에서, 내가 위에서 언급했던 그런 방식은 우리가 지식을 어떻게 의미 있게, 또한 감정을 동반하여 상상력으로 추동되도록 하는 교육적 작업을 할 수 있는지 알려 준다. 책 안에 있는 것은 무기력한 암호들이다. 그러한 암호를 새로운 마음 안의 지식으로 되돌리는 요령은 그것을 인간의 희망과 두려움 그리고 열정의 맥락 속에서 보여 주는 것이다.

문해력의 보다 심화된 인지 도구를 매우 자세히 밝혀내는 것에 대해 계속 논의할 수도 있겠지만 위에서 제시된 이와 같은 특징은 교육에 대한 이러한 관점이 오늘날의 학교교육을 지배하는 관점과 매우 다른 원칙에 이르도록 한다는 사실을 충분히 말해 준다.

철학적 이해

우리의 문화권 안에서 뇌를 사용하기 위한 그다음의 중요한 발전 단계는 일반적이고 추상적이며 이론적인 사고의 도입과 관련이 있다. 물론 어린 학생들 또한 추상적인 관념을 사용하고 일반화를 형성하며 이론을 이해하고 형성한다. 그러나 '철학적 이해' 단계로 정신적 발전을 함으로써 마음의 편견을 이론적 추상의 용어 속에 있는 가장 중요한 의미로 전환시키는 이러한 사고 형식은 새롭고 핵심적인 중요성을 지닌다.

역사학 학부 일학년이 끝나갈 즈음에 작은 소모임에서 보시(Bossy) 박사는 우리에게 일 년 동안 배운 것 중 가장 중요한 것을 말해 보라고 했다. 내 차례가 되자 나는 '앵글로 색슨 법률'이라고 답하였다. 그러자 그 질문은 생활 전반에 관한 것이지 우리가 들은 수업의 내용에 관한 것이 아니라고 지적했다. 나는 앵글로색슨 법률이라고 말한 것이 진심이라고 얘기하면서 그 이유는 그것을 통해 내가 한 집단의 사람들이 설득, 강제력, 그리고 통제의 도구를 사용해서 어떻게 그들에게 도움이 되는 질서를 만들어 낼 수 있는지에 대해 매료되었기 때문이라고 우왕좌왕 설명하였다. 나는 좀 더 능숙한 '정치가'들이 그들이 원하는 바를 얻기 위해 명령, 법률, 동맹의 규칙들을 약삭빠르게 조정하는 방법들을 발견하면서, 앵글로 색슨 왕국 안의 법의 세부적인 부과 사항들이 내가 학생 자치의 초보자로서 했던 경험과 어떻게 연결되는지를 설명하려고 노력했다. 내가 몇 분여를 더듬거리는 동안 보시 박사가 말하기를 "너는 권력을 발견했다는 의미로구나." 하고 말했다. 그는 정확히 옳았다. 이전의 상세하고, 다양하고, 상이한 지식과 경험의 조각이 내가 진정으로 발견하고 싶었던 포괄적인 개념 속으로 모두 휩쓸려 들어왔다. 그러한 다양하고 상이한 사실과 사건은 새롭고도 생생한 개념인 '권력'과 그것이 작동되는 과정의 측면에 불과한 것이었다. 내가 그 전에 '권력'이라는 단어의 의미를 이해하지 못한 것은 아니었지만, 새로운 지적인 효력과 함께 새로운 방식의 이해를 가능하게 하는 새로운 초점으로 이동한 것이었다.

나는 이제 인도네시아의 정치적인 사건이나 프랑스나 미국의 선거 드라마를 볼 때, 그들을 이해하고 분석하기 위해 이용할 수 있는 새롭고도 잠재적인 도구를 가지게 되었다. 그것들은 더 이상 독특하고 독자적인 사건이 아니다. 앵글로 색슨 법, 학생 자치, 미국 선거, 그리고 심지어는 가족 관계도 지금은 권력의 힘과 사용의 관점에서 이해될 수 있는 현상이다. 그리고 물론 권력은 내가 이런 방식으로 이해하게 된 유일한 관념이 아니다. 자연, 사회, 사랑, 혁명, 심리학 등에 대한 관념도 나의 새로운 정신적인 풍경을 채우고 형성했다. 그러한 관념들의 발전과 그 관념들이 진짜 '진리'와 사물의 '진정한' 실재를 드러낸다는 의미가 '철학적인 이해'를 구성한다. 이러한 강력한 관념이 출현하기 전의 우리는 마치 유리를 통해 희미하고 어둡게 보아왔던 것처럼 느끼게 된다.

이러한 철학적 이해를 인식하는 또 다른 방법은 우리를 괴롭혀온 수학 교재 저자들의 단어들을 상기하는 것이다. 만약 다섯 명의 남자가 열두 개의 구멍을 파기 위해 두 시간 반이 걸렸다면 여덟 명의 수녀들은 얼마나 걸릴 것인가? 아니 이것이 아니지. 내가 학교에서 그러한 문제를 다룰 때 그랬던 것처럼 약간 혼동했다. 나는 그것이 겨울이었는지 여름이었는지 몇 개의 초콜릿 바가 이들의 생산성에 영향을 끼칠 수 있지 않을지, 그리고 그 구멍이 무엇을 의미하는지, 그리고 그들이 정말로 큰 암석을 건드렸더라면 어떻게 되었을지 등에 대해 고민하곤 했다. 시간 초과! 시험 끝! 또 다시 낙제다. 이처럼 단어들로 주어진 문제는 수학을 가르치는 데 있어서 매우 고전적인 것이며, 학생들을 새로운 사고로 이끄는 일을 쉽게 하려고 천 년 동안이나 사용해 온 것이다(Gerofsky, 2004).

수학 문제를 풀기 위해서는 구멍을 파는 것이 남자든, 수녀든, 에뮤 새든 별로 중요하지 않고, 땅을 파는 것이 계속 진행되든지 진행되지 않든지 혹은 그러한 구멍이 이것들과 상관없는 땅 파기의 산물인지 아닌지는 중요하지 않다. 문제를 풀기 위해서 묘사된 상황을 상상하는 것은 오히려 주의를 산만하게 한다. 그와 같은 문제에 직면했을 때 우리가 보통 해 보고 싶은 것은 두 시간 반 안에 열두 개의 구멍을 팔 것 같은 남자 다섯 명을 발견한 다음, 손에 스톱워치를 들고 그들 중 세 명이 일곱 개의 구멍을 파는 데 얼마나 많은 시간이 걸렸는지, 혹은 주어진 문제가 뭐든지 간에 직접 재 보는 것이다. 그러나 수학적 사고의 핵심은 우리의 사고를 이러한 '아날로그' 세계로부터 추상하여 오직 관련 있는 숫자에 초점을 맞추고 적절한 계산을 하는 것이다.

수학 그리고 과학은 그러한 추상적인 사고가 사정없이 사용되는 영역이다. 그러나 우리는 무엇에 관해서든지 이와 같은 방식으로 생각할 수 있다. '철학적인' 업그레이드는 개념적인 세계의 형성에 의해 구성되었고, 이 개념적 세계는 특수한 사물과 사건들로 구성된 일상적인 세계에게 파생되었지만 이것과는 구별되는 일반적인 관념들로 이루어져 있다. 이러한 이론적인 관념 세계는 조금 이상하고 비실제적이다. 그것은 불안정하며, 끊임없는 지지가 필요하기 때문에 우리 대부분이 어느 정도 노력해야만 수행할 수 있는 그런 종류의 사고다. 그것은 대학과 같이 그것을 계속적으로 지지해 주는 공동체가 있을 때에만 체계적으로 일어난다.

지속적인 철학적 혹은 이론적인 추상적 사고가 어렵다는 것은 가장 기초적인 수학을 감당할 수 있고, 어떤 복잡한 과학을 이해하는 성인의 비율이 낮다는 사실을 통해 알 수 있다. 그러나 철학적 사고는 추상적 사고의 사용에 능숙해진 사람에게 폭넓은 유용성과 힘의 도구 상자를 제공해 준다. 아주 극소수의 사람만이 유창성을 가진 철학적 사고를 달성할 수 있다는 사실은, 철학적 인지 도구는 잘 갖추었으되 유창성을 덜 갖춘 사람을 잘 이해하지 못하는 이들로 하여금 '대부분의 인간에게 사유하는 것은 하늘을 나는 것만큼이나 어려운 일'이라는 것을 깨닫게 한다.

철학적인 사고의 성격을 밝히는 데 도움을 줄 다른 예는 어떤 특정 장소에 대한 낭만적인 묘사, 즉 주요 장소, 가장 이국적인 장면, 가장 훌륭한 건축물로 대표되는 장소 등에 대한 낭만적 묘사와 지도를 구성하는 특수자들에서 기인한 철학적 추상 사이의 차이에서 분명하게 드러난다. 지도는 특수자들을 상징체계로 표현하기 때문에 모든 '진짜' 특수자를 표현할 수는 없다. 하지만 그럼에도 불구하고 지도는 길을 찾는 데에 더없이 소중하다. (우리는 종종 마을이 낭만적으로 꾸며진 지도를 볼 수 있는데, 여기에는 상징체계 대신 마치 우리가 반마일 정도 위의 각도에서 그 마을을 내려다보는 것처럼 소형화된 길과 건물의 그림이 있다. 우리는 전형적으로 그러한 지도를 매우 좋아하는데, 여기서 우리는 철학적인 사고를 하려고 노력할 필요 없이 철학적인 이득을 얻을 수 있기 때문이다. 우리는 이러한 낭만적인 만족을 우리가 걸어 다니는 동네나 마을의 작은 모형 그리고 모형 기차 시스템으로부터 얻는다.)

이제 우리는 어떤 이유에서인지 추상적이고 이론적인 언어를 사용하지 않은 채 이론적인 인지 도구를 묘사하기가 쉽지 않게 되었다. 이것은 노력이나 고투를 요구할 수도 있다. 일단 조금 더 나아가 보기로 하자.

이 새로운 추상적 이론의 세계는 그것이 파생된 일상적인 특수 세계보다 더 현실적이고 믿을 만한 것으로 보일 수 있다. 감각과 감정은 우리를 속일 수 있는데, 그것은 동일한 사건에 대해서 놀랄 만큼 엇갈리는 진술을 하는 목격자들을 볼 때 더욱 명백해진다. 따라서 이론적 세계는 더욱 '객관적'인 것처럼 보인다. 〔우리는 한 성채를 다소 북쪽에 있고 별로 멀지 않게 느낄지도 모르지만 우리가 실제 느끼는 것은 신뢰할 만한 지도가 나타내는 이 성채의 (객관적) 위치와 비교했을 때 아무 상관이 없다. 당신이 면접에 푸른색 원피스를 입고 갔다는 사진(객관적) 증거는 스파이더맨 의상을 입었다는 당신의 기억으로 반박될 수 없다.〕 이러한 새로운 사유 방식으로의 전환은 그것을 재빨리 그리고 철저히 받아들이는 학생들에게는 매우 흥미로울 수 있다. 그들은 마침내 사물이 진정 무엇인지, 그리고 세계가 실제로 어떻게 작동하는지 이해할 수 있다고 믿는다. 그리하여 세계를 추상적이고 이론적인 사고가 홀로 발견할 수 있는 법칙이나 규칙에 의해서 지배받는 광대한 역사적·사회적·심리적·인류학적 과정으로 구성되어 있는 것으로 다시 보게 된다.

집, 버스, 상점, 사람, 정치, 돈 등이었던 것들이 이제 '사회'가 된다. 그리고 사회의 현재 상태는 '후기 산업적' '자기애적' '소외적' '다문화적' '사이버 공간적' 등과 같은 형용사로 기술되고, 이와 같은 고도의 추상적인 일반화가 의미 있는 것으로 여겨진다. 그런 상태의 사회는 역사적인 도식에 맞아 떨어질 수 있는데, 그 도식에서 '진보' '퇴보' '주기적인 카오스' '손수레 안에서 지옥으로 떨어지는 것' 등은 명백하게 드러난다. 그러한 인지 도구를 채택하는 것의 위험성은 그 추상 개념과 그것의 조작에 지나치게 도취되어서 '현실감'을 잃게 되는 데에 있다(또 다른 위험성은 그 특수성이 소실되는 거대한 일반화다). 불행하고도 오래된 인간적인 등식 중의 하나로 표현하자면 증가된 권력은 증가된 위험을 수반한다는 것이다.

여기서 공통된 문제는 학생들이 자신이 획득한 그들의 일반화, 패턴, 이론, 이데올로기적이고 형이상학적인 도식 또한 추상적인 사고 형식들을 과도하게 자랑스러워 하며 사람들 앞에 내세울 수 있다는 것이다. 우리는 이러한 위험의 희생자들, 즉 확신에 찬 사람, 독단에 빠진 사람, 의심하지 않는 사람들을 우리 주변에서 볼 수 있다. 우리도 주의하지 않으면, 혹은 설령 주의한다 하더라도 이러한 희생자 중 한 명이 되기 쉽다. 미성숙한 철학적 이해의 위험인 과도한 확신은 우리가 신중하고 조심해야 하는 열정적인 강렬함의 모습으로 나타나면서 근대 정치에서 유리한 것으로 보이기까지 한다. 그러나 철학적인 사고의 위대한 선물은 복잡성 속에서 질서를 만들어 내는 능력, 다양성 안에서 패턴을 보는 능력, 그리고 사건과 사물, 행동을 설명해내는 이론을 생성하는 뇌의 능력을 향상시키는 것이다. 철학적 사고는 철학적 인지 도구를 개발하는 사람들에게 훨씬 더 강력한 마음을 낳을 수 있다.

이론적인 사고를 가능하게 하는 철학적 도구

그러면 철학적 이해의 인지 도구라는 것은 어떤 것인가? 이러한 새로운 철학적인 도구 상자와 함께 따라오는 인지 도구의 하나는 학생들이 자기 자신을 그들이 인지하게 된 거대한 과정의 주체로서 볼 수 있는 능력과 관련이 있다. 자신의 정체성에 대한 이해는 자신에 대한 이해에 기여했던 이전의 '낭만적인' 관련성을 버리거나 믿지 않기 시작하면서부터 달라진다. 그 대신에 그들은 스스로를 자신이 속한 광대한 역사적, 사회적, 그리고 기타의 과정에 의해서 구성되는 것으로 인식한다. 그들은 자신이 생각하는 그러한 존재인데, 이는 그들 스스로가 영웅들과의 관계의 산물로서가 아니라 특정 시간과 장소 그리고 특정한 사회 조건 안에서 태어났기 때문이다.

낭만적 운영체제를 사용하면서 학생들은 약간은 관광객처럼 과거와 현재 세계의 영웅적이고 흥미로우며 이국적인 요소에 주목했다. 하지만 일단 철학적인 시스템이 자리를 잡으면 그들은 자신이 배우는 이론적 과정 안에 빠지게 된다. 그들은 자신의 역사와 사회 이론에 따라 자신을 특정한 방향으로 행동하도록 안내하고, 사회를 개선하기 위해 어떤 단계를 밟아야 하는지에 대해 자신의 이념을 바탕으로 방향을 결정하는 주체가 된다. 이것은 우리에게 방향감, 소속감 그리고 목적의식을 준다.

마음을 더욱 더 세련된 이론적인 사고로 이끌 수 있는 인지 도구는 변칙적인 것에 대한 개방성이다. 그것은 다음과 같은 방식으로 작동한다. 이론적인 사고와 관련을 맺는 초기 학생들은 모든 현상에 대해 어떤 새로운 관점을 제시해 주는 강력한 일반적인 이론에 끌리게 된다. 위에서 묘사된 '권력'이나 '사회'의 예가 그것이다. 유사하게 학생들은 일반적인 이론에 사로잡히게 된다. 일단 철학적 과정이 진행되면 그리고 학생들이 지적 탐구심을 갖고 있다면 (적절한 정도의 신체적, 신화적, 낭만적 이해를 발달시켜 왔다면 당연히 그럴 것인데), 그들은 일반화된 개념과 이론들이 이미 특수자들에게 적용되기에는 적절하지 않다는 것을 인식할 수 있게 될 것이다.

예를 들면, 특수한 환경에 노출된 어떤 학생은 다음과 같은 결론을 내릴지도 모른다. 경쟁적인 사회경제 시스템은 가장 뛰어난 사람에게 가장 큰 보상이 돌아가도록 보장할 것이고, 그렇게 동기화되면 그 시스템이 결국에는 모든 사람에게 최대 이익이 될 것이라는 결론 말이다. 그러나 이 학생은 곧 이 간단한 이념에 일치하지 않는 사례들을 마주하게 될 것이다. 일부 가난하고 힘없는 사람들의 경우, 무능력해서라기보다는 단순히 운이 나빠서 그러한 사회적 조건에 놓인 것으로 인식될 것이다. 이러한 경우들은 딱 떨어지는 이념적 도식에 반하는 예외적인 변칙이다. 그 학생이 단지 운으로 부와 권력을 얻게 된 몇몇 멍청하고 끔찍한 부자들을 알게 된다면, 잘 정돈된 도식에는 점점 더 많은 변칙이 발생할 것이다.

변칙에 대한 우리의 반응은 보통 그 이념을 버리는 것이 아니라 적합하지 않은 몇몇 사례를 설명하며 수용할 수 있도록 조정하는 것이다. 위의 예에서 복잡한 사회 시스템에 존재하는 유감스러울 만큼 비효율적인 면을 마주할 때, 학생들은 우연에 의한 희생자들이나 혜택을 누릴 자격이 없는 수익자들이 항상 존재하며, 같은 일이 일어나는 것을 최소화하거나 이러한 일이 그 시스템에 일으키는 문제를 완화시킬 수 있는 장치를 도입해야 한다는 생각을 받아들이게 될 것이다. 다시 말하면, 변칙을 인식하는 것은 그것들이 추출된 특수자를 더 잘 나타내기 위해서 이념이나 일반화 혹은 이론을 더 정교한 상태로 만들어 가도록 하는 기제가 된다. (물론 어떤 사람들은 단순히 변칙사항을 인정하기를 거부하고, 그래서 그들의 도식, 이념, 이론 그리고 일반화는 이해되거나 현명한 행동으로 여겨지기에 부적절하거나 투박한 상태로 남게 된다. 나치당이나 소비에트 연합의 선동가나 토크쇼에 나오는 그 같은 사람들 혹은 역사 교수들을 생각해 보라.) 더 세련된 형태의 이념은 더 많은 변칙에 열려 있을 것이고, 잘 교육받은 학생들이 그 이념을 좀 더 조정함으로써 이 변칙들을 수용할 수 있게 될 것이다. 그 이후에 다시 더욱 정교해졌지만 여전히 더 정교해질 필요가 있는 이념이 보다 많은 변칙에 개방될 것이다. 이런 과정이 계속해서 진행되면 변칙은 더 세심한 정교화를 요구하게 될 것이며, 더 세심한 정교화는 그 이상의 변칙을 드러낼 것이다. 결국에는 모든 것이 교육적으로 잘 되어간다면, 학생은 그 이념이 추상화된 특수자가 존재하는 방식과 동일하게 진리이거나 거짓 혹은 실제적인 것일 수 없다는 사실을 인식하게 될 것이다.

일반화, 이론, 이념, 도식 등과 변칙 사이의 상호작용을 인식하는 것은 철학적 이해를 배우는 학생들에게 최소한 한 가지의 교수 전략을 직접 가르쳐 준다. 교사는 이론과 이념의 개발을 독려한 후, 학생들에게 한 가지 변칙을 제안하며 그 과정이 작동되도록 고무할 수 있다. 교사의 역할은 학생의 이론이나 이념을 직접 손상시키려는 것이 아니라 오히려 그 이론이나 이념이 결국 변칙 더미로 인해 무너져 내릴 때까지 그것을 더욱 정교화하도록 돕는 것이다. 이 과정에서 학생들은 일반화된 도식의 한계를 볼 수 있을 뿐만 아니라 그것이 효과적인 사고에 진정으로 큰 도움이 되는 상황 및 그때 발휘되는 유용성을 인식할 수 있게 된다.

연구를 진보하게 하는 철학적 도구, 거대 서사

철학적인 도구 상자에서 또 다른 인지 도구는 메타내러티브, 즉 거대 서사를 구성하는 능력이다. 이야기가 사실이나 사건을 감정적으로 의미 있는 패턴으로 조직하게끔 돕는 것처럼 거대 서사도 우리로 하여금 일반화, 이론, 형이상학적 도식, 이념 그리고 다른 추상적인 개념을 감정적으로 의미 있는 패턴으로 조직하도록 도와준다. 학생이 시장(market)은 한 사회를 보다 부유하게 만드는 이롭고도 필연적인 것이라는 투박한 이념을 발전시키고자 한다면, 과거의 특정한 상황에서 경제적 이론을 도출하거나 타당한 사례를 제시함으로써 혹은 상대편 주장이 지닌 감상주의 및 정당화되지 않은 낙천주의를 반박할 일련의 근거를 효율적으로 정렬시킴으로써 자신의 견해를 보완할 수 있다. 우리가 근거가 되는 사실, 사건, 이론 등을 명확히 할 수 있도록 하는 효율성은 단순히 신중한 계산으로 인해 도출된 것이 아니다.

우리의 감정적 촉각은 기민한 민감성을 발휘하여 적절한 풍미나 정서적 공감을 가진 사실이나 사건을 공격적으로 찾는다. 예를 들어, 신보수주의 성향의 학생은 특히 주정부의 보조금이 별로 효과적이지 않은 경우, 혹은 기업의 활동이 다수를 위한 부를 창출해낸 경우에 특히 더 민감해질 것이다. 그러한 종류의 경제 이론을 구상하는 학생은 사회가 사형 제도, 낙태, 그리고 학교 제도 등을 어떻게 활용하는지와 같은 광범위한 다른 사회적 사안에서 예상 가능한 입장을 취할 가능성이 크다. 이러한 입장, 다른 이론, 형이상학적 도식 등을 함께 엮어 주는 것이 바로 거대 서사다. 이는 다양한 현상에 일관된 반응을 만들어 내기 위해 우리의 감정을 두드러지게 사용하는 매우 일반적이고 강력한 도구다.

거대 서사는 분명히 복잡한 고차원적인 심리적 과정과 연관되어 있고, 이것의 목적은 추상적인 영역에 거주하는 복잡한 정신적인 독립체들을 고려할 때 우리가 감정적인 만족을 얻도록 하는 것이다. 다른 모든 도구와 같이 우리는 그것을 잘못 사용하거나 매우 부적절하게 개발할 수 있다. 하지만 그것의 적절한 사용을 통해 우리는 일련의 추상적인 개념을 감정적으로 조화되도록 묶는 데 큰 도움을 받는다.

최근 거대 서사는 마치 인기 없는 야수처럼 되어 버렸다. 특히 그들이 오직 정련되지 못한 저급한 형태로만 인식되었을 때에는 더욱 그러하다. 예를 들어, 사회적 · 경제적 이론과 연관된 능동적 지배와 수동적 복종의 거대 서사로서 남성과 여성의 차이를 구성한 경우가 이에 해당한다. 철학적인 사고는 계몽주의 기획에서 일종의 성숙을 맞이했는데, 이에 영향을 미친 이성과 계산은 우리를 에워싸고 있는 사회적 · 물리적 · 심리적 · 역사적 문제와 관련되어 있었다. 많은 계몽주의자들이 자신의 기획을 지적 상태에 들어가기 이전의 정련되지 않은 감정적이고, 신화적이며, 인상주의적이고, 시적인 사고와 대비되는 것으로 공언했기 때문에 철학적인 형태의 사고는 냉혹하고 과도하게 이성적이며, 계산적이고 무미건조한 것으로 여기는 경향이 있었다. 예를 들면, 과학의 방법론들은 작동 과정에서 인간적인 가치나 감정과 연결된 모든 것을 제거하도록 고안되었다. 하지만 거대 서사 도구를 사용하는 것은 우리의 감정을 추상적이고 이론적인 사고와 적절하게 연관짓는 것이다.

물론 그 '적절하게' 라는 말이 어려운 부분이다. 거대 서사 도구의 적절한 사용은 그날 기분에 따라 실험 방법을 결정하거나 자기의 이익에 기초해서 경제 이론을 구성하거나 어떤 것이 가장 위안이 되는지에 따라 우주론을 고안하는 것, 혹은 집단에서 눈에 띄는 몇몇 구성원의 행동에 대한 감정적인 반응을 바탕으로 이념을 구성하는 결과를 초래하지 않으며, 마찬가지로 우리의 감정과 가치를 이론 구성 혹은 계산에 주입시키는 결과를 초래하지도 않는다. 우리가 만약 위 예시들을 보게 된다면, 그것은 거대 서사를 부적절하게 사용했기 때문이다.

거대 서사의 적절한 사용은 이해의 추구에 대한 우리의 감정적인 참여를 요청하고 풍부하게 하는 것이며, 우리가 수행한 조사와 연구의 결과물들의 사회적인 차원을 인식하는 것이고, 우리 마음속에 조사의 안내자 그리고 정책의 구성자로서 균형 잡힌 인간적 가치를 간직하는 것일 뿐만 아니라, 의미를 형성하는 보다 넓은 맥락 속에 그 특수한 발견이 뿌리 내리도록 하는 것이다.

다시 말하면, 과학적인 연구는 어느 정도까지 적절히 중립적인 것으로 보이는 반면, 거대 서사의 적합한 사용은 탐구할 주제의 선정과 양산될 지식을 어떻게 사용할 것인지에 대한 기대에 영향을 미칠 것이다. 뿐만 아니라 과학자들의 희망과 두려움은 결정을 이끌어 내고, 알고자 하는 열망은 일의 속도에 영향을 미치며, 결과의 의미는 가치가 풍부한 거대 서사 맥락에 잘 들어맞음으로 인해 더욱 복잡하게 형성될 것이다.

예를 들면, 보수적인 거대 서사는 이 입장을 취하는 과학자로 하여금 지구 온난화라는 문제에 초점을 두고, 특별히 인류의 활동 때문에 일어난 기후 변화에 대한 어떤 주장을 지지하거나 반대할 중요한 증거를 제공할 수 있는 연구 주제에 관심을 갖도록 할 수 있다. 거대 서사는 연구 자체에는 영향을 미치지 않겠지만, 과학자를 문제로 이끌고 더 나아가 (연구의) 결과가 어떤 방법으로 해석되고 전파될지까지 긴장을 늦추지 않게 할 것이다. 이러한 거대 서사 없이는 어떠한 분야의 연구도 진보를 이룰 수 없고, 과학 자체가 어떻게 발전할지 상상하기도 힘들다. 마찬가지로 추상적이고 이론적인 사고의 도구에 의존하는 모든 연구 분야는 그들의 작업을 더 넓은 인간적 의미의 맥락 속에 설정하는 거대 서사를 요구한다.

지적 탐구의 동력을 제공하는 철학적 도구

관련된 또 다른 철학적 도구는 진리, 실재, 신뢰성, 권위 혹은 확실성의 기반에 대한 욕구다. 이는 오늘날 많은 사람들에게 반감, 의심, 곁눈질 그리고 불신을 받고 있다. 계몽주의 기획의 일환으로도 보이는 이 욕구는 진리를 자기 이해와 관련된 사회적, 정치적 그리고 종교적 운동 속에 위치시켜 온 지나치리만큼 확신에 찬 주장으로 이어졌다. 지식을 의심할 수 없는 도그마 사회에 존재했던 것보다 더 믿을 만한 형태로 분류하고자 하는 충동은 현대 세계의 활발한 연구를 이끌었다. 이러한 권위를 향한 탐색의 많은 성과물이 의심스러워진 반면, 다른 성과물들, 예를 들어 사전, 백과사전, 교과서 같은 것들은 비록 세계에 대한 이론적이고 추상적인 여타의 설명처럼 수정과 정정의 대상임에도 불구하고 권위의 중요한 원천으로 받아들인다. 우리가 이상적이고 완전한 확실성에 접근할 수 없음에도 불구하고, 더 확신 있는 주장과 그렇지 못한 주장은 확실히 구별될 수 있다. 우주가 어떻게 발전했는지 확신할 수 없다는 사실이 빅뱅이론과 우주가 10분 전에 퍼프 더 매직 드래곤(Puff the Magic Dragon)에 의해 만들어졌다는 주장이 동등한 지위를 가져야 한다는 것을 의미하진 않는다. 안정성과 권위를 향한 철학적인 탐색은 우리의 지적 탐구에 동력과 방향성을 제공하며 우리의 탐구를 끊임없이 긴장시킨다.

당신이 어느 여름 아침에 윈드러시 강둑에 서 있다고 상상해 보라. 당신의 신체적 도구 상자는 당신의 마음이 물의 흐름 속 갈대의 느리고 구불구불한 움직임에 사로잡혀 강한 평온을 느끼도록 할 것이다. 당신의 신화적 도구 상자는 당신의 마음이 강의 끊임없는 흐름에 사로잡히고 물이 가뭄과 죽음에 맞서서 풀과 나무, 동물, 곤충 그리고 물고기들을 지지하는 것을 보게끔 할 것이다. 당신의 낭만적 도구 상자는 당신의 마음이 이 강렬하게 아름다운 이상적인 목가적 장면에 사로잡혀 잠식하는 주택, 상점, 공장과 그 폐수를 막아 내야 한다고 결정하게 할 것이다. 그리고 당신의 철학적 도구 상자는 당신의 마음이 강물의 양과 먼 수원지를 생각하게 하며, 왜 큰 비가 오지 않아도 몇 주 후까지 그렇게 강한 물살을 유지하는지, 혹은 왜 강물이 땅에 조금씩 스며들어 사라지지 않는 것인지 궁금해할지도 모른다. 또는 사람들이 비록 물살이 너무 약하거나 물길이 충분히 가파르지 않고 옆 땅이 너무 평평할지도 모르지만, 전기를 생산하기 위해 그러한 강을 댐으로 막는 것에 대해 생각해 보도록 할 것이다. 비록 뾰족한 굽이와 여울이 너무 많아서 통나무들이 계속 정체될 수도 있지만 강물이 일방통행 운송 경로나 통나무를 하류로 보내기에 유용한지, 경제적인지도 궁금해할 것이다.

누군가가 이러한 둑 위에 나무 농장을 짓기 위해 땅을 산다고 하더라도, 어쨌든 느린 상류에 좋은 목재 공급원이 없을 수도 있다. 하류에 내려가 시원한 물을 한 움큼 퍼올리면서, 당신의 손에 있는 작은 웅덩이에 스스로의 모습을 비추고 더 이상 그것이 강의 일부가 아니라는 것을 깨닫지만 이를 손가락 사이로 흘리면 각각의 물방울이 거의 무한한 수의 물방울과 다시 결합하여 변화무쌍하면서도 항상 그대로인 강이 되며, 같은 물에 두 번 발이나 손을 담글 수 없다는 것의 예시가 된다. 강물은 식물과 우리를 거치면서 지금부터 그리고 영원히 윈드러시 강이 굽이치도록 하는 반복적 순환을 계속 하여 이곳으로부터 바다나 구름, 비 혹은 다른 강을 향하는 자신의 길을 편안하게 흘러간다.

반어적 이해

현재 우리의 문화에서 찾아볼 수 있는 뇌의 최종 발전 단계는 풍자적 혹은 반어적 도구 상자다. 가장 단순한 형태의 반어는 말한 것과 의미하는 것 사이의 차이 속에서 인식된다. "봄날이다! 즐거워! 다시 세금 정산하는 기쁨이 돌아왔어!" "쿠클럭스클랜(Ku Klux Klan) 사람들은 엄청난 리듬감을 가지고 있는 게 틀림없어." "뭐 색다른 일 있어? 세상은 정직해졌어." "그는 종종 잠깐씩 침묵하곤 했는데, 그 때문에 그와 하는 대화가 더할 나위 없이 즐거웠어." 혹은 가장 단순하게 "히틀러는 성자다, 카사노바는 정숙하다, 사드 후작은 말수가 적었다."와 같은 표현이다. 다시 말해, 독자는 필자가 이런 문장들을 문자 그대로 받아들이도록 의도하지 않았다는 것을 안다. 그래서 독자는 명시적 의미나 문자 그대로의 의미 이면의 의미를 찾아야 한다.

반어적 이해는 언어가 반대의 것을 의미하거나 실제로 언급된 것과는 극단적으로 다른 어떤 것에 쓰일 수 있다는 것뿐만 아니라 우리가 의도하는 것과 언어로 표현될 수 있는 것 사이에는 늘 어느 정도 차이가 있음을 인식하는 것이다. 반어적 이해를 발달시키는 사람은 끊임없이 문자의 한계를 알아차린다. 플로베르(Gustave Flaubert)는 연민을 갖고 별을 옮기고자 하는 우리의 열망과 이 열망에도 불구하고 우리가 실제로 언어로 할 수 있는 것은 곰이 춤을 추도록 흥겨운 곡을 리듬감 있게 연주하는 것뿐이라는 사실을 대비한 적이 있다(이 예화는 3장 인지 도구의 축척에서 언급된 것이다-역주). 언어는 유년기의 신체 활동에서부터 발달하지만, 항상 경험, 감정, 신체적 이해와 말로 표현할 수 있는 것 사이에는 거리가 있다. 말이 고체라면 경험은 액체다.

'의미'와 그것을 표현하고 의사소통할 수 있는 '언어 능력' 사이의 다소 복잡한 차이를 인지하는 것은 반어적 이해의 핵심이다. 각각의 다른 도구 상자처럼 반어의 형태는 더 일찍 나타난다. 어린아이들은 항상 그들이 느끼는 것을 말로 표현할 수 없다는 것을 알고, 다른 종류의 이해의 발달 과정 내내 사람들 대부분은 이 분명한 사실을 인지한다.

반어는 앞서 이야기한 모든 종류의 이해에서 쓰일 수 있고, 어떤 사람들은 반어적 유머를 즐기는 능력을 개발한다. 언어의 한계에 대한 반어적 이해는 독특하게도 모든 신념, 관념, 진실, 사실과 더불어 언어로 표현된 모든 것은 말이 재현하고자 하는 현상에 대한 체계적인 부적절성을 지니고 있다고 인식한다. 반어는 아주 끝까지 철저하게 그러하다.

사실 언어로 표현된 모든 것이 부적절하다고 말하는 것은 오해의 소지가 있을 것이다. 우리는 언어가 수행할 수 있다고 생각했던 몇몇 목적에 대해서 '부적절하다'고 인식한다. 하지만 이러한 우리의 인식은 이전의 혼란으로부터 우리를 해방시키며 우리가 언어로부터 무엇을 기대할 수 있는지를 더 분명히 볼 수 있게 해 준다. 결국 이러한 인식은 언어가 제공할 수 있는 훨씬 더 나아간 목적과 즐거움을 우리에게 열어 준다.

우리는 '말한 바'와 '의미한 바'의 차이를 단순히 인식하는 데 그침으로써 종종 깊은 함의를 놓치곤 한다. 일반적인 함의 중 하나는 이전의 장에서 묘사된 일반화–변칙 상호작용이 사라지는 방식에서 파생된다. 변칙을 설명하기 위한 매우 정교한 일반화와 이론의 탐색은 종종 연구의 강력한 동인이 될 수 있다. 자연과학과 같은 몇몇 분야에서는 현상에 대한 적절한 설명을 개발하는 것이 그 분야의 유일한 작업이기도 하다. 반어는 사물이 존재하는 방식에 대한 일반적인 진리를 포착하기 위해 수의 언어를 확장시키는 과학적 작업과는 아무런 관련이 없어 보일지도 모른다. 하지만 한 번 반어가 개발되고 나면 그것은 염료처럼 마음의 전체 조직 구석구석에 퍼져 나가고, 그런데도 마음이 가진 특유의 많은 특성은 여전히 온전하게 남아 있다. 어떻게 그럴 수 있는가?

다각적 관점의 종합, 반어

반어의 도구 상자는 특히 유연성 도구와 관련이 있다. 그것의 용도 중 하나는 신체적 · 신화적 · 낭만적 · 철학적 이해 각각이 모든 것에 대한 적절한 견해를 제공하는 어떤 독특성을 가지고 있었다는 것을 인식하는 것이다. 이를테면, 낭만적 이해는 신화적 이해를 유치하거나 혼란스러운 것으로 치부하는 경향이 있다. 즉, 대립적인 방식으로 무언가를 보는 경향을 지나치게 단순화된 것으로 여기고, 산타클로스나 이빨 요정 같은 환상의 인물을 받아들이는 것을 창피해한다. 거인과 마녀들을 쫓아 보내고 진짜 삶으로 돌아올 시간이라고 느끼는 것이다. 마찬가지로, 철학적 이해로 발전하면 낭만적 이해를 사소하고 당혹스러운 것으로 치부하는 경향이 있다. 영웅과 관련되고 싶어 하는 것을 한심하게 생각하고, 우표나 조개껍질 수집에 힘쓰는 것을 이해할 수 없는 시간 낭비라고 생각하며, 이국적이고 기묘한 것에 매력을 느끼는 것 자체가 기묘하고 이국적이며, 얼빠진 것이라고 본다.

반어는 우리로 하여금 초기에 가졌던 여러 유형의 이해가 지닌 부적절성에 초점을 두지 않고 대신에 각 이해가 기여할 수 있는 바를 인식할 수 있도록 한다. 반어적 이해는 우리의 모든 감각 경험에서 신체와 정서가 지니는 근본적인 중요성, 그리고 우리의 신화적 이해에서 이야기 구조화와 감정의 지향성 도구가 지니는 중요성, 낭만적 이해에 동반되는 현실감 및 지식의 인간적 차원을 인식할 수 있게 하는 동력화 도구의 중요성, 우리의 이해에 질서와 패턴을 가져다주는 철학적 탐색의 도구가 지니는 중요성을 인식한다. 〔톰슨(Francis Thomson)이 『The Hound of Heaven』에서 묘사했던 것처럼 "당신의 모든 아이들의 실수/잃어버린 공상, 내가 당신을 위해 집에 쌓아두었던"을 인식한다.〕

이전의 각 이해가 감각 경험에 기여하는 바를 더 잘 음미할수록 반어적 이해는 더 잘 개발된다. 우리는 스스로가 직면한 정신적인 과업에 가장 적합한 특정한 이해를 효율적으로 사용하는 것과 같은 보다 나은 유연성을 발달시킬 수 있다. 우리가 세계 안에서 경험하는 모든 것을 보다 풍요롭게 이해하기 위해 일부의 이해나 모든 하위 도구들을 자유자재로 사용할 수 있는 능력을 개발할 수 있다. 윈드러시 강둑에 앉아 있는 반어적 이해의 소유자, 즉 아이러니스트는 이제까지 묘사된 어떠한 관점에도 갇히지 않고 이 모든 것을 사용할 수 있을 것이다. 반어는 어떤 한 시점에 어떤 한 사람의 마음속에 있는 바로 그 다각적 견해의 총합이다. 그것은 지적 고향으로 돌아오는 것이다.

내가 만약 반어는 마찬가지로 새로운 형태의 도구인 유머를 통해 정신적 유연성을 기르기 위한 훌륭한 유연재로서 기여한다고 묘사한다면, 인지 도구 상자에서 '도구'라는 나의 비유는 더 많은 긴장 아래에 놓이게 될 것이다. 여러 유형의 이해를 손쉽게 전환할 수 있는 능력, 특히 철학적인 도식의 한계를 인식하는 능력은 일종의 지적인 유희를 낳는다. 유머라고는 없고 때때로 확실성을 냉혹하게 추구하는 철학적 탐색은 다음과 같은 더 침착한 인식에게 길을 내준다. 즉, 지식의 더 큰 안정성은 바람직하지만, 이전에 추구된 일반적인 도식에 대한 그와 같은 확실성은 인식론적 혼란이라는 것이다. 이 확실성 대신에 큰 관념을 가지고 하는 게임과 이 게임을 통한 즐거움이 있다. 반어적 이해의 소유자인 아이러니스트는 사람들을 참수시키거나 화형시키거나 굶주리게 하는 만행을 저지르지 않을 것이다. 이러한 만행은 지적 질서를 갖춘 인지 도구를 통제할 수 있는 상상력이 결핍되었을 때 발생하기 때문인데, 아이러니스트는 우리의 지적으로 성숙한 삶에 필요한 인지 도구들을 조절하고 통제할 수 있기 때문이다.

'확실한 진실은 없다는 것이 확실한 진실'이라고 주장하는 학파를 우리는 어떻게 생각해야 하는가? 그러한 자승자박적인 토대 위에서 근대 계몽주의 기획은 죽었다고 선언되는가? 아이러니스트들은 조용히 웃으면서 그 문제를 그대로 남겨 두는 경향이 있다. 하지만 갓난아기가 어떻게 신체의 감각과 감각 경험의 탐색에서 반어적 이해에까지 이르는 길을 묘사하려는 교육자는 계몽주의 기획 속에서 발달된 철학적 도구에 강하게 의지해야 한다. 아이러니스트는 상호 포개져 있는 이해들의 체계가 지닌 단순성과 투박성 그리고 끝없는 부적절성에 대해 탄식할 수 있지만, 그것이 그 보잘 것 없는 도구를 가지고 자신이 할 수 있는 최선의 것이라는 사실 또한 알고 있다.

교육, 인간의 마음을 생각하다

이전 장에서 나는 교육에 영향을 주는 주요 관념에 대해 다소 거칠게 분석하였다. 일반적으로 이러한 각 관념은 우리의 교육적인 사고에서 중요한 방식으로 기여했지만 우리가 어떻게 아이들을 잘 교육시킬 수 있는지를 밝혀냈다고 결론을 내릴 수는 없다. 이 장과 우리에게 익숙하지 않은 신체적 · 신화적 · 낭만적 · 철학적 그리고 반어적 이해에 대한 설명은 과거의 주된 교육 사상에서와는 다른 방식으로 인간의 마음을 생각한 결과다.

여기서 마음이라는 것은 유기체 외부에서 유래된 문화와 유기체 내부의 인지로 구성된 양가적인 것으로 여겨진다. 물론 여기까지는 모든 사람이 동의할 것이다. 다소 새로운 제안은 마음의 양면성을 포착하는 범주로서 충분히 만족스럽지는 않지만 내가 인지 도구라 명명한 것이다. 일반적으로, 좀 더 풍성한 교육적 도식을 만들기 위해 고안한 그러한 범주는 인식론적이고 심리적이며 감정적인 특징을 하나로 결합시키는 것이다.

루소 시대 이래로부터 특히 지난 세기에 걸쳐 교육자들은 인식이나 지식에 별도로 교육적 초점을 맞추어 왔고, 그 이후 전형적으로 다른 한쪽을 위한 역할을 지정했다. 그래서 인지적인 발달에 초점을 맞춘 사람들은 지식은 마치 음식이 몸의 생존에 중요한 것과 같이 그 과정이 계속 진행되도록 하기 위해서는 꼭 필요하다고 명백히 인식했다. 그러나 그것들이 어떻게 서로 연결되는지, 그리고 어느 것이 다른 것을 결정하고 형성하는 데 선행하는 것인지는 결코 해결되지 않았다. 다만 지식이 인지적인 발달의 우선권에 알맞도록 선택될 필요가 있을 것이라는 주장과 지식의 본질은 인지발달을 이끈다는 주장이 있었다.

예를 들면, 지식의 위치를 학생의 개인적인 발달 과정과 같이 나란히 배치할 때, 듀이(John Dewey)가 주장하기로는 가장 기본이 되는 것은 "발달의 자연적인 과정을 인식"하는 것이며, 교육과정 지식으로서 "자료를 제시하고 다루는 법칙은 아이들의 본성 안에 내재된 법칙"이라고 하였다. 이것은 다음과 같은 그의 기본적인 원칙을 따른다. 즉, "나는 이러한 교육과정에 두 가지 면이 있다고 믿는데, 하나는 심리적인 것이고 다른 하나는 사회학적인 것이다. 그것들은 서로에게 종속될 수 없고, 그 중 하나라도 경시된다면 반드시 나쁜 결과가 초래될 것이다. 이 두 가지 면 중 심리적인 것이 더 기본적이다."(1897, p. 77) "따라서 교육은 아이의 능력, 흥미 그리고 습관에 대한 심리적인 통찰과 함께 시작되어야 한다. 그것은 모든 점에서 이와 같은 고려를 참고하여 통제되어야 한다."(p. 78)

피아제와 듀이의 견해가 서로 일치한다는 것이 분명해지면서, 피아제의 주장은 북아메리카 교육에 영향력을 미치게 되었다. 피아제의 견해에 따르면, 학교가 해야 할 일은 "아이들의 자연적인 발달을 잘 이해하고, 종종 그래왔듯이 그 발달을 금

지하는 것이 아니라 적절한 방법으로 강화시켜 주는 것." (1961, p. 11)이다. 그의 이론은 일반적으로 "우리로 하여금 지식의 발달을 이해할 수 있게 해 주는 자연적이고 심리학적인 현실"을 묘사하는 데 목표를 두고 있다.

이러한 자연적인 발달 과정이 일어난다는 것조차 의심하는 사람들은 교육과정과 교수 방법에 의해 그것이 강화되어야 한다는 주장도 용납하지 않을 것이다. "인지발달 심리학자들이 염두에 두고 있는 그런 의미에서의 인지발달과 같은 것이 없다고 의심하는" (Fodor, 1985, p. 35) 사람들은 "내적 충동에 의한 신체 발달의 일정과 함께 나란히 가는 인지적 성숙의 내적 일정은 없다." 고 주장할 가능성이 크다(Harre, 1990, p. xii). 교육적인 반론은 "인간의 마음이 몸의 장기나 근육처럼 자체로 내장된 작동 형식을 가지고 있어서 이것이 어떤 식으로 개발되면 자연스럽게 상이한 지식에 이르는 것"이 아니라는 것이다(Hirst, 1974, p. 40). 대신 우리에게 필요한 것은 "정의와 정당성이 지식 그 자체의 중요성에 기반하고 있는 교육" 이다(Hirst, 1974, p. 32).

모두가 동의할 수 있는 형식의 교육

학생들의 교육적인 경험을 형성하는 데 인지발달 혹은 지식이 우선권을 가져야 하는지를 둘러싼 분열은 루소가 그 문제를 발견한 이래 늘 우리의 교육적인 사고를 추동해 왔다. 지식에 우선성을 두는 사람들을 보통 '전통주의자' 라고 부르고, 인지 발달에 우선성을 두는 사람들을 '진보주의자'로 불러 왔다. 어느 편도 앞 장에서 논의되었던 바로 그 이유로 교육을 잘하는 학교를 만드는 데 만족스러운 성과를 내지 못했다. 우리는 문제의 원천을 버림으로써 '서로에게 파괴적이기만 한 경쟁 구조'적 대응 속에서 너무나 오랫동안 교육을 추동해 온 이 식상한 논쟁을 폐기할 수 있다. 혹은 오히려 양쪽이 교육에 대해 귀중한 통찰로 기여해 온 것처럼 좀 더 완화된 대답이 적절할지도 모른다. 하지만 우리는 충돌하는 이 두 입장 중 어느 쪽도 상황을 올바르게 만들어 줄 것이라고 기대할 수 없다. 일반적인 대답, 즉 "만약 어떤 사람이 지식의 우선성을 주장하고 또 다른 사람은 인지발달의 우선성을 주장할 때 두 가지 모두 중요하니까 간단하게 두 가지의 균형을 맞추면 된다."는 식의 말은 이치에 맞지 않을 것이다. 정치에서 극좌와 극우 사이에 중도파의 위치를 찾는 것은 가능하다. 물론 교육에도 적절하고 상식적인 대답의 요소가 있다. 결국 이것은 진리나 과학적 이론을 정립하는 것과 같은 문제는 아니다. 하지만 교육은 이러한 인간 활동들 사이 어디쯤엔가 위치한다.

교육은 정치학처럼 협상에 열려 있지도 않고, 반면 과학처럼 닫혀 있지도 않다. 그러나 우리는 많은 사람의 승인을 얻을 수 있는 교육의 개념을 상상해 볼 수 있다. 그리고 그것은 진보주의자와 전통주의자 모두가 동의할 수 있는 형식으로 그 둘 모두의 이상을 달성할 수 있는 방법을 제공할 수 있는 개념이어야 할 것이다. 이것이 바로 다음 장에서 다룰 내용이다. 그래서 인식론적 · 심리적 · 정서적 요소와 함께 엮인 '인지 도구'에 대한 이야기가 어떻게 새로운 학교교육의 개념을 명료하게 하는 데 도움이 될지 살펴볼 것이다.

나는 지금까지 진보주의자나 전통주의자 모두를 불편하게 하지 않는 방식으로 교육에 대해 이야기하는 한 가지 방법을 보여 주었다. 계속 이야기를 이어가며 나는 얼마나 많은 사람들이 자리를 뜨지 않고 계속 내 얘기를 들을 것인지 두고 보려 한다.

제2부

교육의 새로운 역사, 교육 개혁 50년 프로그램

제1장에서 만났던 시리우스계의 역사가를 통해 나는 19세기 중반에 설립되었던 공립학교들이 어떻게 21세기 전반에 급속히 변하게 되었는지를 설명하고자 하였다. 이 책의 2부에서는 앞으로의 학교가 어떻게 전개될지에 관한 '학교의 미래 역사' 를 쓰고자 한다.

미래에 대한 이러한 상상은 학교 문제를 분석한 2장의 논의가 일반적으로 정확하다는 전제에 기초하고 있다. 두 번째 전제는 마음을 더 잘 교육할 수 있는 개괄적 방법을 다룬 3장의 내용이 일반적으로 정확하다는 것이다. 이 책의 나머지 부분은 2장의 문제는 지양하고, 3장의 문제는 수용하는 형태로 학교를 점차 변화시킬 수 있는 방법에 대한 설명으로 구성할 것이다. 나는 다섯 장에 걸쳐 이를 논의하고자 한다. 각 장은 10년 단위가 될 것이다.

이어지는 각 장에서 나는 교수 활동, 교육과정, 그리고 조금 더 광범위하게는 학교 기관에서 일어날 변화에 대해 집중적으로 살펴볼 것이다. 물론 이러한 요소가 동일한 속도로 변할 것이라고는 기대하지 않는다. 예를 들어, 첫 10년 동안에는 교수 활동에서의 여러 변화가 제시되겠지만 교육과정이나 학교 기관 자체에 어떤 영향을 줄 것이라고는 거의 기대하지 않는다. 이 세 가지 초점은 이어지는 장마다 달리 주목될 것이다. 일반적으로는 점진적 개혁 프로그램이 단계 및 시대마다 어떻게 효과적으로 교육제도와 활동을 제시하게 될 지 기술할 것이다. 물론 교수 활동, 교육과정 그리고 학교 사이의 차이는 대부분의 경우에 어떤 하나의 변화가 나머지 것들에 대한 변화를 포함할 것이기 때문에 그다지 분명하게 드러나지는 않을 것이다. 하지만 뚜렷한 범주로서 간주되지 않는다는 조건하에서 편의상 그 개념을 사용할 것이다.

당신은 이성적으로 이것이 유토피아적인 환상이라고 결론지을 수도 있다. 유토피아는 성자이자 귀족이었던(영국 역사에서 잦은 조합은 아닌) 토마스 모어(Thomas More)의 이상 사회를 위한 용어였다. 보통 그 단어는 '있을 곳이 없는'의 의미인 그리스어 'ou'와 'topos'의 조합으로 추정된다. 하지만 적어도 모어는 'eu + topos' (행복한 곳) 혹은 'eus + topos' (좋은 곳)이라는 의미를 마음에 두고 있었던 것으로 보인다. 이러한 의미에서 나의 논의는 학교에 대한 '유토피아적' 시각, 즉 어떻게 학교를 교육적으로 좋은 곳으로 만들 수 있을지에 대한 생각에서 출발한다〔오스카 와일드(Oscar Wilde)는 유토피아를 포함하지 않는 세계 지도는 볼 가치가 없다고 제안했다〕.

학교와 같이 매우 복잡하면서도 중요한 기관이 다른 사회적 기관들과 복잡하게 얽히게 될 때, 중대한 변화를 이끌어 내는 시도들은 처음에는 저항에 부딪힐 것이다. 몇 가지의 개혁은 허용되기도 하고 독려받을 수도 있지만, 만약 그것들이 확대되어 깊고 다양한 범위의 변화를 초래하려 한다면 다른 기관들은 가차 없이 굳건한 장애물의 고리를 연결하여 단단히 결속하고 그러한 개혁을 막을 것이다. 혹은 적어도 그렇게 하겠다고 말할 것이다. 하지만 주요한 변화는 기관에서 발생할 수밖에 없기에, 우리는 이제 교육적 '유토피아'를 향한 길을 만드는 것이 얼마나 가능성 있는 일일지 알아보도록 하자.

미래의 중요한 교육 상황에 대한 나의 예언적 접근을 의심하는 회의적인 독자가 있을 수 있다. 그런 독자에게 나는 1부에서 그려진 생각의 실천 가능성을 입증하기 위한 간단한 장치로서 이러한 미래 역사를 좀 더 자세하게 제시할 것이다.

04 2010~2020년의 학교

교육의 새로운 시나리오, 상상력 교육

적어도 지금까지 교육의 변화를 위해 제시되었던 생각과 관련하여, 우리는 지금 어디에 있는가? 2010년을 공식적으로 시작하기 위한 예비 단계로 어떤 것이 준비되어 있는가? 고백컨대 솔직히 그다지 유망해 보이지는 않는다. 이론적 배경(esp. Egan, 1997)을 제공하는 몇 가지 문헌과 논문이 있고 이론이 어떻게 교육 실천으로 옮겨질 수 있는지를 다룬 몇 가지 연구가 있다(e.g., Egan, 2005, 2006). 또한 십여 개의 나라에 있는 공동연구원들과 2~3천 명 남짓의 교사들, 행정가들 그리고 이러한 생각을 발전시키고자 하는 대학교 강사들의 작은 공동연구 집단과 이들의 홈페이지가 있다. 그러나 이러한 것들은 그것들이 의미하는 바가 정확히 작동할 경우에만 의미가 있을 것이다.

하지만 교육의 세계는 특정한 관념에 의해 추진되고, (그렇지 않은 경우도 있지만) 많은 경우 카리스마 있는 지도자들이 이끄는 가운데 특정 개혁을 제안하는 집단들로 가득 차 있다. 대부분의 집단은 몇 가지의 일반적인 진보주의 프로그램(예, Project Zero-www.pz.harvard.edu)을 실행하려고 시도하고 있는 한편, 몇몇 소수 집단들은 전통적 프로그램(예, Core Knowledge-www.coreknowledge.org)을 보다 매력적으로 개선하려고 노력하고 있다.

예시된 두 사례 모두 중요한 기금과 수천의 열성적인 지지자들을 갖추고 있다. 그들은 폭넓게 사용되는 교육과정 자료들을 만들었고, 많은 사람이 참석하는 학술대회와 워크숍, 평판이 좋은 왕성한 출판 프로그램을 운영한다. 나아가 그들 자신의 학교가 발전시킨 생각을 국제적으로 실행하고 있는 많은 학교가 있다. 교육이라는 연못에서 그들은 거대한 물고기다. 그럼에도 불구하고 나는 작은 올챙이가 다음 50년 남짓의 기간 내에 더 큰 파문을 일으킬 것이라고 제안한다.

일어나지 않을 것 같지만 우리를 즐겁게 만드는 결론으로 마무리되는 다윗과 골리앗의 시나리오를 펼친다면 이것이 얼마나 쉬운 일이라고 예상할 수 있을까? 하지만 현재 진보주의와 전통주의의 투사들은 익숙한 영역을 지배하고 있고, 교육의 세계는 그들의 목적과 언어를 이해하고 있다. 교육에 몸담고 있는 대부분의 사람에게 우리가 '상상력 교육'이라고 부르는 것은 다소 생소할 것이다. 진보주의의 목적과 언어는 비록 그 목적이 실천으로 옮겨지는 데에 문제가 있다고 하더라도, 대체로 교육 분야를 지배하고 있다.

반면, 주요한 전통주의 경쟁자들은 우리에게 오랫동안 익숙해져 온 것에 의지한다. 이런 상황에서 상당히 다른 패러다임을 취하는 것은 '정상적'이고 익숙한 교육적 이론들을 가지고 작업하는 것보다 훨씬 더 힘들다(익숙하지 않은 것에 대한 한 가지 공통된 반응은 익숙한 것과 동일하게 보일 때까지 그것을 왜곡하는 것이다. 그리고 이것은 부분적으로 혁명을 지체시킨다). 이런 이유로 50년의 전설적 이야기가 탄생한 것이다. 이제 내가 많은 이들이 타당한 것으로 받아들일 수 있는 시나리오를 묘사할 수 있을지 한 번 시도해 볼 것이다. 이 시나리오의 새로운 아이디어들은 수년 내에 주요 부분에서의 교육을 변화시킬 수 있을 것이다.

이제부터 이어지는 것은 시리우스계의 다섯 번째 행성의 미래 2,500년간의 역사에 대해 역사가들이 쓴 책에서 발췌한 것으로, 교육을 급진적으로 변화시키려 고군분투하는 21세기의 첫 번째 부분이라고 가정해 보자.

2010~2020년의 교수 활동

2010년에서 2020년경의 교육에 주요한 영향을 끼치는 중요한 한 가지는 '과학적' 혹은 '증거에 기초한' '최상의 실천'과 '고부담 평가' 절차와 관련된 것이며, 문해력, 산술 능력 그리고 특히 과학에서 학생들의 시험 점수를 올리기 위해 더 많은 통제와 책무성을 요구한 결과였다. 국제 평가에서 획득된 점수는 점점 더 국위에 연관되었고, 일인당 교육에 투자한 비용이 더 많은 국가의 학생들이 상대적으로 가난한 국가의 학생들보다 결과가 좋지 않을 경우에는, 학교가 더 잘해야 한다는 학부모들과 정치가들의 압력이 커지고 있었다. 보다 선진적이고 성공적인 경제는 그 시대의 과학 기술 발전을 지지하고 확장시킬 수 있는 숙련된 노동자들을 필요로 했고, 국제 경쟁에서 가장 핵심이 된 '지식 경제'를 확대할 수 있었다.

대략 2010년에서 2013년 동안 분명해진 것은 21세기의 첫 10년 동안 폭넓게 발전되고 실행된 '과학 기반'의 절차들이 실제로 문해력, 즉 읽기 · 쓰기와 다른 성적에 유익한 결과를 가져왔다는 것이었다. 하지만 학생들이 시험을 잘 보고 성적이 향상된 영역에서는 오히려 학생들의 흥미가 줄어든다는 수수께끼에 직면했다. 문해력의 경우, 점수가 향상될수록 학생들이 덜 읽는다는 것을 의미했다.

그 문제를 논의하기 위해 2014년에 싱가포르에서 특별한 학술대회가 개최되었다. 다음은 학술대회가 끝난 후 「Strait Times Interaction」에 등장한 학술대회 보고서 내용으로, 솔직하고 젊은 교육학 교수 중 한 사람인 길(Robertson Gill) 박사와의 인터뷰 내용이다. 그는 최근 『학교에 기대할 수 있는 희망은 무엇인가(What Hope for the School?)』라는 저서로 세계적으로 유명해진 학자다.

> 타오(Mei Pin Tao) 장관이 9월 23일 국립대학에서 학술대회를 열었다. 그 목적은 이른바 '향상되는 점수, 감소하는 흥미' 문제를 후원하는 국가들의 장관과 정부에 특별한 제안을 하기 위한 것이었고, 34개 국가의 교육자들이 참석했다.
>
> 학술대회 말미에 우리는 뭄바이대학의 유명한 교육학자인 길 박사와 이야기를 나누었다. 학술대회의 성공 여부에 대해 그의 견해를 묻자, 그는 잠시 우리 보고서를 보더니 "성공? 늘 똑같습니다. 항상 그런 것 같습니다."라고 말했다. 그는 긴 의자에 앉아서 그 행사에 대한 상세한 분석에 동의했다.
>
> STI: 왜 "항상 똑같다."라고 말씀하셨죠?
>
> RG: 여기 오기 전에 사람들의 모든 입장과 제안을 예측할 수 있었습니다. 몇 가지 새로운 제안을 들을 수 있기 바랐지만 결국 예전에 했던 이야기만 들었지요.

STI: 혹시 독자들을 위해 좀 더 자세히 말씀해 주실 수 있을까요?

RG: 오래된 진보주의자들이 있지요. 그들의 노선은 신 경쟁 몰입적 교육은 학생 자신의 방법으로 학습하고 탐험할 수 있는 시간과 자유를 허락하지 않는다는 것입니다. 따라서 이것은 아이들이 배우는 내용을 지겨운 것으로 만듭니다. 교사들이 그러는 것처럼 아이들도 정말로 압박을 느끼고 공부를 따분한 것으로 봅니다. 그래서 강요받지 않으면 아이들은 읽지 않습니다. 일찌감치 다른 매체에 합류하지 않았던 출판사들이 망하는 것을 봅니다. 신문은 이상 종이가 아니라 모두 전자화되어 있으며 대개 오디오와 비디오 뉴스의 관문일 뿐입니다. 진보주의자가 밀어붙이는 또 다른 노선은 심지어 학교가 훨씬 더 따분하고 시험에 지배될 뿐 아니라 압박을 주는 작업장 같이 되었다는 주장입니다.

그리고 또 전형적인 전통주의자들이 있지요. 이들은 문제를 부정하는 것으로 시작합니다. 그들은 학업 점수의 증가와 그 과목에 대한 낮은 흥미도 간에 상관관계는 있다고 말하지만, 흥미의 결핍은 시험에서 비롯되는 것은 아니라고 생각합니다. 일반적으로 그들은 너무 많은 교사가 최근의 과학적 근거에 기초한 절차를 활용하지 않고 있고, 또 그런 압력을 충분히 받지 않는 것이 문제라고 생각합니다. 우리는 진보주의자들로부터도 역시 그런 노선의 얘기, 더 엄격한 책무감이니 하는 것에 대해 듣게 됩니다. 학생들이 학문에 관심을 갖지 않는 원인은 학교교육과는 아무 상관이 없습니다. 그것은 새로운 미디어 때문에 생긴 단순한 결과입니다. 보세요. 계속해서 그들은 모든 아이들이 뒷주머니에 휴대용 컴퓨터를 가지고 있지 않느냐고 말하지요. 그래서 광고를 몇 개 보는 비용으로 모든 영화를 내려 받을 수 있으며, 심지어 지나간 스포츠 행사, 콘서트, TV 쇼, 뉴스를 볼 수 있고, 생생한 포르노영화는 언급할 여지도 없습니다. 모든 것을 오디오로 들을 수 있는데, 굳이 읽을 필요가 있겠습니까?

'근본적' 입장에서 나오는 두 가지 측면을 공격하며 비통해하는 사람들에 대해 들은 적이 있습니까? 이들은 날카로운 톱니 호랑이에 대해서 말했던 사람들입니다.

STI: 무엇에 대해 말하는지 모르겠는데요.

RG: 20세기 중반에 진보주의자들은 '날카로운 톱니 호랑이' 교육과정에 대해 말하며 대단한 수사적인 성공을 거두었는데, 이것이 이 분야에서 볼 수 있는 유일한 성공이었습니다. 이것은 시대와 사회가 변했고 우리는 이 새로운 조건에 적응해야만 한다는 것을 근거로 오랜 전통적 교육과정을 처분하기 위한 논쟁이었습니다. 그 우화가 표현하듯이 만약 호랑이가 사라졌고 지금 우리가 마스토돈(태고의 코끼리 비슷하게 생긴 동물)의 위협하에 있으며, 이것을 먹을 필요가 있다면, 날카로운 톱니 호랑이를 사냥

하는 것과 관련된 모든 뉘앙스를 가르치는 것은 이미 시간 낭비라는 것이죠. 이 우화를 사용했던 진보주의자들은 라틴어와 전통적인 문학이 보존되기를 원하는 전통주의자들을 세상이 얼마나 변했는지, 오래된 교육과정이 더 이상 현재 사회의 요구에 봉사하지 못하는지를 깨닫지 못하는 사람으로 취급했습니다.

학술대회에서 이러한 주장의 새로운 형태는 비록 아이들이 읽기나 과학을 배우는 데 관심이 없다 하더라도 모든 것이 괜찮다고 말했던 길들여진 급진주의자들에게서 나왔습니다. 읽기, 수학 그리고 과학에 대한 관심의 감소를 비통해하며 불안해하는 사람들은 사회와 과학 기술의 변화를 제대로 따라가지 못한다는 것이죠. 읽는 것(reading)은 더 이상 그렇게 중요한 기술이 아니라는 것입니다. 이들에 따르면, 우리는 새로운 구술과 과학 기술에 흠뻑 젖은 문화에 진입하고 있고, 교육자들은 그 새로운 세계에 맞는 가르침과 교육과정들로 변화시켜야 한다고 합니다. 이럴 때 우리의 휴대용 컴퓨터를 고칠 사람들이 존재할 수 있을지 장담할 수 없지요. 그러나 그들은 그것 역시 문제라고 생각하지 않습니다.

STI: 하지만 당신은 이 회의에서 시험 성적의 향상이 왜 그렇게 많은 교육학자에 의해서 무시되고 있는지 설명할 수 있지 않습니까?

RG: 글쎄, 물론 점수의 향상은 그렇게 대단한 것이 아니었습니다. 이젠 정체기에 들어섰고 틀림없이 가파르게 감소할 것입니다. 역설적이게도 우리는 일부 선진국에서 성적 향상이 이미 감소하고 있다는 것을 봅니다. 물론 문해력, 산술 능력 그리고 과학 기술의 발전은 국가에 전략적으로 중요하지요. 만약 그들이 진보된 과학 기술을 공급하기 위해 인도 같은 나라들에 의지하게 된다면 그건 우리 인도인에게는 공평하지 않을 것입니다. 인도 사람들이 아이들을 교육시켜 놓으면 다른 나라 사람이 더 많은 돈으로 그들을 유혹합니다. 이것은 공평하지 않습니다. 이것은 아이들로 하여금 문제를 장기적으로 그리고 사려 깊게 다루지 못하게 합니다.

STI: 감사합니다. 길 박사님.

시험 성적 하락에 대한 길 박사의 예견은 특히 선진국 사회에서 사실로 증명되었다. 21세기의 첫 10년이 끝나감에 따라 읽기, 수학과 과학에 대한 흥미 그리고 이런 과목 점수의 급격한 하락의 원인에 대한 논쟁은 교육에 대한 공적인 논쟁의 큰 부분이 되었다.

이런 맥락에서 '상상력 교육(Imaginative Education: IE)'은 교육의 전체적 시스템의 제한된 부분에서 조금씩 성공을 거두기 시작했다. IE 기초의 토대 위에서 다수의 작은 프로그램들이 개발되었고, IE가 무엇을 주제로 삼든 간에 교사들은 교육과정 내용을 배울 때 IE가 명백히 학생들의 정서와 상상력을 끌어들였다고 보고하였다. 즉, IE의 장점 중 하나는 교육 체계에서는 10년이 흐른 지점에서 점점 취약점이 된 것이었다. 교사들이 이러한 결과들을 분명히 제시하면서 IE 절차들은 일반적인 연구 주제가 되었고, 이 중 다수의 연구는 매우 긍정적인 결과를 나타내었다. 그렇지 않은 경우도 있었지만, 학생들은 대체로 IE 자료와 절차로 공부하는 기간이 길면 길수록 더욱 긍정적인 결과를 보여 주었다. 몇 개의 결과는 상당히 긍정적이었고, 특히 과거에 학교에서 학업 성취가 매우 낮았던 원주민 학생들과 도시빈민 학생들에게 긍정적인 결과를 보였다.

많은 새로운 프로그램이 그러한 시험에서 좋은 성과를 거두었다. 그러나 그러한 시험을 불신했던 IE의 주요 옹호자들은 시험에 그렇게 많은 의미를 부여하지는 않았다. 그러나 다양한 학술지와 책에서 보고되는 결과는 사소한 흥미 이상을 불러일으키기 충분했고, 교사들이 무료로 다운로드받는 IE 웹사이트를 만들기에 이르렀다. IE의 기본 이론에 대한 관심의 증가와 지식이 마음에서 어떻게 커가는지에 대한 설명은 새로운 관심의 부수적인 이점이었다. IE의 이론적 토대는 현재 학교에서 강조하고 있는 것들과 많은 부분 상충되었는데, 특히 정서, 상상 그리고 유의미한 학습을 위한 유머의 중요성을 강조하는 점이 그러했다. IE가 많은 교사와 교수를 매료시키는 한편, IE 이론의 낯섦과 어려움이 폭넓은 수용을 지체시켰다. 이 기간 동안 이론의 개요와 실천의 예시들이 교사교육 프로그램의 일환으로 만들어지는 정규 교과서에 나타나기 시작했다.

그러나 십 년의 전반부 동안 이 작은 주목의 결과는 기껏해야 학교에서의 IE 실습의 산만한 적용만을 이루었을 뿐이다. 그럼에도 불구하고 IE를 성공적으로 활용했던 이들은 종종 IE의 강력한 촉진자가 되었고 다른 교사들이 시도해 볼 수 있도록 지원하는 교사 네트워크를 이루었다.

2010년 후반에 IE가 확산되는 데 중요한 자극이 되는 것 중 하나는 IE 교사 교육 모듈(계획된 학습 프로그램-역주)의 개발이었다. 상상력교육연구회(IERG)가 설계하고 시도해 본 후, 폭넓게 이용 가능한 '자원 모듈'을 만들었다. 이것은 수습 교사들에게 기본 개념을 소개하고 어떻게 이런 원리가 매일 교실에서 적용될 수 있는지 실례로 보여 주는 교사 교육 프로그램에서 사용될 수 있다. 도구 상자에는 다양한 출력 자료와 강의 시범을 담고 있는 CD롬, 수업 강사가 개념과 실천을 소개하는 데 사용할 수 있는 슬라이드, 학교에서 실행 중인 아이디어가 담긴 비디오 등이 포함되어 있다. 또한 학생들이 교실에서 연습을 통해 생각과 관념을 시도해 볼 수 있도록 도울 수 있는 지원 자료가 있다.

이것은 수십 개, 수백 개 정도의 교사 교육 프로그램에서 선택적으로 넓게 사용되었고 십 년의 후반부에 이르러서는 유럽과 북미의 교사 교육 프로그램 중 10분의 1에서 이용할 정도로 확산되었다. 이것은 다른 많은 나라의 IE 옹호자에 의해서도 사용되었다. 보통의 학생들이 이것을 어떻게 경험했는지를 보면 이 작은 모듈을 잘 묘사할 수 있을 것이다.

2016년 미 중부 주립대학교 교사 교육 프로그램에 등록했던 젊은 여성, 사라 블렌킨즈(Sara Blenkins)가 쓴 일지는 이 프로그램을 설명하는 데 유용할 것이다. 사라는 영리하고 자신감 넘치는 젊은 여성으로 성적이 좋고 정치과학과 역사를 복수 전공했다. 그녀는 초등학교 선생님이 되기 위해 준비 중이었다. 그녀의 프로그램에는 선택 과목의 하나로 2주간의 집중 코스가 있었다. 학급 관리에 자신감이 부족한 학생들은 그런 기술을 증가시키거나, 비슷하게 학습의 단위를 계획하거나, 교실에서 여러 언어를 다루거나 장애를 가진 아이들과 공부하는 것 그리고 목소리와 움직임을 사용하는 것 혹은 많은 다른 주제에 초점을 두는 작은 모듈을 선택할 수 있었다. 작년에 프로그램에 참석했던 두 친구들에게 상상력 교육 미니 모듈에 대한 몇 가지 좋은 점을 들었기 때문에 사라는 선택과목으로 IE를 신청했다. 그녀가 쓴 일지의 몇 부분만 보면 다음과 같다.

> 수업의 첫째 날은 언제나 어색하다. 15명의 학생이 있었고 그중 10명이 여성이었다. 우리는 일상적인 소개를 나눴고 왜 이 모듈을 선택했는지 설명하도록 요청받았다. "나는 친구들이 좋다고 해서요."라는 말로 충분했다. 그들 중 특히 열정적으로 보이는 몇몇은 IE에 대하여 책 몇 권을 읽었다고 말했고, 두 사람은 학창시절에 그들의 선생님이 IE를 사용했었다고 말했다. 설명서에 있는 설명이 좋았다고 말한 사람도 두 명 있었지만 대부분은 친구가 추천했다고 말했

다. 나는 이 집단 대부분의 사람이 프로그램의 초기 부분을 잘해 내고 있다는 것에 주목했다. 그래서 우리가 약간의 도전을 받아들일 준비가 된 집단이라고 여겼다.

강사는 조지아 주가 아닌 조지아라는 시골에서 온 여성으로, 명확하기는 했으나 아주 억양이 강했다. 그녀는 많이 웃었지만 유머 감각은 약간 부족했다. 그러나 좋은 분위기를 만드는 데는 충분했다. 레일라 조르다니아(Leila Zhordania), 우리는 그녀를 '레일라'라고 불렀지만 나에게는 그리 쉽지 않았다. 그녀는 강인한 여성이었다.

레일라는 '상상력 교육에 대한 간단한 안내'라는 제목의 그림으로 가득 찬 이야기로 시작했다. 그녀는 슬라이드와 더 자세한 설명이 있는 디스크 내용을 포함한 모든 정보가 들어 있는 소책자가 있기 때문에 당분간 우리가 메모를 하지 말고 이 자료들은 나중에 살펴보기를 원했다. 하지만 인지 도구와 도구 상자에 대한 초반의 설명은 수업에 대한 흥미를 떨어뜨렸고, 교수 계획을 설명하는 기술주의적 워크숍을 상기시켰다.

그러나 이 수업이 끝날 즈음에는 진심으로 다음과 같은 생각에 흥미를 가지게 되었다. 수업을 계획할 때 생각해야만 하는 중요한 것은 느낌과 이미지, 은유와 농담, 라임과 리듬, 이야기와 경이, 영웅과 이국적인 것, 희망, 두려움, 열정, 취미와 수집, 묘사와 대조 그리고 내가 지금 기억할 수 없는 많은 도구와 연결되어야 한다는 것이다. 이것은 확실히 '가능한 한 실행어로 진술되는 목표들' 로부터는 한 단계 발전된 것이다.

레일라는 다음 몇 시간 동안의 미니 모듈에서의 초점은 수업 계획과 교수 활동에서 희망과 두려움, 기타 등등에 대한 주목이 어떻게 학생들의 학습을 바꿀 수 있는지, 특히 학생들이 학습으로부터 얻는 즐거움과 참여의 관점에서 그리고 관련되어 그들이 학습하는 것을 얼마나 많이 배우고 보유하는가의 관점에서 보여 주는 것이라고 말했다. 나는 사실 이 마지막 주장에 대하여 약간 회의적이었다. 하지만 레일라는 분명히 이러한 것들에 대해 대단히 열정적인 전문가였다.

사라의 의심과 회의는 당시 많은 사람이 공유하는 것이었다. 오늘날 사람들이 21세기 초기 교육에서 상상력, 인간 정서, 유머가 거의 언급되지 않았다는 것을 이해하는 것은 어렵다. 대신 그들이 생각한 교육의 핵심 개념은 교육과정의 지식 내용을 암기하는 것 이상이 아닌 놀라울 정도로 제한된 '학습'을 의미했다. 상상력과 정서의 개입이 없는 지식은 인간적 이해로부터 단절된 것이라는 사실은 이상하게도 대부분의 교육 연구와 문헌에서 거의 관심을 두지 않는 것 같이 보인다. 교육적 성공은 대개 희미한 형태의 지식이 우리의 기억에 얼마나 잘 저장되어 있는가로 평가되었다. 현대 사람들은 이것이 어떻게 교육이라는 것과 관련이 있는지에 대해 의아해할 것이다. 그러나 사라는 이미 이러한 가정들을 가지고 글을 쓰고 있다. 사라는 계속 이야기한다.

말하자면, 발표는 꽤 좋았고 적어도 겉보기에는 말이 되는 것처럼 보였다. 하지만 어떻게 그 생각들이 기하학, 철자법 혹은 과학을 가르치는 것에 적용될 수 있는지에 대해서는 아무것도 생각나지 않았다. 또한 내가 농담과 이미지, 영웅들의 이야기, 기타의 것으로 일종의 예능인이 되도록 요청을 받는 것은 아닌지 조금 걱정이 되었다. 나는 강의의 주요한 초점이 흐려진다고 생각했다. 후에 자료들을 검토해 보고, 이러한 접근이 내가 계획했던 교사와는 다른 교사가 되도록 요청하고 있다는 약간의 우려도 생겼다.

신화적 이해의 인지 도구를 검토하며 레일라와 두 번째 수업을 시작하였다. 우리는 우리 스스로의 사고 안에서 그 인지 도구를 어떻게 인식할 수 있는지를 살펴보면서 얼마간 시간을 보냈다. 그녀는 도구를 분명히 이해하도록 몇 가지 연습 문제를 주었고 우리는 소규모 모둠이 되어 이 문제를 다루었다. 내가 우려했던 것만큼 나쁘지 않았던 탁자 맞은편에 앉은 열성가인 커트(Kurt), 마니(Marnie), 제시카(Jessica)와 함께 해야 했다. 우리는 모든 사람이 신화적 이해가 무엇으로 구성되어 있는지에 대해 잘, 적어도 꽤 일반적인 방식으로 이해하는 것이 분명해질 때까지 그 예시들을 논의했다. 레일라는 나중에 이 도구 묶음에 추가할 수 있는 다른 도구를 생각해 보는 데 시간을 조금 더 할애하라고 제안했다.

그러고 나서 우리는 첫 번째 계획 틀을 가지고 시작해 보아야 했다. 언뜻 보기에는 그 전에 받은 목표치에 비해서 어떤 개선이 있을 것 같지 않았다. 사실 이것은 좀 더 복잡했다. 레일라는 간단한 틀로써 그것을 설명했고 2~3일 동안을 그 일을 하는 데 할애할 것이라고 말했다. 어쨌든 우리가 얻은 것이 다음에 제시되어 있다.

[신화적 계획 틀]

1. 중요성 설정하기

그 주제와 관련하여 무엇이 우리의 정서적 참여를 가져오는가? 어떻게 궁금증을 환기시킬 수 있는가? 왜 그것이 우리에게 중요한가?

2. 이야기 형식 안에서 내용에 대하여 생각하는 것

2.1. 상반적인 대조어를 찾는 것

어떤 상반 개념이 주제에 대한 경이감과 정서를 가장 잘 포착할 수 있는가? 만약 이것이 이야기라면, 무엇이 상반 개념 혹은 세력이 될 수 있을까?

2.2. 이미지, 은유 그리고 드라마를 발견하는 것

주제의 어떤 부분이 가장 극적으로 상반 개념을 구체화하는가? 어떤 이미지가 그 내용과 그것의 극적인 대조를 가장 잘 포착해 낼 수 있는가? 이해를 돕기 위해서 어떤 은유가 사용될 수 있는가?

2.3. 강의 혹은 단위를 구성하는 것

어떻게 내용을 이야기 형식으로 가르칠 수 있는가? 정서적 의미를 형성할 수 있도록 내용을 형상화할 수 있는 방법은 무엇인가? 상상을 이끌어 낼 수 있도록 정서적 의미를 최대한 끌어낼 수 있는 방법은 무엇인가?

3. 결론

그 이야기는 어떻게 끝나는가? 상반된 대립 사이에서 설정된 갈등을 어떻게 해결할 수 있는가? 우리는 학생들에게 상반된 대립에 대하여 얼마나 설명해야 하는가?

4. 평가

그 주제가 이해되었는지, 그것의 중요성이 파악되었는지 그리고 내용을 학습했는지 아닌지를 어떻게 알 수 있는가?

나는 소책자에서 다양한 다른 틀도 볼 수 있었는데, 그중 몇 개는 훨씬 더 이해하기 어려워 보였다. 수학을 가르치는 것이 이것보다 더 쉬울 것이다! 레일라는 그러한 틀이 우리가 학생들의 상상력을 끌어내는 주요 인지 도구를 상기시켜 줄 것이라고 했다. 그리고 나서 그녀는 주제를 선택하고 틀—주제의 중요성을 확인하는 것과 그 안에서 상반된 대립을 발견하는 것에서부터 항목 1과 2.1을 다루어 보도록 요청했다.

나는 1학년 아이들과의 첫 수업 시간 중에 달력에 관한 단원을 가르치려고 시도했던 것을 기억했다. 처음에 아이들은 재미있어 하는 것처럼 보였다. 그들이 배웠던 운율을 가지고 날짜와 달을 보여 주는 큰 바닥 장식으로 몇 시간을 보냈다. 그것과 함께할 춤이 있었고 노래, 게임 등 모든 것이 달력에 대한 것을 쉽게 배우도록 해 주는 것들이었다. 그들 모두는 수업에 열중했고 운율을 반복할 수 있었고 춤을 잘 배웠으며 그것 모두에 대해 잘 이해하는 것처럼 보였다. 하지만 그 단원이 끝난 며칠 후 나는 복도에서 만난 다섯 살짜리 우리 반 학생 장(Jan)에게 말을 걸며, 대화를 이어가고자 내일이 무슨 요일이냐고 물었다.

"수요일이요!"

그는 말했다.

"오늘이 수요일이야, 장. 그러면 내일은 무슨 요일이야?"

그는 잠시 동안 생각하더니, 어깨를 으쓱하고 애교 있게 웃으며 점심을 먹으러 달려갔다. 정말 실망이 컸다. 나중에 이것을 보조교사인 희순에게 말했을 때, 그녀는 걱정하지 말라고 말했다. 일반적으로 대부분의 아이가 날짜, 달, 기타 등을 기억하는 데는 꼬박 일 년이 걸린다는 것이다. 그녀도 처음 가르쳤을 때에는 실망했었다고 말했다. 그리고 여전히 게임과 박수 그리고 자신이 개발했던 다른 기술들을 사용해서 학생들이 달력의 이름과 순서를 기억하게 하도록 노력했다는 것이다. 나중에 그녀는 거의 모든 교사가 같은 경험을 했다는 것을 발견했다. 이것은 어느 정도의 위안이 되었지만 그렇게 많은 위안이 된 것은 아니다.

"훨씬 더 쉬운 일이어야 하지만 그 연령대의 아이들에게 이 말은 별 의미가 없죠."라고 희순은 말했다. "선생님은 아마도 피아제(Jean Piaget)의 저서에서 그 이유를 만날 수 있을 거예요. 그들은 발달상 준비가 되어 있지 않은 거예요. 여하튼 다른 사람들이 하루 동안 아이들이 해야 할 일상과 활동들을 결정하죠. 아이들은 나중에서야 달력의 몇 가지 추상적 순서에 대해 깊이 생각해 보게 됩니다."

하지만 나는 정말로 가르치는 방식이 더 쉬워져야 한다고 생각했다. 그래서 신화적 틀 주제로 달력 공부를 선택했다.

나는 '중요성 설정하기'는 쉬울 것이라고 추정했다. 왜냐하면 달력에 대한 지식이 없다면 사람들은 혼돈에 빠질 것이기 때문이다. 상반된 대립을 발견하는 것은 시간이 좀 걸렸다. 나는 낮과 밤을 생각하고 나서 이러한 것들이 어떤 정서적 반향을 가지지 못한다는 것을 깨달았기 때문에 혼돈과 질서에 만족하기로 하였다. 레일라는 이 일을 위해 15분을 주었지만, 나는 3분 만에 끝마치고 최근에 내가 가르쳤던 것과 유사한 단원을 한 번 살펴보고 그것을 틀의 범주와 질문 안에 넣어 보면서 나머지 질문들을 풀어 나갔다.

15분이 지나 레일라가 우리의 답을 듣고자 요청했을 때, 어리석게도 나는 수다쟁이가 된 것처럼 내가 기꺼이 하겠다고 말했다. 피드백을 원했기 때문이다. 그렇게 하지 말았어야 했는데 말이다. 나는 또한 처음 몇 개의 질문뿐만 아니라 전체 단원에 대한 개요를 끝냈다고 말했다. 나의 이런 주제넘은 태도를 기억해내는 것만으로도 얼굴이 빨개진다. 나는 그녀가 추가 점수 같은 것을 줄 것이라고 생각했다.

레일라는 내가 발전시켰던 단원 계획을 통하여 수업을 하도록 요청했다. 내가 모의 수업을 끝마친 후 테이블 맞은 편에 앉아 있던 열성적인 커트를 포함하여 수강생 중의 몇몇이 속삭이는 소리로 축하해 주었을 때 나는 기뻤다. 레일라 또한 "잘했다."라고 말했고 "왜 일주일은 7일로 구성되어 있느냐?"고 질문했다.

나는 생각하는 동안에 입을 벌린 채로 있었다. 그저 "잘 모르겠다."고 말할 수밖에 없었다.

"금요일은 누구의 이름을 딴 것인가요? 8월은 누구의 이름을 딴 것일까요?"

"잘 모르겠는데요…… 금요일은 여신의 이름을 따지 않았나요?" "8월은 사람 이름인가? 잘 모르겠네요. 신인가?"

"왜 1년에는 12달이 있을까요?"

레일라는 그녀가 단원 계획에 대해서 비판하고 있지 않으며 전통적인 관점으로 보면 그 단원 계획은 정말 훌륭한 것이라는 것을 보여 주기 위해 주의를 기울였다. 큰 위안이 되었다! 나는 일인치 정도 높아지는 느낌이었다. 하지만 나머지 사람들 모두에게 그 질문을 돌렸을 때 나는 어느 누구도 그 질문에 답할 수 없었다는 것을 알아차렸다.

나는 창피하였지만 그녀가 정말로 그 문제에 대해 친절하게 대해 주었기 때문에 교실 문을 박차고 나가지는 않았다. 하지만 그녀는 내가 IE 전체의 핵심 관점을 놓쳤다는 것을 지적했다. 비록 자료를 읽었지만 수업을 준비할 때 가졌던 '지배적인 생각' 에서 진정으로 벗어나지 못한 것이었다. 위로가 된 것이 있다면, 수업이 진행되는 과정에서 나는 나 혼자가 아니었다는 것이다. 앞 수업에서 배웠던 방법으로 우리 모두는 계획하는 일에 접근했다고 생각한다. 우리는 내용에 대해서 생각해 보았고 어떤 계획 틀을 가지고 있든지 간에 그것들의 범주 안에서 그 내용을 어떻게 조직할 수 있는지에 대해서도 생각해 보았다. 그것은 우리가 풀어야만 했던 수수께끼였다.

우리는 레일라의 표현으로 '주제에 대하여 느끼도록' 시도함으로써 시작하지는 않았다. 나는 다른 학생 중의 한 명이 자신의 교육 실습에서 본 교수법을 비판하면서 이름 붙였던 '소리치고 손뼉 치는 수업(happy clappy lesson)' 을 재현한 것이 아닌가 하고 생각했다. 이러한 수업은 아이들에게 즐거운 경험을 제공하는 대신 교과 내용을 하찮게 만드는 대가를 치른다.

그 수업에 대하여 생각하면서 나는 그녀의 부드럽지만 우리를 상당히 잘 제압했던 그 비판이 내가 보아온 초등학교 1학년 수업의 대부분에 해당된다는 사실을 깨달았다. 다른 사람들과 마찬가지로 그 수업 이후 나의 '과제'는 개념 틀로부터 항목 1과 2.1에 대답하려고 하는 것이었고, 그뿐 아니라 그것을 보다 더 진지하게 받아들이는 것, 내 경우에는 달력에 대해서 중요한 것이 무엇인지를 발견하는 것이었다.

나는 인터넷에서 왜 일주일은 7일로 되어 있는지, 요일과 달들이 누구 이름을 따서 명명되었는지 그리고 그 밖에 많은 것을 학습하면서 그날의 남은 시간을 보냈다. 솔직히 고백하자면, 그것에 대하여 다소 이상하다고 느끼면서도 매료되어서 늦게까지 깨어 있었다. 왜 과거에는 아무도 이것들에 관해서 가르쳐주지 않았을까? 잠자리에서 잠을 청할 때, 아무도 이 재미있는 것들을 나에게 가르쳐 주지 않았다는 것에 대해 상당히 화가 났다. 나는 왠지 막연히 속았다고 느꼈다. 나는 다음날 더 겸손하게, 하지만 더 나은 강의 계획안을 가지고 수업에 들어갔다.

우리는 다음 수업을 개념 틀의 첫 번째 항목에 대한 학생들 각각의 답에 대해 예행 연습을 하면서 보냈다. 레일라는 우리가 더 깊은 의미를 발견하고 그러한 의미를 포착하는 더 강력한 상반된 대립을 발견하도록 끊임없이 격려했다. 수업 말미에 나는 상당히 지쳐 버렸다. 정서적 중요성과 경이를 발견하는 것은 힘든 일이었다. 확실히 내가 이전의 교사 연수에서 했던 어떤 것과도 다른 것이었다. 처음에는 쉽게 보였던 상반된 대립 과제도 정말로 힘들었다.

레일라가 우리에게 요청했던 일은 가치 있는 것인 반면,

전체 교수법은 너무 어렵게 느껴졌다. 쉽게 이해할 수 있는 것은 아니었다. 그것은 교사에게 너무나 많은 것을 요구했다. 하지만 대개의 경우 내가 '제대로 이해하고 있는지' 에 대해 확신할 수도 없었다. 이야기와 농담 그리고 이미지—이미지에 대해서는 아직 시작도 하지 않았지만—에 대해 나누었던 이전의 대화는 흥미로웠지만 이 힘들고 불확실한 사투는 기대한 것과 전혀 달랐다. 나는 작년 미니 모듈에 참여했던 친구가 출발은 힘들었지만 충분히 가치가 있는 것이라고 말했던 것을 회상하면서 마음을 놓았다. 그리고 며칠 동안 끝까지 해 보기로 결심했다.

레일라는 상반된 대립을 선택하는 일에 정답은 없다고 하면서 우리를 안심시키려고 했다. 단지 몇 가지 대립이 다른 것들에 비해 더 강력할 뿐이라는 것이다.

"'강력하다' 라는 것이 무슨 뜻이죠?" 라고 한 학생이 질문했다.

"글쎄요, 우리는 아이들을 위해 허구의 이야기를 지어 낼 수 있지만, 몇 가지 이야기는 다른 이야기에 비해서 더 매력적이지요. 아이들은 어떤 이야기에는 빠져들고 다른 것에 대해서는 그저 그런 반응을 보여요. 그러한 매료가 내가 강력하다고 하는 것의 의미예요. 만약 당신이 이 연령의 아이들을 가장 강력하게 매료시키는 최상의 허구 이야기를 본다면 성공적인 IE 수업과 동일한 인지 도구들이 작동하고 있다는 것을 알 수 있죠. 계획 틀은 사실적으로 좋은 이야기를 어떻게 말하는지에 대한 소개입니다. 좋은 허구적 이야기를 만드는 것은 쉽지 않지만 그 결과는 어마어마할 수 있습니다. 유사하게 IE 절차들을 배우는 것은 수고스러운 일이지만 지불했던 노력보다 더 많은 아이들의 배움이라는 이득으로 돌아옵니다. 비록 이러한 방식의 계획이 처음에는 다소 생소할 것 같지만, 금방 직관적으로 될 것입니다. 여러 가지 의미에서 이것은 수업 혹은 단원을 계획하는 좀 더 자연스러운 접근 방식입니다. 그것은 교육과정을 아이들에게 말해 주어야만 하는 경이로운 진실의 이야기로 생각하도록 합니다. 사실 그것은 우리 스스로 배우고 싶어 했던 그런 방법입니다."

첫 주말까지 그 방법의 첫 두 단계를 이해하기 시작했다. 레일라는 그것에 많은 시간을 들였다. 그녀는 일단 우리가 도입 부분을 잘해 놓는다면 그 밖의 모든 것은 쉽게 따라올 것이라고 말했다. 일단 첫 단계를 실행하고 나서 나의 다른 수업 계획들과 다른 학생들의 계획들에 살을 붙이는 것(구체화하는 것)은 쉬웠다. 하지만 그러한 단계를 실행하는 것은 여전히 힘들었다. 우리는 열심히 생각해야만 했고 주제에 대한 더 많은 정보를 찾는 데 몇 시간을 할애했다. 아이들에게 그것을 모두 가르칠 것은 아니었지만 무엇이 아이들의 상상력을 끌 수 있는 가장 강력한 대립과 이미지 그리고 은유인지 파악하기 위해서는 때로는 그렇게 해야만 했다. 주제에 대하여 알면 알수록 더 쉽게 상상력을 동원하여 생각하게 된다는 사실도 보다 분명해졌다.

이쯤에서 오늘날 사람들을 놀라게 할 다른 어떤 것을 지적할 필요가 있다. 사라가 가진 교사로서의 자아정체감은 다소 모호한 의미에서 아이들에 대한 헌신, 예를 들면 그들에 대한 일종의 암묵적인 모성애 같은 것에 기대고 있다. 그것은 또한 교육과정상의 지식을 받아들이는 것, 지식을 교실 활동으로 나누는 것, 그날 할 수업의 시간대에 맞게 그 활동을 여러 묶음으로 계산하는 것 등에 대한 기술을 통해 큰 집단의 아이들을 관리하는 것과 밀접히 연관되어 있다. 게다가 아이들의 발달 단계에 관한 지식, 학습 스타일, 기타 등도 그녀가 가진 교사로서의 자아정체성의 한 부분일 것이다. 만약 그녀가 가진 교사로서의 정체성이 그녀가 가르치는 지식의 전문가가 되는 데 얼마만큼 영향을 미쳤는지에 대해 질문을 받았다면, 그녀는 놀랐을 것이다.

초등학교 교육과정은 그녀의 관점에서 혹은 그녀와 동시대 교사들의 관점에서 보자면, 학문적 전문성과 같은 것은 그렇게 중요하게 요구되는 것이 아니었다. 그녀의 관점에서 아이들을 깊이 아는 것은 교육과정 내용을 깊이 아는 것보다 더 중요했다. 만약에 학생들의 상상력과 감성을 사로잡는 방법을 아는 것이 얼마나 중요한지 묻는다면, 그녀는 그것이 중요하다는 것에 동의했을 것 같다. 하지만 그것에 대해 많이 배웠다기보다는 교사 각자의 직관에 달린 문제라고 가정할 것이다. 만약 유머 감각을 사용하고 학생들도 이를 개발하도록 하는 것이 얼마나 중요한 교사 정체성의 요소인지 묻는다면, 그녀는 그것은 개인 성격의 문제이지 누구나 가져야만 하는 특성은 아니라고 말했을 것이다. 이러한 것들이 우리가 다시 살펴볼 사라의 일지의 다른 부분에서 기술되기 때문에 나는 확신을 갖고 말할 수 있다.

> 지난주의 미니 모듈에서 우리는 이야기 구성을 구축하는 데 집중했다. 레일라가 이것은 마치 신문편집자가 부두에서 일어난 폭발 사고에 대해 묻는 것처럼 사실적 이야기에 관한 것이라 반복해서 말했지만, 나는 여전히 두 학생이 수업 중 어느 때에 허구적 이야기를 지어내야만 한다고 느끼고 있는 데에 다소 놀랐다. 그 편집자는 허구를 요구하는 것이 아니라 사람들의 정서적 중요성을 환기시킬 사건의 형성을 요구하고 있었다. 그 사건에 대해 기자가 더 많이 발견하면 할수록 줄거리와 특히 드라마와 정서적 중요성을 일으킬 강한 세부항목을 발견하는 것이 더 쉬워진다. 비록 커트는 포함되지 않았지만, 결국에는 대부분의 사람이 무슨 뜻인지 이해하게 된다. 커트는 지금까지의 모든 강좌에서 모든 것을 그가 얼마나 잘 배웠는가 하는 생각에 묶여 느낌이나 상상, 그리고 감정이 실린 이미지의 생산, 심지어 유머를 찾아야 한다는 생각이 그에게는 너무나 먼 다리인 것처럼 보였다.
>
> 2주째의 중반 무렵까지 우리는 네 사람을 잃었다. 몇몇은 심각한 어려움을 겪고 있는 것이 분명했다. 커트도 여기에

속하는데, 그는 자존심 때문에 수업을 중도에 취소하지는 않았다. 커트는 결의를 가진 IE 계획을 충실히 읽고, A를 받기 위해서 정답을 발견하려는 노력을 기울였다(그러나 미니 모듈은 점수를 매기지는 않는다.) 그가 사실상의 'A'를 원했다고 생각한다. 나머지 수업에서 여덟, 아홉 혹은 열 명의 학생들은 〔아마도 클레어(Clare)도 결국 끝까지 갈 것이다.〕 때때로 어려움이 있었겠지만, 개념 틀을 사용하면서 편안함과 확신이 들었다.

레일라는 우리를 칭찬했고, 그러고 나서 계획의 세부사항에서 물러나 개념 틀을 아우르는 이론을 고려하기 위해 '짧은 안내문'에 집중했다. 집단 내 다른 사람들처럼 나는 항상 교육적 이론은 기본적으로 지겨운 것이라고 생각했다. 우리는 아동 중심의 승리, 오래된 전통주의자에 관한 진보주의자의 생각, 교사 중심의 생각에 대하여 배웠다. 우리는 여전히 진보주의자들의 생각이 전통주의자들의 학교 내부 관행과 갈등을 겪고 있고, 진보주의자들의 실천은 끊임없이 싸움 속에서 시도되어야만 한다고 들었다. 그러나 나는 IE가 이러한 두 가지 일련의 생각이나 실천과 어떻게 다른지를 인식하기 시작했다. 아이러니하게도 IE는 심지어 전통주의 이론보다도 더 지식을 가르치는 것에 강조점을 둘 것을 요구했다. 그런데도 이것은 오직 상상력과 감정이 관여할 때 학생들의 마음에 적절하게 지식이 성장하는 방법을 이해한다는 측면에서 진보주의보다 더 아동 중심적이었다. 적어도 이것이 레일라의 노선이었고, 나는 그것에 무언가가 있다고 생각하기 시작했다.

미니 모듈의 결론에서 나는 여전히 IE가 조금 양면적임을 느꼈다. 이것은 교사로서의 나의 기술에 유용한 어떤 것을 보탰다. 또한 그것이 한 가지 새롭고 두드러진 형태의 교육을 대표한다는 주장도 설득적이라고 생각했다. 그러나 그것은 쉽지 않았다. 혹은 적어도 교육청에서 제공하는 교사를 위한 안내서에 소개되어 있는 것보다 한 주제에 대해 충분히 알지 못한다면 IE 방법은 매우 어려울 것이다. 내가 주제에 대하여 많이 알고 있을 때, IE 방법으로 가르치는 것은 상당히 쉬울 것이다. 개념 틀은 그 주제에 대해 내가 감정적으로 관여하도록 하는 방식을 실질적으로 제공했다. 나는 달력에 대하여 배운 그 모든 것에 대해 아주 흥분했었고, 다음 해에 이것을 수업 시간에 가르칠 기회를 손꼽아 기다리고 있다.

IE 미니 모듈의 두 번째 주 동안 사라는 초등학교 1학년과 2학년 학생들에게 가르치도록 되어 있던 주제에 대해 자신이 실제로 거의 알지 못했다는 어떤 깨달음으로부터 이중적 감정이 자라났다. 과거에 그녀는 교육과정의 실질적 내용이 단순하고 기초적이라는 것을 당연하게 여겼고 교사 교육 프로그램에서의 그녀의 일은 아이들을 이해하고 그들이 학교와 다른 아이들에 잘 적응하도록 도우며, 그들에게 간단한 내용을 이해시키는 것이었다. '일주일에 왜 7일이 있는가?'라는 것에 대한 레일라의 질문에 의해 자극되었던 작은 정신적 충격으로 그녀는 자신이 그것에 대하여 더 많이 알았다면 그러한 주제를 얼마나 더 잘 가르칠 수 있는 능력을 갖게 되었을까를 절실히 깨닫게 되었다. 다시 말하면, 아이들의 상상력을 자극할 수 있기 위한 필요조건 중의 하나는 그녀가 자신을 더 교육하는 것이었다. 교사가 되기를 원했던 점에서 이 기대는 이상한 것이 아니지만, 이는 교사 교육 프로그램 과정을 밟는 동안 레일라 외에 어느 누구도 꺼내지 않았던 어떤 것이었다.

자, 이제 사라가 겪는 이중적 감정은 그녀 스스로 직접 알아서 처리하도록 내버려 두자. 우리는 중등 IE 미니 모듈에 등록하고, 2주간 일련의 다양한 인지 도구와 개념 틀에 익숙해진 사라의 남자친구 그레고르(Gregor)를 따라다니며 귀찮게 하지는 않을 것이다. 그러나 그 둘은 교수 활동에서 아주 일상적으로 IE 절차를 활용하는 교사들이며, 자신조차 놀라게 했던 결과를 경험한 교사들이다. 2010년 말미의 여러 해에 걸쳐 그들과 수천 명의 교사들이 이 나라의 정규 공립학교에 IE를 폭넓게 전파했다. 몇 년간의 경험 후 이들은 다른 동료 교사들을 위해 수많은 워크숍을 열어 그들이 IE를 어떻게 채택하고 이것에 적응했는지를 보여 주고 그들이 생각하기에 이것이 왜 성공적이었는지를 설명하였다. 그들은 IE에 대해 상당히 많이 신뢰하고 그들 자신의 에너지와 헌신에는 지나치게 겸손했다. 하지만 그들의 노력은 IE를 주류 교실 교육으로 전파하는 데 크게 기여했다.

그래서 2020년까지 IE 절차들은 상당히 열성적인 교사 집단에 의해서 수백, 아마도 수천의 학교에서 실천되고 있었다. 십여 개 학교들은 자신을 'IE 학교' 모델이라고 주장했고, IE에서 이룬 발전의 시험대가 되었을 뿐 아니라 실제로 작동하는 절차를 보기를 원하는 이들이 일상적으로 방문하는 장소가 되었다. 그러나 IE에 대한 지식의 폭발적인 전파는 약간 현혹적이었다. 미니 모듈을 경험했던 많은 교사는 레일라보다 덜 영민한 강사들을 만났음에 분명하다. 아마도 IE 틀의 한 가지 혹은 다른 한 가지를 사용하려고 계획했던 대부분의 교사는 사실상 사라의 첫 시도와 같은 수업을 준비하고 있었다. 그들은 IE 계획 틀과 언어를 사용하면서, 직설적인 진보주의자의 교수법을 실행하고 있었지만 대부분 IE 절차의 정신을 놓치고 있었다. 이런 교사들의 대부분은 자신이 IE를 이해하거나 실행하는 방법에 대한 실패를 스스로 감지할 수 없었다.

역사가가 볼 때, 변화의 원인으로서 '혼동'이 종종 '계획'이나 '의도'보다 중요하다는 것은 분명하다. IE와 진보주의적 교수 방법을 혼동하는 관점이 IE에 대한 정보를 확장해 온 것도 확실하다. 하지만 물론 이것이 전부 혼잡한 상태인 것은 아니다. IE와 진보주의적 교수 방법은 학교와 대학에서의 학생들의 경험을 보다 의미 있게 만들려는 공통의 명분을 공유한다. 둘 다 학습자에게 민감하고, 시간이 지남에 따라 학생들의 학습 방법의 변화에 민감하며, 학습자의 필요에 대응하는 방식으로 가르치려고 한다는 점에서 아동 중심적 프로그램이라고 부를 수 있었다. 그러나 학생의 필요를 다르게 해석한다는 점 그리고 시간에 따른 학생들의 학습 변화의 원인과 종류를 상이하게 본다는 차이점은 종종 얼버무려졌다. IE는 교육에 대한 그것 자신의 독특한 접근 방식으로 인해 혜택을 얻었던 만큼이나 이러한 얼버무림과 혼동에서도 혜택을 입었다.

2010~2020년의 교육과정

2017년 이탈리아 살레르노 학술대회에서의 한 문장이 한 세기 교육과정에 끼친 강력한 영향 중 한 가지가 되었다. 이 학술대회는 유네스코가 후원하였는데, 좋은 성적으로 대학에 입학했지만 대학 교육과정에서 학생들의 학업의 질이 점점 만족스럽지 못하게 되어 가는 현상에 대응한 것이었다. "심각한 수준에 이른 학교 등급 부풀리기!"는 학자들의 등록을 독려하기 위해 회람된 홍보물 슬로건 중 하나였다. 인문학, 예술, 과학 분야 등에서 3,000명 이상의 선도적인 학자들이 참석했고, 대회 주제는 교육이었다. 그렇지만 오직 소수의 교육전문가들만이 초대되어 참석했다. 개회식 연설자는 여러 해 동안 유엔의 외교관으로 일한 사람으로, 학술대회 전 5년 동안 유네스코 의장으로 근무했고, 이번 학술대회 개최를 책임지고 있었다. 그녀는 스웨덴 사람이었다.

그녀는 개회사를 위해 단상에 올랐고, 그녀가 뱉은 첫 문장은 "학교는 우리 사회에서 가장 반지성주의적인 기관이다."였다. 대강당에 참석했던 사람들은 그녀의 이 주장이 처음에는 놀라움에 가득 찬 침묵으로, 그러고 나서는 참석 대표들의 자발적인 함성으로 환영받았다고 묘사했다. 사람들은 3분 이상을 일어서서 박수와 함성으로 환호했다. 순간 그녀는 직감적으로 어떤 다른 말을 하더라도 그 한 문장의 충격을 감소시킬 뿐이라는 것을 알았다. 그녀는 연설의 나머지 부분이 담긴 연설문을 접은 후 조용히 강단을 내려와 여전히 큰 박수를 보내고 있는 군중들을 향해 걸어갔다.

학술대회의 나머지는 자발적 대화와 전세계에서 온 대표들의 집중적인 논의를 포함하여 그녀의 개회사에 대한 정교화와 분석으로 이루어졌다. '살레르노 운동'은 학교교육과정과 학교 교수 활동에 영향을 주고자 하는 학자들의 대단히 힘 있는 압력 단체로 급속하게 발전하였다. 이 학술대회에서는 지적인 삶을 가로막는 학교에 대한 적대감을 다루는 많은 논의가 있었다. 학교를 이와 같이 묘사하는 것이 많은 성공적인 학교들과 헌신적 교사들에게는 부당하다는 주장은, 그 문장이 중산층 부모와 대학 교수들로 구성된 대중 운동에 불을 지피며 슬로건이 된 현상과는 무관한 것으로 보였다.

역사가들이 보기에 당장에는 부조리하거나 의미가 없는 이러한 광범위한 수준의 운동은 '예측 불가능'이라는 우리 주제의 특성에 주목한다. 물론 어떤 사람들은 그 운동이 예측 불가능한 것은 아니었다고 주장하면서 단지 우리가 표면적인 원인에 지나치게 주목하고 더 큰 근본 원인을 볼 수 없거나 무시하고 있다고 주장한다. 이 경우 학교가 은행이나 음료 회사보다 더 반지성적이라고 제안하는 것은 어떤 의미가 있는가? 그럼에도 불구하고 살레르노의 청중들로부터 나온 반응은 시대의 지적인 삶에 가장 관심이 있는 사람들이 공립학교를 협력자로 보기보다는 오히려 적으로 보게 되었다는 것을 생생히 드러내었다.

진보주의 운동의 부흥이 갖는 한 가지 측면은, 그것이 학교의 교육과정에 대한 통제권을 갖기 위한 싸움과 교육의 목적을 대학이 아닌 삶을 위한 준비로 만들기 위한 싸움에서 대체로 성공했다는 것이다. 이러한 성공은 1930년대 초, 8년 연구에 의해서 지지되었다. 이것은 역사상 가장 큰 교육연구 프로젝트의 하나로, 1942년 엄청난 양의 보고서로 출판되었다. 이 연구의 영향력은 미국이 전쟁에 참전하면서 다소 무뎌졌지만, 대학에서의 학생들의 성공은 이전의 학교 공부와 아무 관련이 없음을 보여 주었다. 이는 대학들이 학문적 프로그램을 위한 준비 과정이라고 주장해 온 전통적인 학문 중심 교육과정에 큰 타격을 주었다. 특히 이것은 진보주의 교육 운동과 비전통적 통합 교육과정 프로그램을 지지했다. 이런 교육과정을 통해 교육받은 학생들은 최소한 전통적 교육과정을 통해 교육받은 학생들만큼 대학에서의 수행 능력을 갖추었다.

원래 진보주의자들의 주장은 적은 수의 학생들이 특정한 학문적 연구로 나아가고자 하는 경우에 더 큰 설득력을 갖는다. 그러나 2010년까지 높은 비율의 학생 인구가 학교를 마친 이후에도 계속 특정 전공의 공부를 하고자 했고, 대학에서는 학생들의 낮은 수준의 문해력과 수리 능력에 대해 점점 더 크게 불평하고 있었다. 살레르노 운동은 이러한 불평에 주목했고, 학자들로 하여금 지난 세기에 실패했던 학교 교육과정 통제를 둘러싼 싸움에 뛰어들도록 북돋웠다.

그리고 전쟁이 시작되었다. 언어의 전쟁, TV 토론, 신문 칼럼, 팟캐스트, 서적들의 전쟁. 한 세기 동안 처음으로 교육과 교육과정이 미디어의 관심을 얻는 주요한 주제가 되었다. 불행하게도 그 관심은 철학적 논쟁보다는 논박 그 자체와 논자의 인격에 더 초점이 맞추어져 있었다. 그러나 초기의 진보주의자와 전통주의자 사이에서 끊임없이 반복되던 피곤하고 지루한 논쟁보다는 적어도 한 단계 진보한 것 같았다.

살레르노 운동가들은 교육위원회와 학부모 조직에 침투해 들어가고자 했다. 때때로 그들과 교사, 교사 조직 간에는 불쾌한 대립이 발생했다. 심지어 살레르노 운동가들은 학교관리자들을 대표하는 조직과도 충돌했다. 이러한 충돌은 지식과 이해에 관한 학교의 역할과 그들의 관계에 대해 다시 생각하도록 만들었다. 특히 이 운동이 북아메리카와 유럽에 급속하게 퍼지고, 발전된 교육 시스템을 가지고 있는 대부분의 국가에 전파됨에 따라 전반적인 살레르노 운동의 문제점이 드러났다. 회원 중 극히 소수만이 교육에 대해 많이 읽고 생각해 왔을 뿐 그들 대부분은 단지 오랜 전통주의자적 입장을 소리 높여 반복할 뿐이라는 것이었다.

지금 우리에게는 일반적인 학문 공동체와 학교 그리고 학교의 대리인들 사이의 극적인 갈등으로부터 조금 뒤로 물러나는 것이 필요하다. 학교가 사회에서 가장 반지성주의적 기구였다는 슬로건은 어떤 면에서는 확실히 불합리한 것이었다. 하지만 이

비방은 교육과정의 내용이 초등교육에서는 별로 중요하지 않다는 많은 진보주의 교육자들의 명백한 입장 때문에 곤란을 겪는다. 학교가 학생들을 수많은 사회적 문제로부터 구하려는 데 초점을 두는 일종의 치료적 기관이 되었을 때, 수학과 과학에 대한 경이로움을 가지고 아이들의 상상력을 사로잡는 일은 두 번째 자리로 밀려나게 되기 때문이다. 더욱이 학교는 시험 점수의 향상과 같은 실용적인 목적을 요구하는 국가 정책의 벽에 부딪혔다. 이것의 결과에 대해서는 어느 정도 앞서 논의되었다. 상상력은 그러한 정책안의 충족에 기여할 것으로 인식되지 않았다.

학생 중심인가, 지식 중심인가라는 선택의 기로에서 거의 모든 진보주의 교사들은 그들의 신념이 어디에 있는지를 알았다. 물론 그들은 이 두 가지 관점이 상호 배타적이지 않고 지식이 중요하다는 데는 동의했지만 진보주의적 수사가 내면화된 교사 조직은 살레르노 운동가들이 추진하는 새로운 논의에 항상 저항하였다.

다시 새롭게 떠오른 이 논쟁의 격동 속에서 상상력 교육(Imaginative Education: IE)는 어디에 서 있는가? IE의 오래된 연맹들이 일반적인 교육과정 사안과 관련지어 IE의 중요성을 드러내는 데 약간의 도움을 주었고, IE와 관련된 한두 가지 아이디어가 여기저기서 실행되기 시작했다. 그중 한 가지 특이한 사실은 플라톤과 교육연구 측정 공동체 사이에 맺어진 연맹이라 할 수 있을 것이다.

적어도 진보주의자들의 관점에서 가장 나쁜 전통주의적 전형으로 인식되어 온 플라톤의 생각 중 한 가지는 인간이 세 가지 각기 다른 종류, 즉 금, 은 그리고 동의 유형으로 구분된다는 것이었다. 황금의 인간은 똑똑하고 마땅히 교육을 받을 가치가 있지만, 나머지 두 종류의 인간은 어떤 심각한 의미에서는 교육에 대해 생각할 수도 없다고 간주되었다. 부분적으로 이 생각은 대개 사회적 평등과 균등의 이상과 밀접한 민주주의라는 사회적 이상을 위해 헌신해 온 진보주의자들에게는 매우 불쾌하게 여겨졌다. 사회주의자 존 듀이(John Dewey)의 글들은 이러한 관련성을 교육적 진보주의자들의 핵심 신념으로 정립시키는 것을 도왔다.

이 신념과 관련한 불편한 진실은 일부 아이들의 탁월한 학습능력에 대한 진단 기준이 모든 종류의 시험 결과로부터 나온다는 것이다. 살레르노 운동가들이 교육 전문가를 공격하는 중요한 한 가지는 전자가 평등이라는 미사어구를 사용하면서도 실제로는 플라톤의 이론에 정확히 일치하는 교육 시스템을 운영해 왔다는 사실이었다. 현 시대의 교육자들은 그들의 시스템이 아이들을 여러 계급으로 나누어 일부는 보다 앞서나가는 학술적 작업을 할 수 있도록 준비시키고, 다른 이들은 기술적인 일을 준비시키며 나머지는 아무것도 준비시키지 않는다는 사실에 대하여 솔직히 말하지 않았다는 것이다. 살레르노 운동가들은 플라톤 교육 계급 시스템을 유지하고 있다는 사실을 숨기기 위해 미사여구를 사용하는 교육자들의 심각한 위선을 맹공격했다.

가드너(Howard Gardner)의 유명한 다중지능이론은 이 살레르노 운동가들의 논쟁에서 심한 간접적 비난을 받았다. 살레르노 운동가들은 그 이론이 대중적인 이유가 학업 성취에서의 불평등을 위장하고 필요할 때만 평등을 주장하는 사람들에게 용이하기 때문이라고 주장했다. 그들은 다중지능이론이 '누구나 지적이고, 각기 다른 방식으로 지적이다.'라고 주장하는 것을 용인하기 때문에 진보주의 교육의 주류 이론이 되었음을 강조했다. 상이한 형태의 인간 지능을 설명하는 것으로서 이 이론의 경험적 미덕이 무엇이든 간에 그리고 지적 평등에 대한 주장이 그 이론 어디에도 나타나지 않았음에도, 오직 정치적 이유 때문에 그 이론이 교육적으로 인기가 있다는 주장이 논쟁의 중심이 되었다.

이것들이 미디어에서 보도된 논쟁의 사례다. 교육자들은 언제든 그들의 급여 담당자, 즉 유권자가 그들에게 요청하는 쪽으로 돌아설 수 있다는 것을 보여 준 너저분한 논쟁이었다.

IE는 또한 전통주의 생각의 혼란으로부터 이득을 얻었고, 이 혼란은 교육과정에도 영향을 미쳤다. IE에 연루된 많은 사람에게는 당혹스럽게도 IE는 몇몇 살레르노 운동의 강경 회원들에 의해 주도되었다. IE는 그들에게 분명했고, 진보주의자들의 생각과 꽤 상충되었던 교육과정 접근 방식을 제공했다. 특히 상상력을 자극하기 위해서는 상당한 양의 지식이 학습되어야만 한다는 IE의 주장은 살레르노 운동가들의 관심을 끌었다. 적어도 '상당한 양의 지식'이라는 어구가 호소력이 있었으며 상상력 같은 것이 최악의 경우에도 해롭지 않을 것 같다고 생각하는 듯했다. 이 결합은 '나의 적의 적은 나의 친구다.'라는 원리였다. IE의 옹호자들은 분명히 이것에 대해 불편해했고, 지식이나 학문의 특권적 형태에 대한 전통주의자들의 옹호와 특정 형태의 지식과 학문은 적절한 인지 도구와 사람들의 이해를 자극하기 때문에 중요하다는 IE의 신념은 차이가 있다는 것을 지적하려고 노력했다.

IE 이론과 실천의 확대의 결과로서 두 가지 교육과정의 변화가 몇 가지 진전을 가져왔다. 첫 번째는 그 이론에 빨리 적응하는 교사들이 속한 학교 안에서 시작되었다. 불과 2~3년 후에일부 교사만이 IE 작업을 했던 학교에서 일어난 경우를 제외하고는 외견상으로는 자발적으로 교사들이 점점 더 큰 단위의 연구를 계획하기 시작했다. 다시 말하면, 그들의 전체 '이야기'는 종종 한 학기나 일 년을 단위로 운영되곤 했고, 교육과정 내에 의무적으로 포함되어야만 하는 모든 자료는 전체를 아우르는 '이야기' 노선에 의해 망라되었다.

이와 관련하여 그러한 학교에서는 2명과 3명 그리고 4명 혹은 더 많은 교사들이 1년 동안 가르쳐야 하는 모든 것을 포괄하는 하나의 강력한 이야기를 만들어 내기 위해서 함께 일했다. 어떤 교사들은 그들의 지역에서 중요한 주제는 원주민의 삶 혹은 농사법이나 양 무역, 1920년대이거나 이민일 수도 있다고 보며, 이 가운데 주제를 결정한다. 그리고 나서 전체 교육과정은 이 주제와 관련된 필수과목인 수학, 과학, 역사 그리고 기타의 교과는 한 학기 혹은 일 년에 걸쳐 탐색할 주제의 어떤 측면에 추가되는 식으로 편입된다.

IE 교육과정을 추천하는 한 가지 이유는 모든 학생이 어떤 것을 매우 깊게 배워야만 한다는 것인데, 왜냐하면 상상력이라는 것은 그 학생이 배운 지식과 더불어서만 작동하는 것이기 때문이다. 상상력은 '배우는 방법은 배웠지만' 실제로는 결코 배우지 않은 모든 지식과는 아무런 관련성이 없다. 2010년대의 중간 무렵 다수의 IE 학교들은 학업의 첫해 과정에 있는 각 학생들에게 나머지 학교 기간 동안에 그들이 배워야 하는 주제를 임의로 할당하는 교육적 실천을 채택하기 시작했다. 그래서 한 아이는 비, 다른 아이에게는 태양계, 또 다른 아이에게는 연체동물, 음식 생산, 치아, 기타 등의 주제가 주어질 수도 있다. 학교생활 동안 매월 그들은 교사와 함께 그 주제에 대한 그들의 포트폴리오를 위해 작업할 것이다.

학교를 졸업할 때 각각의 학생은 자신이 연구한 주제에 대해 잘 조직된 지식을 갖게 되었다. 그리고 나중에 밝혀진 것처럼 많은 학생이 그 주제에 대해 좀 더 세밀하게 공부하고자 대학에 진학했다. IE 학교에서의 이러한 교육과정 혁신의 결과는 다음 십 년의 초기 무렵에 분명하게 나타나기 시작했고 상당히 빨리 전파되기 시작했다. IE 학교들의 졸업생은 자기 주제에 대해 지구상의 어떤 사람보다 깊이 있고 폭넓게 알게 되었다. 그러한 연구는 지식의 본성에 대한 그들의 이해에 엄청난 영향을 미쳤고, 결국 그들이 배웠던 그 밖의 모든 것의 본성에 대한 이해에 영향을 끼쳤다.

2010~2020년의 학교

교육과정과 학교를 구별된 범주로 다루는 것은 하나에 해당하는 변화가 다른 것의 변화에도 해당되는 것으로 보일 수 있기 때문에 결코 이상적이지 않다. 그러나 2020년의 학교는 이전 세기와는 다르다는 것을 누구든지 곧바로 인식할 수 있을 것이다. 20세기의 방문자가 눈치채게 될 가장 큰 차이점은 학생과 교사의 복장일 것이다. 새로운 과학 기술에도 당황할 것이다. 그러나 학교를 한 바퀴 죽 둘러보면 곧 익숙해질 것이며, 새로운 과학기술이 과거의 업무를 수행하는 데 사용된 것과 단지 약간의 차이만 갖고 있다는 것을 바로 이해하게 될 것이다. 그러나 머지 않아 학교 역시 깊은 변화의 와중에 있음을 느끼게 될 것인데, 아직 교사(校舍) 정문에 들어가지는 않았지만 외관상 어떤 조짐이 있음은 분명하다.

2020년, 살레르노 학술대회를 이끌었던 스웨덴 여성이 제2차 학술대회를 준비하였다. 이 두 번째 학술대회는 상징적인 이유로 비엔나에서 개최되었다. 이 학회는 전 세계를 이끌고 있는 15,000명의 학자, 예술가, 작가, 과학자를 끌어 모았다. 이것은 학술대회에서 전례가 없는 일이다. 학술대회의 목적은 교육에 관한 보고서를 채택하는 것으로, '비엔나 선언문'으로 잘 알려져 있다. 대략 35,000 단어로 이루어진 비엔나 선언문은 50개국 이상의 언어로 출판되고, 5년 내에 역사상 가장 널리 읽힌 교육적 저술이 되었다.

그 선언문은 대중 교육의 발전 이래로 발생했던 문화적 갈등을 역사적으로 서술하는 서문으로 시작된다. 조금 낭만적인 느낌이 있지만 19세기 후반에서 20세기 초를 인간 역사에서 문화가 가장 번영한 시대의 하나로 규정하고 있다. 문화적 번영의 중심지 중 하나가 비엔나다. 거대한 전쟁 중 일어난 기계화된 무시무시한 대학살은 문화 발전에 하나의 놀라운 충격이었으며 20세기의 인간 경험과 제2차 세계대전의 대량 파괴를 무색하게 한 파멸 이데올로기가 이어서 등장했다. 문화적 번영은 전근대적 세계의 거의 모든 가정을 혼란에 빠트렸고, 많은 사람이 이를 두려워하고 증오하게 되었다.

이 선언문은 19세기의 가장 중요한 주제였던 것이 'Kultur-kampf', 즉 영국식으로 말해 '문화 전쟁(Battle of Cultures)'이었다는 사실로 거슬러 올라가 그것의 의미와 전투력, 즉 명성을 되찾게 했다. 전쟁은 정신과 마음의 삶을 황폐화시킨 유비쿼터스 전자 미디어가 이끈 대중문화와 인간의 역사에서 만들어진 다양한 지적 성과로 구성된 문화 간 전쟁으로 설명된다. 선언문의 여는 말은 엘리엇(T. S. Eliot)의 『문화의 정의를 향한 선언(Notes towards the Definition of Culture)』에서 인용했다. "모든 사람을 교육시키고자 하는 우리의 저돌적인 돌진 속에서 우리는 우리 기준을 낮춰야 하고, 우리 문화의 본질을 전달하려는 과목에 대한 연구를 포기해야 한다. 미래의 야만적인 유목민이 그들의 기계화된 이동식 주택에서 캠프를 할 만한 땅을 준비하기 위해 우리의 고대 체계를 파괴해야 한다."

많은 사람에게 이 새로운 문화 전쟁은 엘리트 문화와 대중문화 간의 낡은 전쟁처럼 보일 수 있다. 이것은 비엔나 선언문에서 명시적으로 수용되었고, 살레르노 운동과 다소 유사하게구시대의 문화 지지자들이 철수했던 전쟁터로 귀환하는 것처럼 표현된다. 많은 사람은 공립학교의 토대가 모든 어린이가 문화적 삶을 영위하고 최상의 교육을 받도록 하는 것이라고 이해한다. 그러나 이 생각은 새로운 산업사회가 요구하는 직종을 위한 노동계급 아이들을 준비시키고 사회화를 추진하는 것에 의해 빠르게 손상된다. 비엔나 선언은 학교가 제공하는 것 이상으로 더 풍부한 문화적 유산에 모든 아이가 접근할 수 있도록 해야 한다는 이념의 재천명이다. 비엔나 선언에서 나온 또 하나의 슬로건은 "우리 아이들의 유산이 사취당하고 있다!" 이다.

이와 같은 지나친 일반화로 인 학술대회 기간 동안 몇몇 사람들은 유럽의 부르주아 문화와 미국 대중문화가 서로 대조적인 지위를 갖는다는 생각을 내어놓게 되었다. 일부 뛰어난 대표자들은 이러한 이해에 깔려 있는 민족중심주의를 조소하였다. 그러나 그러한 생각은 사람들 사이에서 가장 많이 공유된 생각으로, 중국의 지지를 받은 인도 출신의 특별히 능력 있고 존경받는 노벨 수상자 집단도 이 생각을 활용하였다. 비록 문화 전쟁에 대한 이러한 미숙한 표현이 극히 단순하고 오류가 있지만,

그 이후 이어지는 투쟁에 어떤 정의를 제공한다.

처음에는 역사에 무지한 사람들은 똑같은 실수를 반복할 운명이라는 지혜를 좇아, 선언의 지지자들은 그 갈등을 최근 거의 모든 젊은이에게 대중적인 인기가 있는 '후야(HooYa)' 음악과 베토벤의 후기 현악 4중주와 같은 '고전'의 보편적 가치 간의 갈등으로 표현하였다.

다시 말하지만, IE는 어떤 혼동의 결과로써 부가적인 가시성을 확보한다. 일단 아주 오래된 주장이 되풀이되고 1세기 이상이나 제시되어 온 것과 동일한 것처럼 보였을 때, IE의 '문화적 도구'와 '인지 도구'와 같은 언어는 동일한 주장을 다른 형태로 표현된 것으로 가정되었다. 그래서 베토벤의 음악은 문화적 만능 도구이며, 내면화되었을 때 각 개인에게 지성과 감각 등을 고양시키고 확대시키는 인지적 만능 도구를 제공하는 것으로 주장되었다. 그것은 새로운 옷을 입은 전래의 주장이지만 새로워진 용어의 일상화와 그것이 IE에 허용한 대중성은 IE 이념에 더 큰 영향력을 부여했다.

선언문에서 종종 사용된 또 다른 용어인 '배반'은 1927년 프랑스에서 처음으로 출간된 쥘리앵 방다(Julien Benda)의 저서 『지성의 반역(La trahion des clercs)』에서 가져온 말이다. 선언문에서는 20세기 초, 물론 유럽에서만이 아니라 역동적인 문화적 번영의 배반이 근대의 문화적 삶에 거대한 손상을 초래했다고 주장한다. 이러한 반역은 20세기가 준 지적·문화적 약속을 완전히 파괴하여 원상태로 돌리는 데 조력한 히틀러, 스탈린, 마오쩌뚱, 폴 포트 외 살인적인 독재자들을 권력에 접근하게 한 원인 중 하나로 표현될 수 있다.

선언문은 그들이 가치 있게 여기는 문화에 일어난 일을 설명함에 있어 '부패' '퇴폐' '단순화' 등의 매우 감정적인 단어를 과도하게 포함하고 있다. 그러나 선언문에서는 기본적으로 지성이 인간의 정신을 해방시키는 문화적 삶의 형성을 위해 문화 전쟁에 참여한다면 더 이상 문화를 배반하지 않을 것이라고 주장한다. 아울러 이 선언은 첫 번째 전쟁터로 학교를 선택하는 것으로 결론내린다.

사회 문제에 무기력한 교육기관의 실패

이 10년 동안 투쟁해 온 이데올로기 전쟁이 있었고, 뒤이은 10년간 우리 사회를 휩쓴 환경 위기가 있었다. 이 두 싸움은 많은 교사의 동력을 매일 약화시키는 지속적인 문제 중 하나를 배경 속에 묻히게 하였다. 그 문제는 바로 모든 동시대 사회가 겪고 있는 부의 심한 격차, 권력과 자원에 대한 접근의 불균형, 교육 불균형과 함께 오는 빈곤의 문제다. 일부 사회에서는 다른 곳보다 더 문제가 심각했다.

이 10년 동안 부와 가난의 격차는 거의 모든 영역에서 커지고 있다. 교육자의 관점에서 보자면, 보다 자유주의적인 정부가 빈곤 지역의 학교에 대한 지원을 크게 늘리고 있지만 교육은 거의 전적으로 희망이 없었다. 가정 붕괴, 가장 기본적인 자기 훈육조차 격려하지 못하는 빈곤 상태와 손쉬운 마약 접근, 가장 낙후된 형태의 문화적 삶, 학교와 그것이 대표하는 가치에 대한 혐오감, 가장 기본적인 식자(植字)와 계산 능력을 넘어서는 교육이 거의 불가능하다는 태도와 경험이 쏟아내는 한탄 그리고 가장 기본적 기술도 어려워하고 성취하지 못하는 많은 수의 학생이 있다는 점, 학교 탈락자들에게 치러지는 통상적인 지식 시험들은 이들이 특히 더 빈곤한 학생일수록 사회 비평가, 정치인, 더 많은 교육을 받은 계급을 놀라게 할 만큼 무지한 수준임을 드러내고 있다.

이러한 시험은 교육과정에서 명시적으로 가르쳐졌어야만 하는 매우 간단한 주제에 대한 가장 기본적인 익숙함을 묻는 것이었다. 많은 사람은 이러한 결과를 자원의 낭비를 보여 주는 증거로 보았다. 다른 사람들은 이러한 결과를 통해 드러나는 경험의 재앙적 빈곤에 보다 경계심을 가지고 모두에게 '동등한 기회'를 제공하는 민주주의 사회의 위선적인 주장에 대한 큰 비난으로 이해했다. 가장 우둔한 사람들조차도 슬럼 지역에 있는 학교에 다니는 아이들이 기회의 평등을 누리고 있다고 주장할 수 없었다. 오히려 함께 공모하고 있는 거대한 부정의를 적절히 인식하지 못하는 교육기관의 실패, 그리고 그것에 적절히 반응하지 못하는 교육기관의 실패는 학교교육에 변화가 필요하다는 핵심적 이유가 되었다.

05 2020~2030년의 학교

생태 위기와 학교

2020년대 교육은 생태 위기에 크게 영향을 받게 되었다. 생태 위기에 대한 경고의 목소리는 반세기 넘게 계속 커져 왔으며, 특히 그것이 선진 사회에 미친 영향은 더 이상 무시할 수 없게 되었다. 환경 참사를 막기 위한 대규모 프로그램의 시행에는 막대한 비용이 들었다. 그러나 당장 우리를 위협하는 환경 훼손을 막는 데 요구되는 엄중한 법안들조차 이미 실행되기에 약하거나 늦었다는 염려 역시 매우 컸다.

경제적 · 사회적 붕괴는 결국 학교를 위기로 몰아넣게 되었다. 교육말고도 사회적으로 많은 부분이 위기에 처해 있었기 때문에 자금이 학교로부터 더 시급한 우선 사안들로 옮겨졌다. 그리하여 환경 위기에 대응하기 위해 학교가 어떤 역할을 하고자 취하는 새로운 시도는 자금이 제공되는 프로젝트뿐이었다. 정부가 위기 관리와 다양한 양태의 환경 훼손 문제에서 손을 떼기 시작하면서, 모든 학교에 새로운 '생태적 교육과정'을 설계하도록 했다. 이 교육과정은 아이들이 직면한 환경 위기를 이해할 수 있도록 하고 그 피해를 완화하는 행동을 장려하는 것을 목적으로 했다. 당시에 베스트셀러 전자책 중 학교에서 널리 읽힌 책이 있는데, 이것은 한 아버지와 아들이 쓴 것으로 제목은 『어린이는 어떻게 환경을 도울 수 있는가(How Kids Can Help the Environment?)』였다.

학교는 생태 위기에 대응하는 아주 중요한 기관으로 생각되었다. 사실 오랫동안 학교는 성공적인 기관으로 각광받지 못했다. 실제로 조사 결과에 따르면 많은 사람들은 학교가 제 기능을 제대로 수행하지 못한다고 생각했다. 학교 관리자들은 50여 년 넘게 이런 이야기를 계속 들어왔기 때문에 이러한 결과를 대수롭지 않게 생각했다. 비록 근대 국가의 시민들이 학교에 여러가지 역할을 요구하고 있지만, 정작 학교는 무엇을 해야 하는가라는 질문에 대한 해답은 정해져 있지 않기 때문에 학교 관리자들은 위와 같은 조사 결과에서 표현되는 애매한 불만족에 적절히 대응하는 방법을 결코 알지 못했던 것이다.

따라서 생태 위기에 대한 강력한 대응책을 학교 시스템 안에서 좀 더 많이 수립하는 것은 생태 위기의 대중적인 호소력을 새롭게 깨우쳐 줌은 물론 학교가 사회 문제에 관련되었다는 것을 다시 한 번 보여 주는 확실한 방식인 듯했다. 특히 진보주의자들은 당시의 사회적 문제에 학생들이 참여하는 것은 학교와 교육과정이 학생들의 실제 삶의 문제와 더 많이 관련될 수 있게 해 준다고 주장했다. 그들은 학교가 십 년간의 학교교육을 통해 다수의 유럽 농부 아이들을 잘 사회화된 미국인으로 변화시킴으로써 사회로부터 각광받았던 20세기 초 학교의 정신을 되살리는 것 같았다.

학교의 역할에 대해 이보다 더 냉소적인 견해도 있었다. 이민자들을 미국인으로 동화시키는 것은 학교보다 차라리 길거리이며, 생태 위기를 다루기 위해 학교를 동원하는 일은 이민자의 경우만큼이나 쓸모없는 결과를 가져 온다는 것이었다. 더욱이 학교는 이러한 과제를 하도록 되어 있는 기관이 아니었다. 이것은 학교에 관한 하나의 냉소적인 관점으로, 미래 상황에서 볼 때 더 설득력 있는 관점이기도 하다.

이러한 논의는 그 자체로는 아무 결실이 없었다. 왜냐하면 유권자들의 두려움이나 욕구와 같은 외부의 힘이 학교 관리자의 결정을 좌우했기 때문이었다. 정치가와 학교 관리자들은 위기를 다루는 것과 관련해 뭔가를 하는 것으로 보일 필요가 있었다. 이 당시는 매우 위태로운 시기였고, 대부분 사람은 실제로 제안된 법안이 그 문제에 효과가 있을 것인지 아닌지에 대해 깊이 생각할 여유를 누리지 못했다. 그래서 학교는 생태 위기 문제를 떠안고 중요하지만 예측할 수 없는 이 다음 10여 년간의 변화를 자초하게 된다.

2020~2030년의 교사 교육

이 10년 동안 교사 교육 프로그램에 이용된 상상력 교육(Imaginative Education: IE) 모듈은 점차 많은 수의 기관에서 상용화되었다. 2030년대 말 무렵까지는 2주 과정의 입문자 교육과정이 개발되어 유럽과 북아메리카 프로그램의 4분의 1 정도에서 활용되었다. IE는 교육적으로 유용한 하나의 선택지로 간주되었고 많은 교수자들이 이 프로그램의 독특성에 매력을 느꼈다. 왜냐하면 그들은 이 교육과정을 통해 학생들의 학습 기술을 발전시킬 수 있으리라고 느꼈기 때문이었다. 또한 IE가 선풍적인 영향력을 발휘하고 있는 것에 반해 제대로 평가되지 못한 장점이 있다면 그것은 IE가 일련의 용어, 기술 그리고 개념을 갖추고 있다는 점이었다. 다시 말하면, 평가의 주제가 지식이고, 그래서 점수를 매길 수 있으며, 그런 의미에서 쉽게 '가르칠 수 있는' 주제를 좋아하는 교수자에게는 매력적으로 보였다.

성공의 결과를 무시하기는 힘들다. 많은 정규 교사가 IE 기술로 교실에서 성공을 체험하고 있다는 것은 확실했다. 시험 결과에서뿐 아니라 교사들 사이에서는 더 중요한 조건인 직업 만족도 면에서도 성공적이었다. 많은 교사는 IE 과정을 활용할 때 생동감을 느끼며 학생들 역시 학습에 확실히 흥미를 갖고 참여하게 된다고 말한다. 수많은 학교에 정착되어 온 교육의 일반적인 병폐를 생각할 때 IE 과정은 학교 관리자들에게 폭넓게 주목받을 수밖에 없었다. IE 접근법에 헌신적인 이들로 구성된 교사 지지 집단의 네트워크 역시 증가했다. 대학은 IE의 교육학 석사 과정 프로그램을 개설하였고, 많은 교사연수 기간에는 워크숍도 열 수 있게 되었다. 비디오테이프와 같이 IE 프로그램 활용에 대한 지식과 전문성을 널리 알릴 수 있는 다양한 형태의 자료가 만들어졌다.

이런 상황에도 불구하고 IE 수업 형태를 경험한 학생의 비율은 여전히 낮았다. 이는 IE가 일종의 '고급스러운' 교육 형태라는 평판 때문이고, 더 큰 문제는 실행하기 어려우며 준비 기간이 길다는 평판 때문이었다. IE의 열광적인 지지자들이 논문, 비디오테이프, 워크숍 등을 통해 펼친 주장도 이런 평판을 불식시키지는 못했다. 매우 많은 교사가 IE 지지자들의 주장을 무시했다.

그래서 2020년대 동안 IE는 실천 영역에서 단 몇 차례의 확실한 성공을 거두었을 뿐이고, 10분의 1도 되지 않는 학생만이 체계적으로 IE 과정을 경험했다. IE 방법론을 알게 된 교사의 수가 증가했지만 이것을 체계적으로 활용하는 교사의 비율은 여전히 낮았다. 대학의 많은 강사는 자신의 피상적 방식 외에는 배경적 개념에 익숙하지 못했다. IE를 장려하는 집단에게 종종 타성적으로 실행되는 2주간의 수업은 오직 소수의 학생만 개념과 실천을 적극적으로 탐색하도록 했을 뿐이었다. 이것은 물론 실패가 아니었다. 왜냐하면 10년의 세월 동안 IE 과정은 매일 학교에서의 실천을 통해 느리기는 하지만 지속적으로 발전되었기 때문이다. 뿐만 아니라 계획 틀이 더 많이 정교화되어 교사들이 사용하기 더 쉽게 만들어졌다. IE 과정은 어렵다는 평판에도 불구하고 점차 '사용자에게 친숙한' 형태로 바뀌어 가고 있었다.

2020~2030년의 교육과정

2020년대 IE 교육과정이 미친 영향력의 역사는 두 부분으로 나뉜다. 첫째 부분은 진보주의 주도하에 학교가 헌신적으로 운영된 결과로서 IE가 생태 위기에 얼마나 잘 대처했는지에 대한 것이며, 둘째 부분은 공립학교의 사회적 역할에 대한 인식이 전반적으로 변화되어 감에도 불구하고 IE 교육과정 개혁이 계속 진행된 점에 대한 것이다.

위기의식에 따라 나타난 학교를 생태화하려는 열망 아래 살레르노주의자와 전통주의자의 동맹은 예상치 못한 차질을 겪게 되었다. 생태 위기에 대처하는 과정에서 생겨난 사회적 혼란과 경제적 위기 앞에서 그들의 안건은 사소한 것으로 보이기 시작했다. 당시의 경제와 생활 조건에 적응하기 위하여 엄청난 압박감에 시달리던 대중에게 살레르노주의자들의 제안은 누구도 감당해 낼 여유가 없는 장식품과 같았다. "학생들이 학술적 교육을 받았을 때에만 현재와 미래의 위기에 적절하게 대응할 준비가 될 것"이라는 살레르노주의자들의 입장은 대체로 소용없는 것이었다. 공교육의 역사에 대해 잘 알고 있는 사람들은 이러한 진보주의의 승리를 19세기 후반 북아메리카에서 발생한 일의 재현이라고 본다.

초기 몇 년 간 IE는 생태적 의식의 개발과 밀접한 관련이 있었다. 많은 지지자들은 이미 예상된 위기에 교육적으로 준비해야 한다고 충고해 왔으며, 2020년대 중반까지 이 충고는 선진각국을 괴롭히고 있었다. 그리하여 다시 부적절한 이유들을 가지고 많은 학교 관리자들은 IE로 눈을 돌리기 시작했다. IE는 생태 교육에 대해 잘 발전된 이론을 가지고 있었을 뿐 아니라 수년에 걸쳐 실천되고 정련되어 온 실천적 계획 단위를 많이 가지고 있었다. 후반 10년 동안 폭넓은 규모로 이러한 단위들을 활용하여 교사들은 점차 IE에 익숙해졌지만, 구체적인 적용은 학교 관리자들이 적절한 훈련 과정도 없이 교사들에게 실천 계획들을 떠맡긴 가운데 수행되었기 때문에 피상적이고 지루하게 이루어졌다. 이것이 바로 IE 접근법에 대해 아무런 지식도 갖지 않은 많은 교사들에 의해 실행된 IE 자료의 첫 번째 적용 방식이었다. 다양한 결과가 뒤따랐지만 이것은 처음 IE를 맞닥뜨린 사람들이 IE에 대해 좋은 생각을 갖게 하는 데에는 아무런 도움이 되지 않았다.

IE 교육과정이 나아갈 바에 있어서 더욱 중요한 점은 IE 기관으로 칭해지는 백여 개 학교들의 교육과정을 어떻게 구성할 것인가라는 문제였다. 이를 위한 가장 쉬운 방법은 학교교육을 받는 실제 두 학생의 학교생활을 며칠 동안 따라가며 일어난 변화의 모습을 보여 주는 것이다. 2028년 조(Joe)는 캘거리에 사는 일곱 살 소년이고, 발(Bal)은 바르셀로나에 사는 열세 살 소녀다. 우리는 당시 IE 학교의 교육과정을 살펴보겠지만, 당시 정규 공립학교에서 진행되던 생태 교육에 관한 거대한 변화들은 대체로 주목하지 않을 것이다. 알려진 바와 같이 IE 학교는 생태교육에의 요구에서 자유롭지도 않고 이것을 원하지 않은 것도 아니었으며, 단지 IE 교육과정의 변화는 결과적으로 공립학교 교육과정의 변화보다 훨씬 더 광범위한 영향력을 미칠 것이라고 예상되었다.

조의 하루

이 글은 조숙한 일곱 살 소년의 일기 한 부분을 발췌한 것이다. 그의 언어는 대체로 정교하지만 그래도 좀 더 읽기 쉬운 형태로 고쳐 썼다.

> 월요일 아침. 맑음. 나는 '먼지'에 관한 내 포트폴리오에 넣을 새로운 자료를 갖고 학교에 갔다. 아빠가 농담처럼 말씀하시는 것처럼 나는 2년 반 동안 "먼지더미에서 일하고 있다." 매주 나는 이것에 대해 연구를 했다. 어제 비가 왔기 때문에 운동장에 나가 놀지 않았고, 그래서 '폭발할 수 있는 먼지'에 대한 새로운 자료를 더 찾아낼 수 있었다.
>
> 먼지는 지름이 500마이크로미터가 채 되지 않는 고체 조각이다. 이것이 먼지에 대한 내 연구의 첫 머리말이다. 그러나 나의 정의는 거의 한 페이지에 다다른다. (처음에는 내가 말한 것을 컴퓨터가 글로 옮겼지만 지금은 거의 모든 머리말을 내

가 쓴다.) 어제 나는 특정 형태의 먼지가 폭발할 수 있는 조건에 대한 아주 좋은 내용을 발견했다. 먼지가 폭발하기 위해서는 습기가 11% 이상, 산소가 12% 이하 필요하다. 그리고 온도가 410도 이상 올라가면 발화할 수 있다. 〔나는 이 말들이 무슨 뜻인지 모호하게는 알겠지만 정확히는 모르겠다. 그래서 수요일에 나의 포트폴리오를 관리하는 듀턴(Dutton) 선생님께 여쭤볼 것이다.〕 먼지는 정말 흥미진진하다. 그래서 나는 몇 년이 지나면 세상의 어떤 사람보다도 먼지에 관해서 잘 알게 될 거라고 생각한다. 가장 친한 친구인 믹(Mick)은 주제를 '잎사귀'로 정했다. 우리는 '잎사귀 위의 먼지' 라는 주제로 협력 과제를 만들어 학년말에 발표하기로 했다.

IE 프로그램의 사례를 통해 알 수 있듯이 IE 접근은 아이들이 몇 가지 임의로 할당된 주제를 처음부터 끝까지 공부해야 하는 단순한 교육과정으로 이루어져 있기에 십 년 동안 사람들의 많은 관심을 받았다. 한 가지 이상한 점은 전통주의자나 진보주의자 둘 다 교육과정이 지식의 폭과 깊이 모두를 제공해야 한다는 것, 다시 말하면 학생들이 세계와 경험에 대해 폭넓게 배워야 하지만 또한 어떤 것을 상세히 배울 필요도 있다는 것에 동의했다는 점이다. 전통주의자들은 만일 학생들이 지식을 피상적으로 습득할 경우 오히려 잘못될 수 있다는 사실을 잊지 않는다면, 특정 지식 영역에 대한 세심하고 밀도 있는 지식에 가까워질 것이라고 본다. 그들은 종종 알렉산더 교황의 "선무

당이 사람 잡는다."라는 말을 인용했다. 그러나 이 원리는 아직 IE 학교의 두드러진 특징이 될 단순한 혁신을 고안해 내지는 못했다. 이 교육과정의 혁신은 많은 원리, 즉 상상력은 많은 지식에 접근할 때 가장 잘 작용하고, 교육은 적어도 어떤 특정한 것에 대한 깊고 광범위한 지식을 요구하며, 그리고 이 기간 동안 학생들은 알려지지 않은 복잡한 세상의 불안정성에 대적할 일종의 방어로서 지식을 쌓는 일에 강하게 끌린다는 것을 모두 종합한 것이다.

IE의 '어린 전문가'를 다룬 많은 소논문이 다양한 매체에 발표되었다. 몇 년간의 면밀한 연구 후 자신의 주제에 대해 거의 모든 아이들이 보인 열정은 교육적 성공을 알리는 신호였다. 그리하여 IE와 아무런 관련이 없는 많은 학교도 이것을 취하게 되었다. 이것은 IE를 위한 일종의 트로이 목마의 역할을 하였다. 조의 일기로 돌아가 보자.

> 교실 화면에 있는 내 일정을 확인하기 위해 책상 뒤로 미끄러지듯 갔다. 자유/노예 공연을 위한 예행 연습을 언제 하는지 보기 위해서였다. 여기 우리가 해야 하는 세계사 교육과정이 있다. 첫해의 교육과정은 우리를 둘러싼 우주의 위대한 이야기, 그리고 어떻게 지구가 형성되었으며 어떻게 인간이 지구상에서 번성하게 되었는지, 또 어떻게 해서 문화와 오늘날의 나라들이 형성되었는지에 대한 것이었다. 이 이야기를 배우는 동안 우리는 읽고 쓰기를 배웠고, 이 이야

기와 연결된 수학을 배웠으며, 다른 동물과 식물에 대해 그리고 생명으로 가득한 대양에 대해 배웠다.

두 번째 해에 우리는 초기 사회부터 현재에 이르기까지 위험으로부터 안전을 위해 투쟁하는 인간의 역사에 대해 공부했다. 우리는 인간 사회가 대항하여 투쟁해 온 다양한 위험에 대해서 배웠다. 거대한 맹수들과 독충들, 10,000년 전에 가축이 되기 시작한 동물들에게서 감염된 세균들 그리고 서로로부터의 위험에 대하여 배웠다. 우리는 인간이 더 안전하게 되는 것과 어떻게 번성했는지, 상이한 집단들이 음식과 자원을 얻기 위해 어떻게 경쟁하고 서로 투쟁했는지 공부했다. 이야기의 각 에피소드는 극적이었고, 우리는 상황극을 만들어 역할놀이를 했다. 내가 가장 좋아하는 역할은 중세 성을 급습하는 것이었다. 우리는 성을 쌓는 기술이 어떻게 인간에게 안전을 제공하는지 보여 주었다. 그러나 이 기술은 점차 성 밑을 파거나 성을 부숴 버리는 영리한 기술이 발전하면서 쓸모없게 되었다.

이 해에 우리는 인간의 이야기를 다시 공부하였다. 그러나 초점은 억압자에 대항하여 자유를 위해 투쟁하는 것이었다. 〔다음 해에는 마독(Madoc) 선생님께서 우리가 승리하지 못했다고 말했던, 무지에 대항하기 위한 앎의 투쟁의 이야기로서 인간 역사를 공부할 것이다.〕 오늘 나는 1855년에 자유를 향해 알라바마 농장에서부터 캐나다로 지하철도를 따라 노예들의 여정을 도왔던 퀘이커교도 역할을 했다.

이 해 동안 우리는 우리가 공부했던 이야기와 연관지어 지리학을 공부했다. 우리는 미국과 캐나다의 지도를 보면서 지난주를 보냈고 노예들이 갔던 '자유의 길'을 추적해 보았다. 우리는 밤에 어른들에게 북극성과 북두칠성을 보여 달라고 해야 했고, 노예들이 북쪽으로 걸어가기 위해 의지했던 별의 중요성에 대해 상상했다.

강당에 세 학급이 함께 모였다. 먼저 고셴(Goshen) 선생님은 15분 동안 그동안 배웠던 노래를 해 보도록 했다. 우리는 '가자, 모세' 그다음에 '음주의 땅'을 불렀다. 우리는 암기해야 할 단어들을 받았다. 매주 우리는 마더 구스(Mother Goose) 리듬, 시, 연설 등을 암기해야 했다. 지금까지도 내 머리 속에서 홍얼거리며 계속 반복되는 꽤 많은 내용이 있다.

화요일. 유머 수업으로 시작되었다. 로사리오(Rosario)는 질문하고 농담에 답하는 것을 집에서 연습했었다. 그는 질문했다.

"상어와 함께 눈사람을 가로지르면 무엇을 얻게 되는가? 뭐가 되는가?"

누구도 답하지 못했다.

"동상(Frostibite; 단어의 표면적 의미는 '얼어붙은 이빨자국'인데, 단어의 중의적 특성을 바탕으로 농담을 한 것임-역주)!"

웃음소리와 짧은 박수가 있었다. 우리는 이것에 대해 토론했지만 이런 농담을 많이 다루었기 때문에 그리 할 말이 많지는 않았다. 난 긴 농담을 더 좋아한다. 그런데 프랭크

(Frank)가 다른 질문을 했다.

"화산 폭발이 무엇이지?"

"산이 딸꾹질하는 것!"

몇 사람들은 좋아했으나 나는 딸꾹질이 화산 폭발과 같다고는 생각하지 않는다.

세이디(Sadie)는 다소 긴 농담을 했다.

"여자 두 명이 누구 개가 더 똑똑한지 논쟁하고 있다. 첫 번째 여자는 '내 개는 너무 똑똑해서 매일 아침마다 문밖에서 신문을 기다렸다가 입에 물고 가져와.' 라고 말했다."

두 번째 여자는 "알아." 라고 말했다.

"어떻게 아니?"

"내 개가 그렇게 말해 주었어."

우리는 반 정도 그 농담을 알아들었으나 세이디가 신문이 집에 배달된 것에 대해 이야기할 때까지 잘 알아듣지 못했다. 거의 모든 사람은 이제 간단한 질문과 대답을 넘어 농담을 즐긴다. 그들 중 몇 명은 주말 농담 점수 시합에서 점수를 잘 받을 만큼 아주 영리하고 재미있었다. 오늘의 최고는 샤힌(Shaheen)의 이야기였다.

"어느 날, 팀(Tim)은 집을 향해 걷고 있었다. 그런데 갑자기 도둑이 덮쳤다. 팀과 도둑은 싸우기 시작했다. 그들은 땅에 굴렀고 팀은 대단히 열심히 싸웠다. 그러나 도둑은 그를 바닥에 처박아버렸다. 도둑은 팀의 호주머니를 뒤졌다. 그렇게 해서 찾은 것은 고작 25센트였다. 도둑은 너무 놀라서 고작 25센트 때문에 죽도록 싸웠냐고 물었다. '네가 원한 게 그게 다야?' 팀은 대답하였다. '나는 네가 내가 신고 있는 250달러의 신발도 가져갈 거라고 생각했어."

우리 반의 아이들 몇은 여전히 이런 농담을 이해하지 못했다. 토론에서 몇몇은 팀이 그렇게 고백한 것이 바보 같은 짓이라고 말했다. 그리고 그것이 어떻게 농담이 되는지 팀은 해명해야 했다. 나는 지난주에 농담과 관련하여 단어 하나를 배웠다. 농담이 우리를 웃게 만드는 것은 '불일치' 때문이었다. 나는 이 단어를 지난 주 비슷한 농담에서 배웠다.

그런 다음 오후에 우리 여섯 명은 컴퓨터실에서 수업이 있었다. 언어 수업이었다. 우리는 노예무역 시대의 선원들의 노래를 배우고 있었다. 〈불어라, 소년이여〉는 가장 유명한 노래이고, 'Aweigh, Santy Ano' 'Old Swansea Town Once More' 노래는 선원들이 닻을 들어 올릴 때 부르던 것이다. 우리는 많은 단어들과 오래전 선원들이 경험했을 것들에 대해 배웠다.

마지막 시간이었던 역사 시간에 우리는 노예무역으로 바다가 인간에게 열렸던 배경을 배우는 수업을 선택했다. 우리는 해적을 공부하고 위대한 해적 무용담을 들었다. 이번 주에 우리는 여자 해적에 대해서 공부한다. 나는 그렇게 많은 여자 해적이 있었는지 몰랐다. 우리는 가장 유명한 해적의 카드와 파일을 각각 만들었다. 1805년에 칭시(Ching Shih)라는 여자 해적은 1,500척의 배를 갖고 있는 해적단 적기 함대의 지도자가 되었다. 그 해적들은 중국 해변에서 말레이시아 남쪽까지 항해했다.

우리는 지도로 다시 이를 확인해야 했다. 중국 정부는 그들을 잡기 위해 모든 방법을 시도했지만 실패했다. 중국 해군은 공격에서 63척의 배를 잃었다. 심지어 포르투갈과 영국 해군도 칭시를 무찌르지 못했다. 그녀와의 싸움이 가망없다는 것을 깨닫고, 정부는 1810년에 모든 해적에게 특사를 내렸고 칭시는 이 제안을 받아들였다. 그녀는 대부분의 부하가 면죄를 받도록 협상을 했다. 그녀는 많은 부와 함께 은퇴했다. 그리고 도박 집을 운영했고 아들이 있었다. 어떤 역사가들은 그녀를 '역사상 최고의 해적'이라고 말한다.

우리 각자는 우리가 알게 된 당시에 바다에 있었던 사람들 혹은 배를 소유했던 사람들의 목록을 계속 만들었는데, 이름부터 시작하여 이들을 상인, 노예, 해군, 해적 등으로 분류했다. 우리는 목록을 더 자세히 나누어 새로운 범주를 추가한다. 오늘 이야기 이후 나는 해적을 남자와 여자로 분류할 것이다.

발의 블로그

바르셀로나에 있는 열네 살 학생 발의 블로그는 그녀가 경험한 이틀간의 IE 학교교육을 묘사하고 있다. 이 글은 그녀가 다른 나라에 살고 있는 친구에게 보내기 위해 쓴 글이고, 지난 며

칠간의 경험을 기술하고 있다.

수요일은 월요일과 금요일에 했던 것처럼 15분간 '과거와 현재의 사람들'로 시작했다. 각자 선생님을 포함하여 특정한 사람에 대해 조사하고 발표하는 정규 일정이 있었다. 어떤 아이들은 진짜 악당에 대해 말하지만 보통 사람들은 영웅을 찾는다. 우리는 그 사람의 사진이나 비디오가 있는 컴퓨터 템플릿, 그리고 텍스트나 해설이 있는 컴퓨터 템플릿을 사용할 수 있었다. 우리는 인물의 특별한 특징을 찾아내어 그 인물을 다른 사람과 달리 비범하게 만드는 것이 무엇인지를 보여 주려 했다. 선생님들은 '초월적인 인간 자질'이라는 어구를 항상 사용한다. 짧은 시간에 어떤 사람들의 삶이나 특별한 성취를 보면서 우리는 경외심과 감동을 느낀다. 우리는 모든 시대와 장소에서 그런 사람을 찾으면 된다. 누구를 선택해야 하는지에 대한 특별한 규칙은 없다. 15분은 길지 않다. 그러나 어떤 학생들은 이 시간 동안 매우 지루해한다. 우리는 질문을 할 수도 있고 때로는 그들에게 그 사람이 흥미로운 이유를 말하게 할 수도 있다. 그래서 학생들은 선생님이 말한 대로 '영웅적인 특징을 찾는' 방법을 꽤 빨리 배우게 된다.

이번 주에 우리는 마리아(Maria)가 고대 중국 철학자인 장자에 대해 공부한 것을 배웠다. 그가 죽는 순간이었다. 그의 제자들은 그에게 어디에 묻히기를 원하느냐고 물었다. 그는 별을 볼 수 있도록 황무지에 그냥 남겨 놓으라고 했다. 그의 제자들은 선생님의 말에 기겁을 하며 이렇게 질문하였다. "선생님, 우리가 선생님의 말대로 하면 새들이 와서 선생님을 먹어치울 것입니다." "너희가 나를 묻는다면 벌레가 나를 먹을 것이다. 새에게 먹히는 것보다 더 나은 것이 무엇이냐?" 그는 이상한 인물이었다. 아주 재미있으면서도 심오한 데가 있었다. 그것은 아주 멋진 발표였다.

오늘 안드레스(Andres)는 사랑하는 아내를 기억하기 위해 타지마할 묘를 만들었던 인도 황제 샤 자한(Shah Jahan)에 대해 발표했다. 황제보다 사원에 대한 시각 자료가 더 많았다. 누군가 건축물과 황제 중 누가 진짜 영웅인지 확실하지 않다고 말했다. 그러나 안드레스는 5분의 토론을 통해 사원이 샤 자한의 아내에 대한 사랑과 건축물에 대한 열정을 얼마나 잘 보여 주는지 설명했다. 그는 '샤 자한'은 '세계의 왕'을 의미한다고 말했는데, 다소 낙관적인 것 같다. 금요일에 라몬(Ramon)은 미국인 운동선수 제시 오언스(Jesse Owens)에 대하여 발표했다. 다음 주에는 힐데가르트 폰 빙엔(Hildegard of Bingen), 마리 퀴리(Marie Curie), 오스카 와일드(Oscar Wilde), 과거 포르투갈의 위대한 운동선수인 Céu Roldão에 대하여, 그리고 다음 주 금요일은 모든 면에서 아주 이상한 인물인 칼타란의 레이몬 룰(Ramon Lull)에 대해 발표할 것이다.

우리는 2시간 동안 진행된 수도원 수업에 참석했다. 올해 우리가 공부해 온 주제의 하나는 이 수도원 건물들이 무엇인가, 왜 이것이 지어졌는가, 누가 이 건물에 살았는가 그리고 오늘날 이것은 어떻게 사용되는가에 대한 것이었다. 왜냐하면 일부 수도원에서만 여전히 수도사들이 살고 있기 때문이다. 우리는 수도원의 역사와 누가 처음 수도원을 만들 생각을 했는지에 대해 공부해 왔다. 우리는 영적 이상에 헌신해 온 인간 공동체는 많은 문화에 심지어는 고대 사회에서도 공통적으로 존재했었다는 것을 발견했다. 우리는 수도원을 누가 조직했고 오늘날 서구 문화에서 볼 수 있는 전통을 누가 세워 왔는지 공부하였다. 성 스콜라스티카의 자매이자 쌍둥이인 성 베네딕트는 수도원을 위해 처음으로 규칙을 만들고, 유럽에 기독교 수도원을 처음으로 설립하였다.

이 수업에서 우리는 다른 사람들이 학교에서 배우는 모든 과목을 공부한다. 그러나 우리는 일반적인 프로젝트의 일환으로 그것을 공부한다. 우리는 한 달 동안 수도원에 대해 연구할 것이다. 그들의 역사와 수도원에 가장 영향을 많이 준 사람에 대해 살펴볼 것이며, 문학 수업을 위해 영국 에드먼즈베리에 있는 수도원에 대한 책인 『조셀린의 연대기(Chronicle of Jocelin of Brakelond)』도 공부할 것이다. 나는 이 책이 흥미롭다는 사실에 놀랐다. 이 책은 중세 시대 수도원의 일상생활에 대한 내용을 담고 있다. 그 수도원은 현명하고 확고하지만 온화한 수도원장 삼손(Samson)이 운영하였는데, 수도원에서 일상적으로 일어나는 모든 일과 수도승 간의 분쟁을 묘사한다. 정말 이상한 점은 어떻게 그들이 그들의 일상생활을 초자연적인 세계와 단절된 것으로 생각하지 않았는가 하는 것이다. 우리는 아주 다른 의식이 놀라웠다. 그들은 매주 몇 갤런의 맥주를 할당받는다! 선생님께서 맥주가 물을 소독하며 아주 도수가 낮다고 말씀해 주실 때까지 우리는 수도승들이 항상 술에 취해 있었다고 생각했다.

수도승의 사업은 우리의 수학 공부의 내용이 된다. 그들은 수도원을 운영하기 위해 피츠이사벨(William FitzIsabel)에게 1,400파운드, 랍비 조스(Joce)의 아들 이삭(Isaac)에게 400파운드, '노위치의 유대인'인 베네딕트(Bendedict)로부터 880파운드의 돈을 빌렸다. 그들은 또한 베네딕트에게 약간의 돈을 더 빌렸는데, 그 결과 14년 후 그에게 1,200파운드를 빚지게 되었다. 우리는 부과된 이자를 계산해야 했고, 수도원장인 삼손이 그가 죽기 전에 빚을 갚기 위해 매년 어떻게 돈을 벌었는지에 대한 정보를 얻기 위해 문서들을 연구했다. 나는 이것이 다소 이상하게 들릴 것이란 것을 안다. 그러나 옛날 사람들의 실제 삶을 조사하는 것은 매력적이었다. 우리는 후(Hugh)가 수도원장이었던 시기부터 시작하여 삼손이 수도원장이었던 20년 동안의 수도원 재정의 현금 흐름도를 만들었다. (학교생활 시작부터 마지막 해까지 만들어야 했던 내 포트폴리오는 돈에 관한 것이다. 그래서 나는 이것을 내 포트폴리오에 포함시킬 수 있었다. 한 번에 두 가지를 얻는 것은 항상 멋진 일이다.)

우리는 사회복지사, 성구 관리인, 식료품 보관인, 대성당 주임사제, 수도원 부원장 등에 대한 조셀린의 설명으로 시작하여 그 수도원의 구성원 각각에 관한 카드를 준비했다. 또한 수도승들이 하루 동안 부른 성가에 대해 연구했고, 그들이 성가대석에서 했던 것처럼 두 집단으로 나누어 연습했다. 또한 우리는 그 당시 인기가 있었던 노래 중 몇 가지를 배웠다. 우리는 오래된 수도원이나 자료에서 찾은 문양 중 몇 개를 카드나 보고서에 포함시켰다.

수요일 오후 시간에 배정된 '일상적인 것의 과학 기술' 수업은 수도원의 부엌기구의 인체공학과 그들이 만든 가구에 대한 것이었다. 과학 수업에서 우리는 그들이 시간을 측정하기 위해 고안한 도구에 대해 연구했다. 이 기구는 수도승들이 찬송가를 부르고 예배를 드리도록 깨우기 위해 벨을 울리거나 시끄러운 소리를 내기도 했다. 우리는 이 기술이 어떻게 우주선까지 이어지는지에 관한 수업을 들었다. 즉, 하나가 다른 것을 초래하는 방법을 배운 것이다. 또 월요일과 금요일의 관념에 관한 수업을 듣고, 베네딕트의 규칙서에 대해 공부하고, 수도원이라는 관념과 무엇이 수도원들을 고무시키고 그렇게 오랫동안 지속시켰는지에 대해 토론했다. 우리는 우리 삶에 적용될 수 있는 도움이 될 만한 수도원 삶의 특징이 없을까 생각해 보았다.

우리는 한 달간 집중적으로 수도원에 대해 살펴보았고 『조셀린의 연대기』를 읽었던 문학 수업에서 시작된 몇 가지

> 작업을 계속해 나갈 것이다. 모두가 라틴어를 어느 정도 공부해 왔고 소수는 선택 과목으로 이를 계속 공부하기를 원한다. 우리의 생태에 대한 관념은 수도원과 그들의 환경의 관계에 대해 공부함으로써, 즉 그들이 쓰레기를 어떻게 처리했는지, 수도원이 중세 전체에 걸쳐 가장 혁신적인 농부였다는 사실에서 야기된 결과는 무엇이었는지 등을 공부함으로써 더 발전된다.

블로그는 여기서 끝난다.

10년 동안 IE 학교 학생들이 다양한 교육과정을 접하면서 정규학교의 일반적인 교육과정은 생태 위기에 대한 대응이라는 사회적 대의에 기여하는 방식으로 크게 바뀌었다. IE 교육의 형태는 이미 더 작은 교육과정 영역에 목적과 의미를 부여하는 포괄적인 이야기나 서사와 함께 훨씬 더 유연해졌다. 이것은 IE 학교들이 생태 위기에 그들의 교육과정을 맞추는 데 흥미가 없었다고 말하는 것이 아니다. 오히려 그들의 교육과정은 처음부터 생태 문제들에 민감했고, 학생들이 그 위기에 잘 대응하도록 준비시켜 왔다고 주장하는 것이다.

2020~2030년의 학교

미래에 중요한 영향력을 지닌 일반 학교 시스템의 두 가지 주요한 혁신은 2020년대에 이르러 작동하기 시작했다. 첫 번째는 이미 언급했듯이 학교와 교육과정을 당시 생태 위기에 대응할 수 있게 하는 것이었다. 많은 사람은 이것이 학교와 교수 활동을 바깥 세계와 '관련지어' 주고 세계 속의 학생을 학교 밖의 세계와 이어주고 있다며 갈채를 보냈다. 학생들이 이 생태 전쟁의 최전선을 방문할 수 있도록 복잡한 프로그램이 만들어졌다. 이 최전선은, 예를 들면 빠르고 치명적으로 해양 생태계를 파괴하는 무분별한 남획으로 파괴된 바다를 다양한 생명으로 다시 채우려고 시도하는 실험실이 될 수 있을 것이다. 또한 재식림 프로젝트, 실험적인 무공해 대중교통역 등 가장 극적인 기후 변화의 효과가 나타나는 장소 등이 되었다.

전통적인 학업 프로그램을 지속하면서 수학과 과학 교과 수업을 생태 위기와 관련시키려 노력했다고 하더라도, 거의 모든 학생들의 진정한 학교 경험은 주로 그들의 삶에 영향을 미치는 손상의 원인과 잠재적 치유에 대해 배우는 것이었다. IE 프로그램은 학생들에게 가르치는 것이 문제의 일부분이 아니라 문제 해결의 일부분이 되도록 노력하였고, 2030년대가 끝나갈 무렵 이 프로그램은 선진 국가에서 대활약하는 프로그램이 되었다.

상상력 교육의 급부상

IE가 점점 더 가시적인 형태를 드러내며 교육에서 이례적인 위치를 차지하는 가운데 2020년대에 들어섰다. 교육적 논쟁은 진보주의자와 전통주의자 사이의 오래된 이분법적 측면에서 계속되었다. 두 집단 모두에는 올바른 가치와 올바른 기술을 갖춘 새로운 세대의 시민을 준비시키는 것에 학교의 목적을 두는 '보수적이고 상식적'인 사람들이 있다. 그들은 학교를 사회의 현재와 미래의 필요에 맞추어 이 필요를 충족시키기 위해 그 안건을 바꿀 준비를 하는 이상적이고 유연한 기관으로 보았다. IE의 기본 이념은 모든 집단에서 적당히 잘 수행되었다. 왜냐하면 그 교수 방법은 진보주의자들에 의해, 그리고 그 교육과정 이념은 전통주의자들에 의해 광범위하게 받아들여졌기 때문이었다. IE 학교가 지속적으로 표준 검사에서 좋은 결과를 보여 주었기 때문에 학교의 성공에 대한 적절한 척도 시험을 활용하는 사람들에게도 모호하긴 하지만 폭넓게 인정받기도 하였다.

특별히 IE에 초점을 둔 학교라고 자처하는 학교들이 점점 증가했고, 이것은 이목을 끌었다. 학교의 수는 2020년대 중반까지 200여 개 정도로 늘었는데, 그 이유는 이 학교들이 문학, 수리, 과학에서 아주 성공적인 결과를 성취하는 데 효과적이었기 때문이었다. IE 이론이 2020년대에 더 잘 알려지면서 그것에 대한 비판 또한 늘어났는데, IE 지지자들 사이에서는 IE가 가장 잘 해석되고 잘 이행되는 방법에 대한 논쟁이 불거졌다.

IE 동향이 직면한 지속적인 문제는 상상력과 관련된 어떠한 것이든 '예술'과 연결되어야만 한다는 많은 사람들의 확고한 가정에서 비롯되었다. IE의 많은 지지자들이 서적과 논문, 학술대회와 세미나를 통해 예술만큼이나 과학과 수학에서도 상상력을 관련시켜야 한다는 그들의 생각을 계속해서 주장했음에도 불구하고 IE는 어디까지나 예술에 주로 전념하는 교육 형태라는 가정이 많은 사람들 사이에서 지속되었다. 혼동을 주는 다른 많은 관념의 경우에서처럼 이 가정은 IE에 부정적 영향뿐만 아니라 유익한 영향도 주었다.

부정적 영향 중 하나는 수학과 과학 교수 활동과 교육과정에 IE가 기여하는 잠재적인 공헌에 대한 '주류' 교육과정 전문가들의 주목을 아주 천천히 일어나게 했다는 점이다. 반면 유익한 영향은 다양한 예술 프로그램에 대한 열정과 예술적 아이디어의 창의적인 적용과 연관되어 있다. 다소 역설적이지만, 주로 IE의 지지자들이 주장하는 바에 따르면 이 순수 예술적 접근에서 나타나는 열정이 예술 교사에게는 최소한으로만 필요하고 이것이 더 필요한 사람은 과학과 수학 교사라는 점이다.

그러나 이런 이론적인 논쟁에도 불구하고 학교생활을 하는 동안 IE를 접한 학생들은 꽤 교육을 잘 받은 사람처럼 보인다는 인식이 늘어나고 있었다. 즉, 그들은 지식의 특정 영역에 대해 세부적으로 잘 알고 있고 열정을 보이는 경향이 있었다. 거의 모두 음악에 흥미를 가졌고 대부분 악기를 연주했다. 그들은 과학에 박식했고 다른 분야뿐 아니라 소설을 광범위하게 읽었다. 보다 정규적인 학교생활을 한 다른 학생들과의 이 차이는 과장되기 쉬웠지만, 학생들이 대학에 들어갔을 때 이 차이는 훨씬 더 확실히 드러났다. 대학 교수들은 IE 학교 출신이라는 것을 좋은 학업과 학습 태도에 대한 충분한 조건으로 받아들이기 시작했다. 분명히 다른 많은 학생들도 훌륭한 수업을 받았지만 IE 배경을 가진 학생들은 이들보다 더 일상적으로 교육적 미덕을 보였다.

나는 생태 위기가 학교에 중요한 변화를 가져오는 데 큰 역할을 했다고 말했다. 그리고 다음 장에서 이것에 대해 더 다룰 것이다. 나는 이 위기가 없었어도 비슷한 어떤 일이 일어났을 것이란 사실에 이 시대의 역사가들이 동의하리라 생각한다. 다시 말하면 최선진국들의 학교는 충분히 높은 수준의 학문적 기술을 가진 학생들을 기르는 데 성공하지 못했고, 자신의 문화적 역사에서 이용할 수 있는 도구, 이해를 위한 도구를 학교에 다니는 학생 인구의 하위 50%에 도입하는 데 계속 실패해 왔다. 이 학교들은 여전히 개인적이고 사회적인 수행 기준의 관점에서 스스로를 정당화했다. 그 당시 교육 연구자들은 학교교육에서 사회화 기능을 강조한 것이 실제 일어났던 학업에서의 부적절함을 초래한 것이라고 생각하지 않았다. 즉, 당시의 교육적 결정을 이끈 일단의 관념들을 고려해 봤을 때, 생태 위기는 학교가 이미 불가피하게 나아갈 수밖에 없었던 방향으로 선회하도록 계기를 제시한 하나의 특별한 사건에 불과했다.

06 2030~2040년의 학교

학교 조직에 대한 다양한 실험

2030년대 사회와 경제의 전 지구적 붕괴는 주류 사회, 특히 제1세계에 고통을 불러왔다. 격동기의 막바지인 2040년에 가까워서야 생태 위기가 불러올 것으로 예상되었던 최악의 충격을 피할 수 있을 것이라는 희망의 신호가 보이게 되었다. 이를 위한 비용은 어마어마했지만 희망의 작은 불빛이라도 깜박이게 할 수 있다면 어떤 비용이라도 치를 가치가 있었다. 그러나 불빛은 정말 희미했고 사람들은 여전히 이 위기에 대한 효과적인 대응의 첫 신호가 사라질까 전전긍긍했다.

환경 문제와 관련하여 안정과 통제의 가능성이 보이기 시작하자 학교를 둘러싼 소란은 더 커졌다. 2030년대 말을 향해 가며 일부 지역에서 시도된 급진적 형태의 구조 조정은 2040년대에 두드러질 경향의 시작이라고 볼 수 있다. 따라서 이 장에서 기술될 내용은 학교교육이 19세기 중후반에 창시된 이래 이 근대 학교를 극복할 가장 거대한 변화의 시작일 뿐이다.

요약하자면 사회적 · 생태 위기에 대한 수많은 학교의 헌신적 활동은 세 가지 근거에서 공격을 받았는데, 이 세 가지 근거는 각각 조금이나마 환경 위기를 완화할 수 있다는 관점에서 인정을 받은 것이었다.

첫째, 살레르노주의자들과 이와 연대한 비엔나선언 집단에 의하면 생태 위기에 잘 대응했다고 여겨지는 학교교육과정은 실제로 이 위기를 극복하는 데 도움이 된 프로그램과 아무런 관련이 없으며 오히려 이로 인해 학생들의 일반교육은 엄청난 피해를 입었다는 것이다. 지난 10년간 살레르노주의를 주도한 아마토(Amato) 박사는 "우리 학생들은 생태적으로 민감할지는 몰라도 일반 지식이나 이해를 측정하는 모든 시험에서 점수가 낮고 특히 과학, 수학, 읽기 능력에서 점수가 낮다."고 말한다. 물론 생태 문제에 창의적이고 효과적으로 대응할 수 있는 사람들이 동시에 수학과 과학 지식에서 매우 뛰어날 수도 있었을 것이다. 그러나 그들은 사회 문제에 대한 이념적 인식을 습득한 것이 유용한 지식과 기술을 희생함으로써 성취된 결과라 주장했다.

둘째, 혹자는 사회 문제에 대하여 학교가 쏟아부은 무모한 헌신으로 인해 환경 테러리스트 세대가 양산되었다고 주장했다. 이들은 예전 젊은 세대의 대중운동으로 번져나갔던 환경 좌파들을 가리킨다. 이 당시 많은 학생은 환경을 위한 그들 스스로의 행동과 관련하여 정의감에 불타 있었다. 열성적인 교사들에 의해 독려된 이 학생들은 환경에 해를 입히는 개인이나 사업, 다른 사회적 조직체의 특정 행동에 '환경에 나쁜'이라는 이름을 붙이며 다소 거친 학생 깡패 집단으로 발전했다.

셋째, 예전에는 위기에 대처하기 위해 학교가 급진적인 것을 시도하도록 요구했던 대중과 정치가들이 이제 자신이 시도했던 프로그램과 변화의 부적절함을 깨닫고 다시 학교로 눈을 돌렸다. 최악의 위기 기간 동안 영향력을 잃었던 살레르노주의자들이 다시 빠르게 영향력을 회복하며 이들이 지원하는 광범위한 연구가 진행되었을 때, 대중과 정치가들은 학교 체제에서 문학, 과학, 수학을 가르치는 일이 효과적이지 못하다는 새로운 공격을 감행할 수 있게 되었다. '기술/지식의 위기'로 표현되는 이것은 매체의 주요 관심이 되었다. 또한 살레르노주의자들의 말대로 학생을 사회화하거나 이념화하는 것은 학교의 학술적 역할을 방해한다는 인식으로 나아갔다. 그리고 이러한 인식 때문에 이 시기에는 학교 조직에 대한 다양한 실험이 일어나게 되었다.

공교육 체제에서 일하는 이들은 학교에 대한 공적 후원이 급격히 감소한 것에 대해 다소 고민하고 당혹해하면서 새로운 취약점을 깨닫기 시작했다. 한 세기 반 동안 학교에 대한 공적 혐오가 종종 있어 왔다는 사실은 당연하게 여겨졌지만, 이러한 불만의 원인을 신중하게 제거하려는 노력이 이 불만을 잠재워 왔다. 적절한 프로그램의 부재가 거친 불만의 참된 이유임에도 불구하고, 프로그램이 지나치게 학술적이라는 불만이 제기되면 좀 더 '실제적인' 프로그램이 개발되었고, 직업에 대한 준비가 부족하다는 점이 지적되면 직업 훈련이 더욱 강조되었다. 기본적인 문해력 수준이 감소했을 때는 해당 영역의 점수를 높이는 프로그램이 소개되었다. 교사 집단이 지지해 온 프로그램의 옹호자들은 그 프로그램들이 때때로 비효과적인 이유에 대하여, 지금 학교에 대해 불평하고 있는 바로 그 사람들이 학교를 계속 경쟁적으로 만들도록 요구하여 그 프로그램들을 현장에 적절하게 적용하지 못했기 때문이라고 주장한다.

그러나 학교가 봉사해야 하는 사회에 학교에 대한 불평이 널리 퍼지면서 이 불평에 대응하기 위해 학교 자체가 급진적으로 재구조화되어야 하는 일이 일어나리라고는 아무도 예상하지 못했다. 살레르노주의자들이 주로 사용하는 '쇠락하는 기관'이라는 말이 널리 통용되기 시작했고, (이러한 상황 속에서) 이 시기 교사들의 근심은 꾸준히 늘어나고 있었다.

2030~2040년의 교수 활동

아마도 이 시기에 가르치는 직업은 전체적으로 혼란 속에 있을 것이다. 물론 직업에서의 '혼란'이 특정한 학교의 특정한 교사가 날마다 무엇을 행하는지를 통해 포착되는 것은 아니다. 교사가 같은 연령대로 조직된 20명 내지 30명의 학생 집단과 친숙한 과제를 계속 수행하고 있다 하더라도, 당신이 한 학교에 들어가서 혼란에 대한 증거를 발견하기란 쉽지 않을 것이다. 혼란이란 단어는 '실패하고 있는 기관'의 문제를 다루는 집중적인 시도에 사용될 때 그 의미가 살아날 것이다. 교사들은 새롭게 시행되어야 할 끊임없는 조사, 시험 그리고 교육과정 계획에 시달리고 있었다. 이로 인한 스트레스는 많은 교사들이 직업을 떠나게 되는 이유가 되었다. 새로운 교사가 채용되었고, 교사라는 직업이 점점 더 존중받지 못하면서 교사에게 요구되는 학문적 성취의 수준은 불가피하게 하락하였다.

일반적으로 교육적 사고는 오랫동안 그것을 지배해 온 몇 가지 관념에 사로잡혀 있었다. 진보주의자들은 보다 아동 중심적인 프로그램이 필요하고, 학생들의 흥미가 교육과정을 결정지어야 하며, 어린이의 발달과 학습 성향의 본성을 드러내는 연구에 좀 더 많이 주목해야 하고, 가르치는 일은 이러한 연구 결과에 맞추어져야 한다고 주장했다. 과거 이러한 이념과 실천의 성공 사례가 확실히 부족했던 이유는 이것이 현장에 적절히 적용되거나 시행되지 못했기 때문이었던 것으로 여겨졌다. 더 많은 교사 교육과 더 많은 워크숍이 필요했다. 마음이 급한 정치 권력은 이러한 프로그램을 위한 재정 지원을 아끼지 않았다. 그러나 살레르노주의자들의 대안을 위해서도 재정 지원이 이루어졌으며, 이것은 전통적 관념의 엄격한 시행, 심지어 보다 체계적인 적용으로 이어졌다.

개별 학교는 이러한 광범위한 학교 프로그램을 다양하게 변형하여 운영하고 있었다. 하나의 교육구는 종종 이웃 학교들이 완전히 상이한 프로그램을 시행하도록 요청했다. 대중적 학교 교육이 시작된 이래로 어느 정도는 이런 문제가 계속 되어 왔지만 2030년대 십 년 동안 교육이라는 이름으로 학생들이 겪은 완전히 다른 교육 경험 때문에 학교 운영자들은 교육을 위해 무엇을 해야 하는지 분명한 개념에 대한 공적 지각을 상실하기 시작했다.

상상력 교육(Imagainative Education: IE)가 가장 중요한 수확을 얻은 것도 바로 이 시기였다. 오랫동안 IE는 진보주의자와 전통주의자들이 채택해 온 각각의 두드러진 교육 이념 때문에 별로 눈에 띄지 않았다. 2030년대에 IE가 빠르게 성장할 수 있게 된 한 가지 중요한 조건은 점차 악평이 높아져 가고 있었던 이 두 교육 철학과 IE가 별개라는 인식이었다.

많은 사람에게 결정적 영향을 미친 사건은 2033년 캐나다 밴쿠버에서 열린 미국교육학회 학술대회에서의 논쟁이었다. 밴쿠버에서 IE 연합이 처음 시작되었기 때문에 도시의 가장 큰 컨벤션 홀에서 주요 세션으로 두 번의 토론을 개최하였다. 하나는 IE의 대변인과 진보주의 대표자 간의 토론이었고, 다른 하나는 그다음날 진행된 IE 대변인과 살레르노주의 대변인 간의 토론이었다. 이 행사는 다소 우연히 일어났다. 세션을 기획했던 몇 사람이 개최 도시와 연관된 어떤 특성을 부여하자고 제안했고, 다른 누군가가 IE가 거기서 시작되었다는 것을 기억했다. 이 행사는 그 자체로는 그렇게 극적이지 않았고 실제로 어떤 이는 토론이 지루하기까지 하다고 느꼈다. 그러나 IE에 그렇게 특별한 자리가 주어졌다는 사실은 IE의 많은 중요성을 상당히 새롭게 인식하도록 만들었다.

이 토론은 인터넷으로도 중계되어 전 세계의 행정가와 정책 입안자들이 볼 수 있었고, IE의 이념과 실천이 광범위하게 수용되는 시초가 되었다. 물론 이 프로그램이 일반적으로 현장에 시행되기까지는 거의 10여 년의 세월이 걸렸다. 어떤 면에서 IE의 성공은 진보주의와 전통주의 접근의 실패를 입증하는 것처럼 보였다. IE의 채택을 후원한 많은 사람들이 그것의 교육적 기초에 대해 잘 몰랐음에도 불구하고 IE는 학교교육에 대한 격렬한 논쟁과 의심의 시기에 신선한 대안을 제공하는 듯 했다. 어떤 사람은 단지 그들의 실천과 성공을 좋아했으며 또 다른 사람은 학생들로 하여금 광범위한 지식을 잘 익히게 하려는 IE의 끈질긴 접근에 호감을 가졌다. 토론은 진보주의에 공감하는 이들과 전통주의를 좋아하는 이들 모두에게 호소력이 있었기 때문에 이전에 교육정책에 대해 갈등했던 사람들에게 광범위한 동의를 상대적으로 쉽게 얻을 수 있었다.

확실히 토론은 IE의 대표자인 프렌트 바시(Prett Basi)와 골든 플라이트(Gordon Flyte)에게 더 유리했다. 진보주의자 마리안 바너지(Marian Banerjee)와 살레르노주의자인 오웬 귀넥(Owen Gwynek) 모두가 시작부터 방어적인 태도를 취했다. 이는 그들이 잘못 정의되었거나 다양하게 정의된 방식의 학교의 실패에 대해 공적인 비난의 압박을 느꼈기 때문이었다. 그들의 발표가 대체로 다양한 비판을 피하는 데 초점을 맞추었다면, IE의 발표는 새로운 이념과 실천을 주장하고 성공적인 결과를 보여 주었기에 활기차고 긍정적으로 보였다. 바시 박사와 바너지 박사의 논쟁은 학술대회의 수요일에, 플라이트 박사와 귀넥 박사의 논쟁은 그다음 날에 있었다.

IE의 대표자들은 반대자들의 이념을 많은 이들이 지각하는 학교의 실패와 명확히 연관지으면서 토론을 시작했다. 이러한 토론 전략은 IE에 유리하게 작용했다. 진보주의와 전통주의 프로그램은 결국 학교에서 여전히 지배적인 것이어서 IE의 교수법이 지속적으로 사용되어 널리 퍼지게 되었다고 하더라도 이것은 기존의 교육적 접근이 받는 일반적 비판을 받을 필요는 없었다. 진보주의와 전통주의 옹호자들이 불리한 이유는 또 있었는데, IE 대표자들이 IE 프로그램에서 그들이 강조하고자 한 바를 부각시켜 논의한 반면, 이들은 둘 다 IE가 자신의 프로그램과 공통점이 많다고 이야기하는 것으로 시작했기 때문이다.

실제로 그들은 다소 선심 쓰듯 IE가 자신들의 프로그램의 한 산물이라고 주장함으로써 확실히 논쟁에 좋지 않은 행보를 취한 것이다. 이로 인해 바시와 플라이트 박사는 점점 신뢰를 잃어 온 프로그램과 자신들 프로그램의 차이점을 강조하게 되었고, 진보주의자와 전통주의자들이 유사점으로 본 것은 단지 그들이 혼돈한 것이라고 주장했다.

우연히도 인도 푸나에서 몇 마일 떨어진 동네에서 태어났다는 공통점을 지닌 바너지와 바시는 각자에게 주어진 30분 동안 자신의 프로그램의 핵심을 대강 설명했는데, 그 과정에서 이들은 왜 자신의 프로그램이 학교의 미래를 더 나은 방향으로 인도할 수 있다고 믿는지, 이 프로그램의 실행을 통해 그리고 더 나은 미래를 위해 무엇을 해야 하는지에 대해 제안했다.

발표가 끝나고 발표자는 자신의 입장을 좀 더 깊이 이야기할 수 있는 비형식적 토론에 초청되었다. 바너지와 바시 박사는 무대 양쪽의 연단에 서 있었다. 다음은 공개 발표 후에 있었던 이들의 의견 교환을 발췌한 것이다. 첫 번째는 공개 발표 첫날에 일어났던 것이고, 두 번째는 공개 발표 둘째 날에 일어났던 것이다.

바너지: 당신은 학생들이 학습할 때 쓰는 도구를 이해하는 것과 그에 따라 가르치는 데 초점을 두어야 한다고 계속해서 말해 왔습니다. 그 말은 처음부터 학생의 발달 단계

와 학습 스타일을 이해하고 그에 따라 가르쳐야 한다는 진보주의의 주요 원칙과 다를 바가 없습니다. 우리가 자주 말해 왔고 제시해 온 것처럼 우리는 당신이 훌륭한 교수 방법을 발견했다는 사실을 인정했고 교사에게 그 교수 방법을 수업에 적용하도록 권장해 왔습니다.

바시: 하지만 우리의 교수 방법은 고유한 주요 원칙과 연결되어 있습니다. 당신네 진보주의자들은 진보주의의 주요한 규칙 중 하나인 통찰을 무시했습니다. 존 듀이(John Dewey)는 교육에서 목적과 수단은 상호 연결되어 있다고 했습니다. 예를 들어, 그는 교사가 발견 학습을 사용하기를 원했는데, 그 이유는 그 방법이 가장 효율적이기 때문이 아니라 그 방법들이 과학적 탐구 방법을 가장 잘 반영했기 때문이고, 그의 교육적 목적을 구성했던 것은 바로 그러한 형태의 사고였기 때문입니다. 즉, 교육의 목표는 수단과 함께 연결되어 있다는 것입니다. 이 사실은 IE 교육 접근에도 그대로 적용됩니다. 우리는 수업을 이야기 구조로 만들고 여기에 다른 인지 도구들을 사용합니다. 왜냐하면 IE의 목표가 각각의 아이들이 문화적 역사에서 유래된 사용 가능한 다양한 인지 도구들을 자유롭고 유연하게 사용하는 것을 최대화하는 것이기 때문입니다.

바너지: 그것이 교육 목표라는 것에는 반대하지 않습니다. 그렇기 때문에 우리가 그 방법들을 직접적으로 차용하기도 했던 것입니다. 단지 당신은 다른 용어를 사용하고 있

을 뿐입니다.

바시: 하지만 만약 당신이 듀이의 원칙을 심도 있게 다룬다면 세상에 대한 지식에 상상력을 개입시키는 우리의 목표가…….

바너지: 그 또한 우리 모두 그렇게 생각하고 공유하는 것입니다. 당신은 우리와 공통점이 없다고 생각하시지만…….

바시: 하지만 우리의 교육적 접근은 문화적 역사나 현재의 활용에 존재하는 지식의 맥락에서만 학습이 가능하다는 원칙에 관한 한 당신의 것과 공유되는 것은 없습니다. 즉, 우리는 학생들이 많은 양의 지식을 배울 것을 요구하는데, 왜냐하면 그러한 '도구들'이 지식 속에서 작동하는 상황에서만 학생들의 상상력이 그것과 함께 작동할 수 있고 이들의 이해력도 증진될 수 있기 때문입니다.

바너지: 그 점 또한 동의하지 않는 것이 아닙니다. 다만 마치 지식이라는 것이 마음의 빈 공간에 채워져야 하는 어떤 것이며 학생들이 이 모두를 일단은 자신의 기억 속에 저장해 둘 필요가 있다는 당신의 주장에는 동의할 수 없습니다. 우리는 오랫동안 학생들이 학습해야 할 중요한 것이 학습의 절차 혹은 과정이라고 주장해 왔습니다. 학생들이 모든 지식을 기억할 필요는 없습니다. 이미 인터넷과 도서관에 모든 지식이 있지 않습니까? 학생들이 알아야 하는 것은 어떤 특정 시점에 필요한 지식에 접근하는 방법이고, 자신의 필요에 의해 그 지식을 적절히 활용할

수 있는 방법을 아는 것입니다.

바시: 음…… 당신은 적어도 우리가 이 점에 대해 의견이 다르다는 사실은 인정해야 합니다. 교육이론으로서의 진보주의가 지니는 지속적인 약점의 근본 원인은 내용이 아니라 절차적 · 과정적 지식을 강조해 온 것이라고 생각합니다. 혹은 당신의 문제의 원인은 이 두 가지를 계속해서 분리시키려고 했다는 점입니다.

학생들의 상상력은 오직 자신이 알고 있는 것을 바탕으로 작동할 수 있습니다. 만약 학생들이 어떤 지식에 '어떻게' 접근해야 하는지만 알고 정작 그 지식을 모른다면 인터넷에 있는 모든 지식은 학생들의 상상력 개발에 교육적으로 전혀 도움이 되지 않습니다. 나는 때때로 당신의 '아동 중심적인' 철학이 교육에서 지식이 수행하는 역할을 간과했다고 생각합니다.

바로 이 점이 진보주의만의 고유한 교육과정을 구성할 수 없는 이유이고, 분명히 사실이 아님에도 불구하고 당신이 우리와 동일한 교육적 목표를 공유한다고 말하는 이유입니다. 절차나 과정, 방법 그리고 도구들은 그것들이 발전시켜 온 지식과 연결되어 있습니다. 이 모든 것(과정, 방법 그리고 도구들)은 쉽게 얻을 수 없습니다. 바로 이 점이 진보주의와 우리의 중요한 차이점입니다. 당신들은 학습의 노고와 알아가는 즐거움 없이 쉽게 얻어지는 교육을 원합니다.

바너지: 그건 말도 안 됩니다. 우리는 학생들이 호기심으로 지식의 세계에 이끌려 들어가기를 소망합니다. 우리의 목표는 같지만 그 목표에 이르는 수단은 다른 것 같습니다. 단지 이 차이입니다. 아이들을 위한 교실이 탐험과 기쁨 그리고 개방의 장소가 되어야 한다고 생각하는 우리의 의견과 잘 맞지 않는 것은 '일의 고통' 이나 '작업' 에 대한 당신의 고집스런 강조입니다.

학생들의 학습에 대한 생각은 우리도 당신과 다르지 않습니다. 단지 아이들의 타고난 소질에 대하여 우리가 당신보다 더 믿고 있을 뿐입니다. 우리는 교실에서의 더 많은 자유가 더 많은 학습의 가능성을 열어 준다고 믿습니다.

앞에서 얘기한 것처럼 우리는 진보주의적 생각에 오류가 있다고 보기보다는 학교와 교사들에 대한 제약 그리고 끊임없이 강요되는 시험이 아이들의 타고난 성향이 적절하게 발산되는 방법을 찾지 못하게 하는 원인이라고 봅니다. 만약 우리의 교육철학에 따라 학교를 조직하는 기회가 주어진다면, 우리는 분명 모두를 위한 교육적 성공을 거둘 것입니다. 당신은 진보주의와의 차이점에 대해 계속 강조하지만 IE 수업이 학생들의 학습에 대해서 우리와 유사한 믿음과 원칙에 의해 진행되고 있다는 것은 확실합니다. 당신들의 수업은 학생들이 학습에 자신의 상상력을 이용하여 참여하는 데 중점을 두는데, 이것은 바로 우리 진보주의 수업과 다를 바가 없습니다.

바시: 하지만 진보주의 쪽 교육인지 IE 쪽 수업인지 당신은 즉시 구별할 수 있을 것입니다. 그렇지 않습니까? 바로 그 차이점은…….

바너지: 글쎄…… 당신의 말에 동의할 수 없을 것 같습니다. 나는 많은 IE 수업을 참관했고 진보주의 수업에도 있어 봤지만 두 수업 모두 아이들의 학습 스타일에 대해 동일한 관심을 가지고 있었던 것 같은데요…….

바시: 하지만 학습 스타일에 대한 당신의 이해와 우리가 생각하는 인지 도구는 좀 다르다고 봅니다. 만약 당신이 진보주의 수업과 IE 수업의 표면적인 특징만 관찰한다면 이 두 수업이 비슷해 보일지도 모릅니다. 하지만 이해를 위해 인지 도구를 사용하는 방식에서 학생들이 어떤 공통점을 갖는가가 우리 문제의 초점이라면, 당신의 수업은 교육적 실천에서 학생들의 심리적 차이점과 기능에 대한 지표 그리고 교육적 실행에 있어 가장 중요하지 않은 신경생리학적 데이터를 찾는 데 혈안이 되어 있지 않습니까?

첫 번째 날 나눴던 대화는 시간이 지날수록 더욱 논쟁이 첨예화되면서 어떤 주제에 관해서도 해결점을 찾을 수 없었다. 청중은 이들이 자신의 입장만 되풀이할 뿐, 상대의 입장은 이해하지 못하고 있다고 느꼈다. 하지만 이상하게도 그 후 몇 주, 몇 달 동안 특히 그다음 토론은 IE쪽의 확실한 승리처럼 보였다. 이 토론에서 양쪽은 첫 번째 토론에서처럼 유보적인 입장을 보였지만 IE의 생각은 확실히 명확하고 새로웠으며 교육에서 더 희망적인 접근 방법처럼 보였다.

IE가 진보주의와 비슷하다는 바너지 박사의 주장은 학술대회 토론 후에 비공식적 논의에서도 문제가 되었다. 왜냐하면 그녀는 진보주의의 모든 강점으로 IE를 칭찬하고자 하는 것 같이 보였고, 이것은 또한 IE가 살레르노주의자 프로그램의 강점에 대한 소유권을 주장하도록 허락해 주는 것이기 때문이었다. 앞서 얘기된 두 입장의 주장에서 논쟁이 될 만한 힘을 가진 유일한 노선은 바시 박사가 많이 인용한 다음 구절이었다. "당신은 학습 과정의 노고와 앎의 즐거움 없이 교육을 쉽게만 하려합니다." 다시 한 번 말하지만 이는 바너지 박사가 강력하게 주장한 것처럼 불공평할 수 있다. 하지만 이는 수사학적으로 큰 효과가 있었으며, 특히 이어지는 IE 언론 뉴스 브리핑에서 더욱 두드러졌다.

목요일의 플라이트 박사와 귀넥 박사 간의 토론에 다시 한 번 꽤 많은 청중이 모여 들었다. 연설의 시작에서 플라이트 박사는 전날 바시 박사가 말했던 입장을 세심하게 재정리했는데, 그 결과 IE만의 차이점을 매력적인 관점으로 볼 수 있게 했다. 그렇다 하더라도 그리 인상적이지는 않았다. 시간이 조금 지나자 토론에서 논쟁적인 사안이 다뤄졌다. 귀넥 박사는 바너지 박사의 주장, 즉 IE의 고유한 특징은 전통주의적 접근의 또 다른 형태일 뿐이라는 주장으로 시작하며 전날 바너지 박사가 했던 것처럼 별로 현명하지 못한 수사학적 전략을 썼다.

귀넥: 어제 당신 측 대표는 학생이 수업 자료를 이해하도록 하는 데 쏟아부은 공헌을 강조하면서 IE와 진보주의의 큰 차이점을 주장했습니다. 당신은 계속 당신의 생각과 우리의 생각이 완전히 다르다고 하는데, 나에게는 그 차이점이 심오한 어떤 것이라기보다는 그저 취향의 차이인 것 같습니다. 다시 말하자면, 우리 양쪽 모두 문화적 역사로부터 형성된 지식에 익숙한 박식한 학생을 양성해야 한다는 목표를 공유하고 있습니다. 당신은 특정 형태의 지식, 즉 이해의 발전을 형성하기도 하고 자극하기도 하는 지식에 대해 말하고 있습니다. 이에 대한 한 예로, 당신은 셰익스피어의 연극이나 다윈의 이론 또는 장자의 우화가 학생들의 교육적인 발전에 대단히 '뛰어난 도구'라고 말해 왔습니다. 음…… 특정 언어를 빼고 나면 이러한 관점은 우리가 오래전부터 주장해 왔던 입장입니다. 마음은 우리가 배우는 지식으로 구성되고, 만약 우리가 좋은 마음을 원한다면 좋은 것을 그리고 많은 것을 배울 필요가 있습니다. 이것은 당신도 동의하는 것 아닙니까?

플라이트: 내 생각에 IE와 당신의 교육관 간의 차이는 미묘하면서도 심오합니다. 당신은 특정한 고전 작품, 지식, 예술 형태 등의 교육과정을 구축합니다. 왜냐하면 그러한 것들을 아는 것이 '교육'이라고 믿기 때문입니다. 우리도 그것들이 가치가 있다고 보지만 그렇게 보는 이유는 교육은 인지 도구 개발에 중요성이 있고, 그것들은 또한 풍부

한 인지 도구를 내포하고 있다고 보기 때문입니다. 우리가 당신이 간과하고 싶어 하는 '인지 도구'와 같은 것을 추가하는 점만 제외한다면 이는 당신에게 동일한 것으로 보일 겁니다. 하지만 당신이 불필요하다 여기는 인지 도구들은 사실 매우 중요합니다. 우리는 특정 고전 작품을 잘 배움으로써 교육이 성립한다고 믿지 않습니다. 오히려 교육은 인지 도구에 숙달해야 성립되는 것입니다. 당신이 가치를 두는 규범적 고전들은 학생들의 이해 도구를 형성하는 데 도움이 될 수 있습니다. 하지만 세상에는 그러한 도구를 형성하는 많은 방식, 다양하고 많은 지식의 형태, 상이한 문화적 길이 있습니다.

귀넥: 당신의 말하는 그런 방식이 나에게는 상대주의처럼 들립니다. 나는 왜 당신이 명백히 동의하는 그 일련의 생각들로부터 스스로를 분리하고 싶어 하는지 모르겠습니다. 나는 여기에 IE 교육과정을 가지고 있습니다. (그는 디스크 한 장을 들어 흔들었다.) 어떤 면에서는 IE가 전통주의적인 학교에서 찾을 수 있는 어떤 교육과정보다 철저히 내용 중심적입니다.

플라이트: 하지만 교육이 곧 교육과정은 아니지 않습니까? 우리가 펼친 운동에서 쓰인 말 중에 상당히 애매하지만 지금 인용하기에는 적절해 보이는 한 구절이 있습니다. "모든 지식은 인간의 지식이다. 지식은 인간의 희망, 두려움 그리고 열정으로부터 자라난다. 지식에 대한 상상적

참여는 그것이 나오게 된, 그리고 그것이 살아 있는 의미를 발견하는 희망, 두려움 그리고 열정의 맥락에서 배우는 것으로부터 출발한다."는 것입니다. 이 표현이 단순화된 인과성을 암시한다는 데는 분명히 문제가 있지만 여기서 중요한 것은 지식이 우리 마음 안에서 자라나고 상상력에 참여하는 방식입니다. 그것은 지식이나 도구에 관여되어 있는 감정과 연관되어 있는데…….

귀넥: 나는 당신의 인용 문구에 동의합니다. 우리 교육과정이 곧 교육이라고 믿지 않습니다. 우리는 교육이란 교실에서 생명력을 얻어야 한다는 점을 인정합니다. 가장 지식이 많은 사람이 곧 교육을 잘 받은 사람은 아니라는 점 또한 잘 알고 있습니다. 지식은 그것을 좋은 일에 사용될 수 있게 하는 인간의 자질과 함께 습득되어야만 합니다. 당신은 단지 전통주의 프로그램인 양 행세하는 가짜 모방품에 지나지 않습니다.

플라이트: 만약 그랬다면 미안합니다. 이제 우리 입장 간의 차이점을 강조하려고 합니다. 당신은 우리의 차이점을 인정하고 싶어하지 않거나 차이점이 중요하지 않다고 생각하는 것 같습니다. 어제 바너지 박사는 진보주의자들이 마음에서 지식이 성장한다고 보는 방식에 대해 설명했고, 그녀는 신경생리학과 심리학을 많이 언급했습니다. 나는 어떤 특정한 지식 형태에 익숙해지는 것이 교육받은 마음의 기본요소를 형성한다는 살레르노주의 프로그램의 강

> 한 신념이 걱정스럽습니다. 이러한 믿음은 특정한 교육과정 내용을 신화화하게 되고 이 집착이 경직으로 이어져 가치 있는 지식으로 구성된 핵심 교육과정을 배우고 회상하는 데 필요한 피상적인 지적 능력에 지나친 신뢰를 부여하게 됩니다.
>
> 지금 고백하건대, 저에게 교육을 받는 과정에서 과연 지식이 어떻게 성장하는지는 여전히 문젯거리입니다. 비록 IE만의 이론을 가지고 있지만 말입니다. 그러나 우리는 진보주의 관점과 당신 관점 사이의 제3의 견해를 제시해 봅니다. IE 수업에서의 목표는 인지 도구를 개발시키는 것이고, 많은 형태의 지식이 인지 도구를 개발시킨다고 봅니다. 이러한 IE의 이론은 교육과정 구성에 확실한 기준을 제시하는 동시에 유연성도 제시합니다. 이에 반해 전통주의적 교육과정은 경직되어 있고, 진보주의적 교육과정은 모호합니다.

이렇게 토론은 계속되었다. 플라이트 박사가 인용했던 "모든 지식은 인간의 지식이고 열정과 두려움과 함께 한다."는 구절은 귀넥 박사도 동의하였으며, IE측 교육 프로그램의 선전에 많이 사용되었다. 양측 간의 합의점을 찾는 것은 요원해 보였고, 앞에 인용되었던 그 구절은 오히려 IE와 전통주의/살레르노주의 교육의 극명한 차이점을 설명하기 위해 채택되곤 했다. 그 구절은 전통주의 형태의 교육은 감정이 부족하고 교육이라는 사업의 핵심인 인간적 요소로서의 감정에 대한 관념이 부족하다는 것을 사람들에게 인식시켰다. 이런 점은 분명 공평하지 못했으나 투키디데스(Thucydides)가 말한 것처럼 역사는 예측 불가능하다는 사실만을 예측할 수 있을 뿐 공정하지도 않고 예측할 수도 없다.

토론 후에 많은 IE 지지자들이 플라이트 박사가 교육의 '제3의 길'에 관해 사용한 그 구절을 인용했는데, 왜냐하면 이 구절이 IE 언론 브리핑에서나 광고에서 많이 사용되었기 때문이다. 물론 '제3의 길'이란 단어는 정치 정당, 이념 운동, 종교적 하위 집단이 수백 년 동안 사용해 온 고대의 슬로건이다. 이 단어는 항상 매력적이었다. 왜냐하면 서로 반대되는 두 개의 지배적인 집단은 어떤 통찰력을 가지게 되는 동시에 심각한 혼란 속에 있다는 것, 그리고 이때 제3의 집단은 좋은 생각은 이어가고 나쁜 생각은 버릴 수 있다는 것을 암시하기 때문이다. 슬로건은 논변을 구축하기 위해 사용되는 것이 아니라 제3의 길을 유리한 방식으로 촉진하기 위하여 그 운동에 관한 중요한 어떤 것을 포착하는 데 사용된다. 즉, 슬로건은 무엇인가 깊게 생각하기 위해 만들어진 것이 아니라 사람들이 기꺼이 설득될 수 있도록 어떤 생각이나 느낌을 주입시키는 데 유용하다. 이 시기는 교육계가 IE를 받아들일 준비가 되었다는 것을 의미했다.

이 토론 과정은 IE에 매우 유리한 방향으로 작용하였다. 그중 첫 번째는 이로 인해 교육 분야에서 IE의 가시성이 더욱 증대되었다는 점이며, 두 번째는 그 두 IE 대변인들이 명예 실추 상태에 빠져 있던 기존 전통적 운동의 강점을 취함으로써 전도유망하고 호소력 있는 신진 세력으로서의 역할을 수행하였다는 점이다. 이들은 매우 광범위하고 다양한 교육적 측면에서의 성공 사례를 제시함으로써 그 당시 이미 일부 긍정적 결과를 축적하고 있던 하나의 매력적인 새로운 교육 형태로서 IE를 소개하는 역할도 매우 훌륭하게 수행해 주었다. 또한 바너지 박사와 귀넥 박사가 말했던 주요 단점은 거의 인정되지 않았다. 이어서 진보주의자 및 살레르노주의자 모두가 제기한 비판은 '신 포도'로 치부되었고, 이탈리아의 살레르노 지역과 연관된 살레르노주의자의 운동은 '시어빠진 레몬'으로 무시되었다.

그다음 세 번째로, IE의 핵심 지지 집단은 위에서 언급된 몇 개의 문구를 일관되게 집중 조명한 영리한 언론 캠페인으로 토론의 승리를 계속 이어갔다. 이것은 IE의 이념과 실천이 반대논리 지지자들의 주장보다 우월하다는 확신이 지속적으로 확산되었기에 가능한 일이었다. 이 확신을 뒷받침할 만한 충분한 이유는 없었지만 이 토론을 통해 확립된 내용을 재기술하는 과정에서 다윗과 골리앗의 이야기가 자연스런 역할을 했다.

마지막으로 이러한 일련의 과정을 통해 축적된 결과물이 교육 행정가들에게는 현재 자신을 괴롭히는 곤란한 상황에서 벗어날 수 있는 길을 제공하는 것처럼 보였다는 사실이다. 따라서 상당수가 토론과 IE 문헌에 나타난 논지를 통해 설득되고 있었다 할지라도 대부분의 교육 행정가들은 정치적인 이유로 '제3의 길'이라는 새로운 언어를 사용하기 시작하였다. 이것은 이들에게 공적으로 지각되는 과거 학교제도의 실패로부터 스스로를 분리시킬 수 있는 전략을 제공했고, 새로운 접근과 방향을 스스로 제시하고 있는 것처럼 보이게 했다. 이것은 상당히 잘 작동하는 것으로 판명되었다. IE는 하나의 새로운 사조로 인식되었으며 정규 학교에서 매우 양호한 성과를 거두는 동시에 차별적 특성을 보여 주었다. 그로 인해 정치인들은 제반 학교 문제에 대한 해결책이 발견되었다고 믿게 되었고 교사 재교육, IE 자료 확충, 현직 교사를 위한 워크숍 개최 그리고 오랜 기간 동안 변화 과정의 일부로 자리 잡고 있던 교육 활동의 전반에 자금이 배정될 수 있게 되었다.

상기 기술 내용은 최근 10년간 교수 활동 분야에서 진행된 변화에 대한 짧은 내용을 다소 장황하게 소개한 것처럼 보일 수 있다. 이 중 상당 부분은 다음 장에 포함되는 것이 더 나았을 수도 있지만 변화가 일어난 전후 상황을 이해하는 데에는 매우 유용할 것이다. 이러한 방식이 독자에게 좋은 점은 다음 장의 내용이 훨씬 더 짧아질 것이라는 점이다.

이 10년의 기간 중 IE가 직면하게 된 커다란 도전은 IE의 이념 및 자료 사용에 대한 폭발적 확대와 증가에 과연 어떻게 효과적으로 대처할 수 있는가 하는 문제였고, 이 외에도 IE가 새롭고 성공적으로 성장해 나가는 과정에서 장기적으로 지속되고 만연한 문제점도 있었다. 예를 들어, 많은 교사를 재교육시키는 과정은 매우 어려운 것으로 보였으며, 지난 약 20여 년 동안 IE에 대해 잘 인식하는 교사와 그렇지 못한 교사 간에 상당한 분열이 존속되고 있는 실정이었다. 이 중 그렇지 못한 교사들은 IE를 활용할 능력이 없거나 적극적으로 활용할 의지가 없는 이들이었다. 하지만 IE는 지지자들 웹사이트에 회자되던 유명 문구에 따르면 '상당한 인기를 얻고 있는' 상태였다.

2030~2040년의 교과과정

적어도 명시적으로는 사회화 기관인 학교의 전반적인 비효율성 문제가 어떻게 인식되고 있는가와 관련하여, 교육기관 내부에서는 많은 자기 성찰 노력이 있었고 교육기관 외부에서는 많은 압력이 있었다. 만일 20세 전후의 누군가가 공동체의 주요한 사회적 기관의 기능에 대해 제대로 파악하지 못하고 있다면, 이는 이들이 초기 학교교육에서 제대로 배우지 못했기 때문은 아니라는 사실이 지적되었다. 다시 말하면, 초기 사회과 교과에서 명시적으로 다루고 있는 사회화 과정은 점차 비효율적이고 무의미할 뿐 아니라 지적으로도 아주 사소한 것으로 인식되고 있었다. 아이들의 사회화는 가족과 또래 집단 그리고 공동체에 의해 좌우되었다. 사회과 교과를 통한 학교의 명시적 기여는 측정할 수 없을 정도로 아주 미미한 수준에 그치고 있었다.

학교가 청소년의 사회화 과정에 적절히 기여하지 못하고 있다는 정치인들과 교육 행정가들의 주장은 특히 많은 교사의 기분을 언짢게 하였다. 사실 선진 사회에서 학교는 청소년을 위한 온갖 문제를 다루는 기관이 되었다. 생태학적 위기 문제는 한동안 서구 주요 도시에서 인종 위기의 문제를 어느 정도 수면 아래로 감추었다. 노동력 공급을 위해 이들 사회가 채택한 이민 정책은 요구되는 제반 유형의 자금 지원을 제대로 받지 못하고 있는 실정이었다. 이러한 지원은 이민자들이 새로운 사회 환경과 대규모 이민 과정에서 불가피하게 초래된 변화에 적응하도록 교육시키기 위해 필요한 것이었음에도 말이다. 이것이 주요 도시의 학교교육에 미친 영향은 종종 엄청난 문제를 낳았다. 많은 도시에서 한 교실 안에 12개 이상의 언어가 혼재되어 있었지만 정작 이 중 해당 국가의 모국어는 없었다. 이 정책 입안 당사자들은 이로 인해 발생하는 제반적인 청소년 관련 문제는 학교가 처리하거나 누군가 어떤 방법으로든 그러한 조건의 학생들을 교육할 것이라는 단순하고도 무책임한 가정을 하고 있었다. 정치인들도 고급 및 저급 수준의 기술 인력을 외부에서 수입하는 방식으로 자국 내 경제 수요에 대응하며 과거 교육기관에 제대로 자금 지원을 하지 않아 생긴 위기를 아주 쉽고 저렴하게 해결하였다는 사실을 자축하고 있었다.

그 결과 학교는 거의 치유 불가능한 상황에 직면하였다. 이 과정에서 인식된 실패로 인해 대중적 지지를 다시 회복하려는 행정 담당자들은 일부 급진적 방식의 새로운 '해결책'에 대해 매우 개방적인 태도를 취하게 되었다. 급작스럽게 유행을 타게 된 IE 개념에서 파생된 한 가지 해결책은 학업 활동을 사회화 활동과 분리시키는 것이었다. 이 같은 분리는 대부분의 IE 학교에서 오랫동안 여러 형태로 실행되어 왔으며, IE 학생들이 사회적 적응 면에서 다른 누구에 비해 전혀 떨어지지 않을 뿐 아니라 일반적으로 더 잘 교육받은 것으로 명백히 드러났다.

다시 말하면, IE는 학업 성취를 사회적 차별의 결정요소로 활용하는 것은 어느 모로 보나 비효율적이라는 사실을 지적하였다. 사회적 분류 기능과 관련된 아이들의 불안감은 학업 활동에 지장을 주었고, 그러한 방식으로 학업 결과를 활용하는 것은 사회적 분류를 수행하는 비효율적인 방식이라는 것이었다. 그러나 명시적인 사회화 과정을 위한 학교의 분명한 역할이 있었고, 이를 위해 일정 수업 시간이 할당되어야만 했다. 그럼에도 학교가 이 같은 역할 수행을 위한 최상의 기관인지 아니면 혹은 심지어 적절한 기관인지 여부도 분명하지 않았다. 하지만 단기적으로 어떤 대안도 가능하지 않았고 경제적으로도 타당하지 못했다.

이러한 10년이 끝날 즈음 학업 프로그램에서 사회화 프로그램을 분리하기 위한 최초의 시도가 대대적으로 이루어졌다. 처음에는 학업 프로그램에서 성적을 덜 강조하였고 그 이후에는 강조되는 부분의 초점이 바뀌는 경향이 있었다. 사회화 프로그램은 훨씬 더 정확한 평가 절차에 종속되었다.

첫 번째 프로그램은 앞선 10년간의 성공적인 IE 혁신 과정에 따라 시작되었다. 오전 중에는 개정된 학술적인 학업 프로그램과 개정된 사회과 교육과정을 포함한 새로운 유형의 사회화 프로그램, 오후 시간에는 직장 준비 프로그램을 설정하여 시행하는 방식으로 운영되었다. 교사들은 자신이 전문적으로 수행하기 원하는 프로그램을 선택하였고, 대체로 이 선택은 자발적으로 이루어졌다. 그들 스스로가 선택한 프로그램에서 능력을 더 잘 발휘한다는 사실이 교육 행정가들에게 분명히 드러났다.

오후 활동은 일반적으로 사회 전체와 훨씬 더 통합되는 양상을 보여 주었다. 이 활동은 학생들을 다채로운 사회적 역할에 통합시키는 과정일 뿐 아니라 가능한 범위의 다양한 직업을 위한 준비 과정으로 새롭게 인식되었다. 그에 따라 학생들이 보다 관심을 가지는 직장 생활 준비 분야에 집중할 수 있도록 돕는 보다 고도로 정교한 기구들이 개발되었다.

2030~2040년의 학교

이 10년 동안 학교에 부과된 무서운 압력이 무엇인지는 이미 앞에서 어느 정도 암시되었다. 가장 큰 압력은 오랫동안 학교의 지지자들이었던 노동자 및 하층 계급으로부터 나왔다.

민주국가에서 공교육을 정당화하는 한 가지 논리는 이것이 민주적인 사회생활 정립에 기여할 것이라는 점이었다. 학교는 모든 학생의 '기회의 평등'을 보장하는 방식으로 이 같은 역할을 수행할 것으로 기대되었다. 그래서 노동자 계급의 자녀도 더 이상 가난한 지역 공동체에 갇히지 않고 부유층 자녀와 동일한 사회적 선을 얻는 동일한 기회를 가질 것으로 기대되었다. 그러나 불행히도 근대 학교교육이 설립된 이후 가장 일관되고 강력하게 지속되고 있는 명확한 상관관계는 바로 학생들의 최종 소득 수준 및 문화적 삶과 부모의 최종 소득 수준 및 문화적 삶 사이에서 나타났다. 학교는 이러한 비민주적이고 부당한 사회의 계급 구분에 어떤 영향도 미치지 못하였다. 이에 대한 반대 논리로, 일부 학교 옹호론자들은 수입과 교육 수준에서 그리고 가족 세대의 계급에서 이동이 일어나는 경우가 많이 있었다고 주장했다. 그러나 많은 경우, 학교가 비민주적 상황을 파괴할 것이라는 기대를 가졌던 이래로 일어난 사회적 이동은 과거에 일어난 사회 이동보다 그 수가 실제로 더 적다는 사실이 지적되었다.

2036년 발표된 올메르트(Olmert)의 악명 높은 저서인 『사회적 진보의 적: 지속적 계급 장벽 속에서의 공교육의 역할(The Enemy of Social Progress: The Role of the Public School in Sustaining Class Barriers)』은 마치 교육기관의 등에 비수를 꽂는 것과 같은 역할을 하였다. 올메르트와 많은 통계 결과가 보여 주는 것처럼 근대 학교는 사회 민주화 과정에 기여하기보다 오히려 이를 방해하는 데 더 많은 역할을 수행하였다. 즉, 학교는 근대 학교가 세워지기 이전 명백한 신분 사회보다도 근대 사회의 계급 유지에 더 큰 역할을 하였다.

이 같은 주장은 여전히 진보주의 사상에 물들어 있던 학교 담당자들에게 받아들여지기 어려웠다. 그로 인해 이들은 자신의 헌신적 열정과 자기 규정과는 정반대임에도 불구하고 사회의 가장 퇴보적인 존재로 낙인찍히게 되었다. 한 세기가 넘도록 학교 행정가들과 교사들은 일반적으로 다소 좌파 성향을 띠고 사회적 사안에 민감하며 기회의 균등에 헌신할 뿐만 아니라 사회 진보를 위한 전투의 최전선에서 싸우는 것으로 자타 모두에게 인정받고 있었다. 그러고 나서 이러한 일이 일어난 것이다.

많은 불편한 진실이 그러하듯이 이 문제 또한 오랫동안 거의 대부분 무시되어 왔다. 학교가 계급 질서를 타파하기 위해 별로 한 것이 없다는 사실은 당연한 것으로 간주되고 있었을 뿐 아니라 실제로 다른 불편한 사실들에 대한 설명이나 변명의 구실로 활용되기까지 하였다. 올메르트는 가난한 학생들이 모든 시험에서 성적이 저조한 것이 별 무리 없이 그저 받아들여졌다고 지적했다. 혹자가 이들은 단지 '현실'이라고 주장하면 올메르트는 이것이 바로 진보주의가 사망을 고한 구체적 증거라고 주장했다. 학교는 처음에 주장하고 약속했던 학업성취도를 낳지도 못했으며, 당시 사회적 붕괴 상태를 고려할 때 사회화 역할을 적절하게 수행했다는 증거도 보이지 못했다. 이제 올메르트는 학교가 어떻게 사회적 진보의 적으로 그 역할을 수행해 왔는지 적나라하게 보여 줌으로써 진보주의라는 이데올로기의 관에 마지막 대못을 박아버렸다.

물론 이 중 상당 부분은 지나치게 단순화되었으며 정확하지도 않을 뿐더러 어떤 것은 완전히 잘못되었다. 그러나 이로 인한 피해는 매우 광범위했으며, 학교 구성원들은 이 같은 공격에 대처할 수 있는 어떤 철학적 훈련도 받지 못했기 때문에 대부분의 교육기관이 그저 몸을 숨기기에 급급하였다.

사회 및 환경적 위기 상황에 현명하게 대처하지 못한 학교 당국의 실패, 즉 수학, 과학 및 문해 과목에서의 학업 성취 향상의 실패 그리고 노동자 계급 구성원을 위한 사회적 신분 상승 지원 기관으로서 학교의 비효율성에 대한 사회적 인식은 학교의 주요 구성원들에게 많은 실망을 안겨 주었으며, 이러한 실망감 속에서 19세기 중반부터 널리 알려져 온 형태의 학교는 종말을 고하게 되었다.

제3의 길을 찾아서

2040년대 말까지 교육에서의 제3의 길은 선진 사회 전반의 교육 행정가들에게 최우선 의제였다. 각종 학술대회와 워크숍, 전 · 현직 교사 양성 프로그램, 교육과정 안내, 교육과정 관련 자료 및 교육 개혁 사업의 전 영역은 IE를 보다 많은 학생에게 전파하기 위해 고군분투하고 있었다. IE 담당 책임자들에게 이것은 천국과 지옥을 번갈아 가면서 확실히 대재앙으로 나아가는 것처럼 보였다. 그 변화는 규모가 너무 방대하였고, 이념은 지나치게 복잡하였으며, 교수를 위한 절차는 교사 자신과 자신의 역할에 대한 이해의 전적인 변화를 요청하였다. 이것은 IE 기관들을 매우 신명나게 하면서도 불안과 위험으로 가득 찬 상황을 조성했다. 이들은 이 예상치 못한 수준의 성공이야말로 바로 신들이 자신을 파멸시키기 직전에 예비해 놓은 것임을 상기했다.

그러나 IE는 최종적으로 이를 성공시키고자 하는 진보주의자들의 다양한 시도 끝에 출현한 것이었다. IE 학교는 절차적 지식과 수행 방법, 정보 검색 방법, 학습을 하는 것을 배우는 것, 아동 중심 그리고 다른 따분한 진보주의 슬로건에 초점을 두었던 이전의 구식 학교와는 분명히 다른 것으로 인식되었다.

IE 절차는 지식을 완전히 통달할 수 있도록, 즉 각종 인지 도구는 이 도구와 상호 긴밀하게 연계되어 있는 상당 수준의 지식이 축적된 경우에만 개발되도록 촉진하였다. 심지어 이야기와 같은 도구의 경우에서도 학생들이 전 세계적으로 분포되어 있는 다양한 이야기에 대해 배우고, 자신만의 고유한 이야기 전달 기법을 연습하고 피드백을 받은 후 자신의 이야기를 수정한 후에야 비로소 충분히 풍부한 방식으로 활성화될 수 있었다. 학생들은 그 도구를 수많은 활용 방식을 통해 이해해야 했으며, 이를 위해서는 상당한 연구가 요구되었지만, 거의 모든 학생이 자신에게 성공과 이익이 올 것을 이해할 수 있는 그런 연구였다. IE가 상상력과 정서, 유머를 적절한 학습과 이해에 결정적인 것으로 개발하고자 하는 고유한 방식은 비록 그것이 항상 명확하게 이해되거나 정확하게 실행되지 못했더라도 일관되게 강조되고 있었다.

새로운 수혜자인 학생의 관점에서 볼 때 지난 10년간의 교육적 혼란을 통한 IE의 확산은 한 가지 분명한 효과를 낳았다. 이들이 현재 학교에서 수행하도록 기대되는 많은 일은 상당히 흥미로운 것이라는 점이다. 이들이 사는 세계의 경이로움은 이들의 상상력을 일깨운다. 매우 끔찍한 사회적 조건 속에서 학교에 오는 아이들조차 엄청난 지적 모험의 세계를 통해 얻게 되는 즐거움으로 상당한 위안을 얻을 수 있게 되었다. 이 같은 모험이 사회 문제를 해결하거나 개인적 고통을 완화시켜 주거나 고통에 대한 치유책을 제공해 주는 것은 아니다. 그렇지만 그것은 신비와 경이로 가득 차 있는 세계, 우리를 괴롭히는 일상적 문제점을 다루는 방향으로 적시에 전환될 수 있는 도구들로 가득 찬 세계의 문을 열어 주었다. IE 학교의 주요 업적 중 한 가지는 학교가 전달할 수 없는 실질적인 사회적 효과를 제공해 주겠다고 약속하지 않았다는 점이다. 오히려 IE는 우리 주변을 둘러싸고 있는 사회적이고 실질적인 세계 속에서 사람들이 바라는 대로 활용할 수 있는 마음의 세계에 진입할 수 있게 해 준다는 약속만을 하였다.

진보주의적 사상에 여전히 헌신하는 많은 이들에게 이러한 변화는 가장 타협하기 어려운 것이었다. 학교는 사회적 삶과 연관되어 있는 기관, 학생들의 교육적 필요에 관련되는 것을 결정했던 핵심 기관이 되는 대신 다른 어떤 기관도 보조를 맞추며 따라올 수 없는 빠른 속도로 하나의 분리된 장소, 즉 마음의 힘을 향상시키는 인지 도구의 축적과 마음의 발달에 초점을 두는 곳으로 전환되어 가고 있었다.

07 2040~2050년의 학교

출생률과 학교

2040년대 동안 세계의 많은 정치가와 행정가들은 두 가지 연결된 문제에 대응하는 일에 연루되었다. 첫 번째 문제는 생태적 훼손을 막기 위한 고비용의 지속적 노력이었고, 두 번째 문제는 이러한 노력이 감소하는 출생률에 의해 도움을 받기도 하고, 방해를 받기도 한다는 점이었다. 선진국에서의 출생률은 반세기가 넘게 감소해 왔지만 2040년대 들어서는 이 추세가 가속화되었다. 개발도상국에서는 생태적 훼손 및 하위산업 구조의 쇄락이 초래한 질병들과 함께 이 같은 현상이 나타나면서, 전 세계적으로 출생률은 근대적 인간이 진화한 이래 처음으로 심각할 정도의 지속적 하락 단계로 접어들었다. 2049년 학교에 입학한 아이들 집단의 평균 규모는 그해 졸업하는 학급 크기의 3/4보다도 작았다.

돌이켜 생각해 보면, 급락하는 출생률은 당시 많은 사람이 두려워했던 것보다 훨씬 덜 심각한 문제였다. 하지만 2040년대에 학교 시스템 관리자들은 적은 수의 학생들을 어떻게 다룰 것인가에 몰두했고, 그 결과 교사의 평균 나이가 증가하면서 교사 수가 상당수 감소하고 있었다. 사실이든 아니든 간에 세상이 직면하고 있는 대부분의 위기가 부적절한 교육의 직접적인 영향 때문이라는 인식이 막연한 진리로 팽배하였다. 따라서 전 세계 많은 나라가 교육에 대한 투자를 눈에 띄게 늘렸고, 이에 따라 교사라는 직업은 예전보다 더 적은 수업과 더 많은 보수를 받는 매력적인 직업이 되었다. 교직은 많은 남자 교사들을 끌어들였고, 남자든 여자든 2040년대 후반 무렵 학교에 새로 들어온 신참교사들은 근대 대중교육이 생긴 이후로 가장 잘 교육받은, 높은 수준의 학력을 갖춘 이들로 구성되었다.

2040~2050년의 교수 활동

교육 시스템에 투입된 상당한 양의 돈으로 인해 많은 현직 교사들에게 더 많은 학업 기회와 방법론적 전문성을 갖출 훈련 기회가 주어졌다. 이 기간(2040~2050년) 동안 교사들과 이들의 실천에 영향을 준 주요 변화를 나타내기 위해 2049년 아일랜드 클론멜에 사는 교사 패트릭 피아트로스키(Patrick Piatrowski)가 쓴 일지의 일부 내용을 제시하고자 한다. 피아트로스키 선생은 한 학기 동안 전문성 개발과 승진을 위한 프로그램에 참여하였고, 이 일지에는 그가 수업을 들으면서 썼던 논문들과 프로그램에 대한 성찰과 기술이 포함되어 있다. 이러한 내용은 현재 우리의 목적에 유용하다. 그는 7년 전에 초등학교 교사가 되었다.

첫 번째 발췌록은 그가 이 프로그램을 위해 쓴 지원서의 일부분으로, 이 프로그램을 수강해야만 하는 이유를 기술한 것이다.

> 지난 5년간의 수업은 어떤 의미에서 보더라도 성공적이었다. 그 점에 대해서는 대체로 만족하지만, 그럼에도 불구하고 나는 수업 시간에 학생들 앞에 섰을 때 무엇인가 잘못되어가고 있음을 느낀다. 나는 수업 시간에 IE 방법을 꽤 많이 쓴다. 이는 예전에 내가 IE 대해 전반적인 훈련을 받았고, 스

스로도 수업에 적용했을 때에 효과가 있다고 생각했기 때문이다. 그러나 이러한 IE 방법들은 그것들이 유용하다고 느끼는 만큼 내가 느끼는 불안감의 원천이 된다는 생각도 든다. 다시 말하자면, 교과서에서 말하는 것처럼 여러 수업 기술은 세계를 배워 나갈 때 '학생들의 상상력이 동원되도록 하는' IE의 이상을 담고 있었고, 이를 통해 나는 가르치는 보람을 느꼈을 뿐 아니라, 학생들이 진심으로 최선을 다해 학습에 참여하는 모습을 보게 되었다. 그럼에도 불구하고 나는 내가 가르치고 있는 주제의 핵심에 들어가지 못하고 있다는 느낌을 점점 강하게 받았다.

정확하게 표현하기는 힘들지만, 예를 들어 내가 여섯 살이 되는 학생들에게 맹금류(독수리, 매, 올빼미)에 대해 가르칠 때 '거대하고 조용한 밤하늘의 암살자'인 올빼미와 그 외의 것들 대한 자료들, 학생들에게 필요한 인터넷 자료들을 준비한다면 분명히 학생들은 이 주제에 참여하고 재미있게 배우게 될 것이다. 하지만 나는 IE의 원칙들이 이 이상을 요구하는 것처럼 느껴졌다. 예를 들어, 더 깊이 있는 이해로서 자연에서의 생존과 더 복잡한 포식 관계 그리고 풀 사이로 황급히 지나가는 작은 흑쥐를 향해 나뭇가지로부터 조용히 접근하는 올빼미의 육체적 느낌 등에 대해 이해하도록 해야 할 것 같았다. 물론 무엇인가에 대해 더 깊이 이해하도록 가르치는 것은 언제나 가능하다. 학생들의 풍부한 상상력의 개입보다는 이들이 '적절하게' 상상력을 개입하는 정도에 만족할 필요가 있다는 것도 안다. 하지만 내가 타고 있는 IE라는 배는 내가 성취한 것들에 만족할 수 없게 만드는 난파 위험에 놓여 있었다.

지금 이 문제를 지나치게 극적으로 만들기는 어렵지 않다. 이전에 나는 스스로 만족스러웠고 능력이 있었다고 생각했지만 처음에 느꼈던 조그만 불안이 어느 순간 큰 불만으로 바뀌어 있었다. 나에게 희망이 있다면 현재 수강하고 있는 이 프로그램이 지금 내가 느끼고 있는 불만을 파악하고 다룰 수 있도록 해 주거나 아니면 현재 내가 품고 있는 IE의 이상에 가까이 가는 데 필요한 수업 도구나 기술을 갖출 수 있게 해 주면 좋을 것 같다. 만약 그렇게 된다면 나는 좀 더 강건하고 괜찮은 교사가 될 수 있을 것이다.

피아트로스키 선생에게 프로그램 참여를 허가한 이들에게 이 지원서는 호소력이 있었다. 다음은 이 프로그램을 들은 지 2주차 되는 시점에 쓴 피아트로스키 선생의 개인적 성찰인데, 이것은 프로그램의 전체적 구조에 대해 알려주는 바가 있다.

솔직히 초반 이틀 동안의 토론과 분석은 시간 낭비라고 생각했었지만, 바로 그 시간이 우리 각자에게 맞는 프로그램을 설계한 유용한 시간이었다는 생각이 든다. (이 프로그램은 15명의 그룹으로 이루어졌다. 그가 언급한 토론과 분석은 대부분 그가 제출한 입학지원서 포트폴리오에 기반을 두고 있다.) 주요 결정은 우리에게 필요한 작업으로서, 학문적 작업과 방법론적 작업의 비율에 관한 것이었다. 나의 프로그램은 75%의 학문적 작업과 25%의 방법론적 작업으로 나눠져 있었다. 하지만 실제로 이 수치가 제안하는 것처럼 분명하게 구분된 것은 결코 아니었다. 첫째 주의 수업과 워크숍에서 프로그램 강사들은 내가 해당 주제에서 학생들의 인지 도구를 활성화시킬 만한 주요 특징을 어떻게 이끌어 낼 수 있는지에 대해 더 많은 시간을 보내길 바라는 것 같았다. 그것은 인지 도구에 대해 더 많이 알아야 함을 의미했다. 나의 주요 수업은 초등학교 역사, 과학 그리고 수학이었다.

이 과목들은 IE 원칙들을 사용하도록 가르쳤고, 그에 따라 우리는 학생들에게 가르칠 수 있는 방법들을 계속 연습했다. 강사들은 우리가 가르쳐야 하는 교육과정 자료에 초점을 두었고 특정 역사, 과학, 수학 주제에 대한 우리의 이해를 심화시켰다. 그렇게 함으로써 수업에 가장 강력하게 참여할 수 있도록 하는 주요한 특징을 끄집어낼 수 있게 했고 우리 학생들에게 특별히 호소력이 있을 만한 특징 또한 볼 수 있게 해 주었다. 우리는 항상 각각의 주제를 신화적, 낭만적, 철학적인 관점에서 보았다.

나는 대부분 신화적 도구를 사용하도록 훈련받았기 때문에 이렇게 여러 각도에서 바라보는 것이 혼란스러울 것이라고 생각했다. 하지만 여러 관점으로 생각해 보는 것이 대안적인 신화적 과정을 생각할 수 있는 능력을 키워 준다는 생각이 들었다.

과학 강사인 자즈키스(Zazkis) 선생이 큰 도움이 되었다. 그녀는 학생들을 감정적으로 참여시키고 이들이 정서적 이미지를 떠올리도록 하기 위해 어떻게 주제에 중점을 두어야 하는지에 대한 원칙을 이야기하기 시작했다. 수업의 끝 무렵, 우리는 내가 봄마다 가르치는 주제 중 하나에 대해 다뤘다. 바로 '고래'에 대한 것이었다.

"고래에 대한 이야기에는 무엇이 있을까요?" 그녀가 물었다. "그것들은 아주 큽니다."라고 한 여성이 말했고, "어떤 것들은 노래를 부르기도 하지요."라고 자즈키스 선생이 대답했다. 우리는 잠시 동안 그런 고래의 특징에 대해 무엇을 말해야 할지 생각하고 있었다. "그것은 포유류인데, 평생 동안 수영을 하지요."라고 내가 다소 조심스럽게 말했다. 아마도 나의 이런 관찰이 자즈키스 선생이 계획했던 것에 맞았던 것 같다. 다행히도 "좋아요."라고 그녀가 대답했다. 하지만 무엇이 좋다는 것인지 난 궁금했다. "푸른 고래는 지구에 존재하는 것 중에 가장 큰 동물이고 가장 큰소리를 낼 수 있지요."라고 내 옆에 앉은 남성이 얘기했다. "좋아요."라고 자즈키스 선생이 다시 한 번 대답했다. "어떤 고래는 일 년에 1,200마일이 넘는 거리를 여행하지요."라고 첫째 날 모임에서 만났던 마니(Marnie)라는 여자가 얘기했다. "보통의 푸른 고래의 심장은 천 파운드가 넘는 무게가 나가고, 소형차 크기만 하죠."라고 자즈키스 선생이 덧붙였다. 그리고 그녀가 말했다. "그래서 고래에 대한 얘기는 뭐라는 거죠?" 그녀는 잠시 멈추고는 말을 이었다. "인간이 크게 소리치면 70데시벨까지 올라갈 수 있고, 제트엔진은 약 140데시벨까지 소리가 나지만, 고래는 거의 190데시벨까지 소리를 낼 수 있어요. 바다에서 수백 마일 떨어진 곳에서도 고래의 소리를 들을 수 있죠. 그래서 우리의 이야기라는 것이……?"

"그래서 고래들이 멋지다고요?"라고 망설이면서 한 남자가 대답했다.

"우리 모두도 멋지지 않나요?"라며 자즈키스 선생이 웃었다. "쥐도 고래만큼 멋져요. 우리가 이 두 동물을 비교해 볼 수도 있을 것 같은데요? 하지만 그전에 고래에 대해 느껴 봅시다. 고래에 대해 어떤 이미지가 떠오르나요? 바다에서 고래의 엄청난 심장박동 소리가 들리는 것 같나요? 고래의 동맥을 통해 요동치는 혈관을 생각해 보세요. 마치 여러분이 기어갈 수 있을 법한 터널을 통해서요. 그 엄청난 규모의 굽이굽이 돌아가는 우아한 혈관을요! 이 고래들은 금세기 초반 포경꾼들을 피해 겨우 생존했지요. 고래의 뇌는 20파운드 정도 나갈 수도 있습니다. 고래는 어떻게 생각하는 것일까요? 그들은 어떻게 숨을 쉬고 물 안에서 다른 포유류처럼 새끼를 낳을 수 있는 것일까요? 우리 지구상의 모든 대양을 돌아다니는 이들의 거대한 여행에 대해 생각해 보세요." 그녀는 잠시 멈췄다. "지금은 밤입니다. 큰 폭풍이 40피트 높이의 파도를 만들어 내고 있고 천둥과 번개도 치고 있는데 그곳에 두 마리의 푸른 고래가 있습니다. 그들은 잠시 동안 물 밖으로 올라와서 검은 바다를 보다가 한 번에 30분 정도 물 속 깊이 들어가 있습니다. 또 숨을 쉬기 위해 물 밖으로 잠시 나왔다가 물 안으로 들어갑니다. 그들은 한 시간에 20마일씩 꾸준히 이동하고 서로 1마일 정도 떨어져 있지만 찰칵하는 소리를 내며 계속해서 서로 접촉하고 있습니다. 그들은 남아메리카 해안에서 출발해서 풍부한 먹잇감이 있는 남쪽 오스트레일리아로 가서 번성할 것입니다. 심지어 거대한 자신의 몸뚱이조차 내던지는 검은 파도에 대해 그들은 어떻게 생각하고 느낄까요? 어떤 충동이 그들로 하여금 그렇게 먼 여행을 하도록 하는 것일까요? 그리고 표지판도 없는 망망대해에서 어떻게 그들의 길을 찾아서 가는 것일까요? 폭풍우가 치는 그런 밤에 그들은 서로에게 무슨 말을 하는 것일까요?"

그녀는 그쯤에서 시계를 보더니 "나머지는 숙제입니다. 여러분의 고래에 대한 이야기는 무엇인가요?" 고 말하며 교실을 나갔다.

[일주일 후의 발췌록]

다시 자즈키스 선생의 수업 시간이 돌아왔다. 우리는 2학년을 위한 고래에 대한 수업을 다섯 개의 단원으로 구성하고 있었다. 다섯 개 단원 모두 내가 지난 몇 년 동안 가르쳐

왔던 것과는 달랐다. 나는 두 개의 단원에 대해 준비해 왔는데 자즈키스 선생이 잘 준비해 왔다고 말해 주었다. 이전에는 많은 부분을 인터넷 자료(고래의 비디오, 3D로 볼 수 있는 고래의 골격에 대한 자료, 고래 몸의 기능에 대한 도표 등)로 준비를 했었다. 나는 '기록적인 고래'에 대한 부분을 준비해 왔는데, 가장 큰 고래, 가장 작거나, 가장 길고, 가장 소리가 크고 혹은 가장 빠르며, 가장 깊이 다이빙할 수 있거나 가장 큰 뇌를 가지고 있거나, 가장 먼 거리를 이동하는 고래 등에 대한 내용이었다. 비록 내가 가르치는 대부분의 학생은 '신화적' 단계에 있었으나 나는 학생들이 낭만적인 도구들을 더 사용하도록 장려했다. 자즈키스 선생은 이 부분이 가치가 있다고 생각했지만, 학생들의 감성적인 가능성을 더 끄집어낼 수 있도록 범주의 일부분을 바꿀 것을 권했다. 실제로 '집단의 구조'는 가장 사회적인 개별체 혹은 가장 덜 사회적인 개별체, 가장 외로운 개별체나 무리를 가장 좋아하는 개별체 등의 관점에서 더 잘 연구될 수 있을지도 모른다. 그녀는 또한 '가장 끔찍한 것'의 범주도 제안했는데, 이것은 내가 예전에 사용했지만 이번엔 모르고 포함시키지 못한 것이었다. 그녀는 또한 고래에 대한 노래를 기반으로 한 일련의 '기록'을 제안했다. 각각의 학생들이 가장 좋아하는 것으로 가장 긴 것, 가장 복잡한 것, 가장 뾰족한 것 등 그리고 나서 학생들에게 왜 그것을 그렇게 좋아하는지 물어보라고 했다.

마니의 조가 준비하고 자즈키스 선생이 대부분의 시간을 할애한 새로운 단위의 수업은 '고래의 소음'으로 명명되었다. 나는 마니 조가 준비한 방식이 학생들을 주제에 적극적으로 참여시킬 좋은 방법이라고 생각하지는 않았지만, 어쨌든 우리를 단숨에 사로잡는 남자 꼽추의 노래로 수업이 시작되었다. 그리고 최근의 고래 노래에 대한 해석과 고래들이 의사소통하는 범위에 대해 토론을 했다. 마니 조는 고래를 크기의 관점보다는 가장 시끄러운 동물이라는 점을 중심으로 주제를 풀어나갔다. 물론 나중에 이 소음에 대한 주제를 통해 크기에 대한 주제로 가긴 했지만 말이다. 그러고 나서 고래의 혈관에서 추적 마이크로폰으로 녹음한 푸른 고래의 심장박동 소리 오디오 이미지를 보여 줬고, 고래가 물위에 뛰어오르는 소리와 고래의 행동에 대해 묘사를 했다. 역전류 검출관 이미지와 함께 고래가 상이한 속도로 차갑거나 따뜻한 물에서 여행하는 기록을 포함하여 마니 조는 고래의 소리를 통해 보통 교육과정에 있는 고래에 관한 모든 정보를 다루었다. 그들은 사진 자료와 비디오 자료를 거의 사용하지 않았다. 자즈키스 선생은 마니 조의 창의성과 학생들의 적극적인 듣기 참여 및 교육에 대해 칭찬했다.

우리 조의 주제는 '불가사의한 거인'이라고 불렸고, 먼저 우리가 푸른 고래에 대해 얼마나 잘 모르고 있는지에 초점을 맞추었다. 학생들이 이 동물의 크기를 느끼는 것은 어렵기 때문에 우리는 교실 안으로 겨우 우겨 넣을 수 있는 가벼운 무게의 고래 혀 모형으로 시작했다. 그것은 고래 혀의 질감을 가지고 있었고, 진짜 혀가 4톤이나 나간다는 것을 설명해 주었다! 이것을 만드는 데 일주일이 걸렸기 때문에 우리는 이 물건을 매우 자랑스러워했다. 자즈키스 선생은 아주 인상적이라고 말했지만, 그것을 교실이나 학교 어디에 보관해 둘 계획인지 물었다. 우리는 정말 그것에 대해서는 생각하지 못했다. 그러고 나서 우리는 동물 크기의 불가사의와 어떤 생명체는 왜 푸른 고래처럼 커졌는지에 초점을 맞추었다. 이 점은 얼마나 먹어야 하는지, 어떻게 먹는지 등의 문제로 이어졌다. 우리는 푸른 고래에 대해 남아 있는 신비로운 사실들에 초점을 맞추면서, 이들의 이동 패턴, 항해 기술, 먹이를 먹는 곳에 대한 감각, 정서적 생활, 지능 등등에 대한 수수께끼로 학생들의 주의를 사로잡으려 노력했다. 〔고래의 거대한 두뇌가 일반적인 기능을 하기 위해서는 비합리적인 동물들이 필요한 것보다 더 클 필요가 있고 이것은 또한 고래의 매우 생생하고 정서적인 삶과 연관이 있어 보인다는 스펜서(Herbert Spencer)의 생각에 많이 의존했다. 그 후 우리는 이 주제에 대한 더욱 최근의 증거를 살펴보았다.〕 우리는 불가사의한 감정에서 시작하여 이러한 동물들이 학생들을 매우 쉽게 자극할 수 있는 더욱 '낭만적인' 감정인 경이로움으로 나아갔다.

내가 스스로 해 본 주제는 피그미 쥐와 푸른 고래를 비교하는 것이었다. 이것은 자즈키스 선생이 한 주 전쯤에 반 농담으로 제안한 것이었다. 나는 그들의 다양한 신체적 특성과 기능을 구체적으로 비교했고, 더욱 관심을 끌 수 있도록 각각의 두 동물에 개별적 특징을 부여하고 학생들이 그 주제를 기반으로 한 비교에 참여하게 했다. 그래서 이 주제에 대한 수업에서 '교사'는 거의 등장하지 않고 쥐와 고래가 전적으로 '가르친' 것이다. 또한 나는 모든 쥐 사진을 크게 확대하여 보여 주고 고래 사진은 작게 축소하여 보여 주었다.

학기가 끝날 때까지 나는 내가 가르쳤던 교과과정 영역과 관련된 수학, 과학 그리고 역사에 대해 많이 배웠다. 그것은 IE 교사 교육 프로그램에서 배웠던 것과 같이 한 사람이 하나의 주제에 대해 더 많이 알수록 그 주제에 상상력을 가지고 참여할 수 있다는 사실의 분명한 사례가 되었다. 상상력을 가지고 참여하는 인지 도구에 기반을 두게 되자 점차 분명해지는 맥락 속에서 지속적으로 사고하고 배우는 것 또한 유용하였다. 이를 통해 우리가 어떤 도구에 참여하기를 원했는지를 확인하고 이에 참여할 수 있기 위한 적절한 지식을 발견하는 것이 훨씬 쉬워졌다.

우리는 피아트로스키의 일지 후반부 일부를 살펴본 후 이 절을 맺을 것이다.

이 프로그램에서 나에게 가장 유용했던 부분은 고분카(Gobunka) 선생과 일주일에 한 시간씩 만난 모임이었는데, 그 모임에서는 2학년 학생들의 포트폴리오를 도와주었다.

여기서 다룬 주제는 학생들이 1학년 때부터 초등학교를 졸업할 때까지 공부할 내용이다. 나는 학생들과 함께 꽤 일상적으로 이 활동을 하고 있었고, 추가 자료와 자원을 찾는 것을 도와주었다. 또한 그들이 자신의 주제에서 탐구할 수 있는 보다 깊은 차원을 제시했고, 일반적으로 내가 할 수 있는 최대한을 지원해 주었다. 한편 프로그램의 전반을 형성하는 내 교수 활동을 분석하면서, 내가 아직 대다수 학생이 신화적 인지 도구를 진정으로 활성화할 수 있는 자료를 이해하지는 못했다는 사실을 알게 되었다. (나는 낭만적인 도구를 사용하는 데 더 능숙한 것 같았지만, 종종 그것들을 조금 일찍 사용해서 학생들의 신화적인 도구의 완전한 성장을 방해했다.)

고분카 선생은 많은 주제들에 대한 2학년 포트폴리오 세트를 나에게 주었다. 그것은 종이, 아프리카인이 머리에 쓰는 것, 공으로 하는 게임, 강, 사과의 종류와 역사 그리고 은에 대한 포트폴리오였다. 그는 각각의 포트폴리오를 검토하여 그들이 1년차에 얼마나 잘했는지 비평을 하고, 그런 후 학생들이 다음에 해야 할 것을 제안하도록 했다. 나는 사과에 대한 포트폴리오로 시작했다. 그 학생은 빨간색과 초록색의 사과를 꽤 잘 그렸고, 하나는 맥킨토시, 다른 하나는 그래니 스미스(granny smith)라고 지칭했다. 다음에는 사과의 종류에 대한 목록이 있었다. 목록의 첫 번째 부분은 학생이 가게에서 찾은 종류로 구성되어 있었고, 그 후 그 학생은 가게에는 없는 특정 지역에서 자라는 것을 조금 더 추가했다. 그 후 인터넷에서 가져온 더욱 정교한 목록이 있었지만, 학생은 자신이 먹어 본 사과의 크기와 색과 맛에 대해 추가로 메모했다. 그 학생은 자신이 생각하는 최고의 사과를 나타내기 위해 5성(星) 시스템을 사용했다. 그녀는 자신의 목록이 세계에서 현재 경작되는 7,500종 중 1/100보다 작다고 적었다. 사과의 역사에 대한 파일이 하나 있었고, 이는 우리가 오늘날 먹는 것과 같은 수천 년 전 카자흐스탄에서 처음 확인된 달콤하고 맛있는 최초의 사과에 대한 기사를 포함하고 있었다. 그녀는 영역을 분명하게 표시한 지도를 가지고 있었고, 또한 사과에 대한 매우 오래된 기록이 있는 장소가 표시된 작은 메모가 곁들여진 세계 지도도 있었다.

고분카 선생은 나에게 그 학생의 신화적 도구를 자원으로 삼아 이를 더 발전시키기 위해서 다음 과제로 무엇을 제안할 것인지 물어보았다. 나는 사과에 관한 이야기를 모으는 파일을 제안했다. 비록 단지 '과일'이라고만 언급되었을지라도 보통 사과를 포함하는 것으로 가정되는 성경 이야기, 아들 머리 위에 있던 사과를 쏜 윌리엄 텔 이야기, 'Johnny Appleseed'로 더 잘 알려진 존 챔맨의 이야기, 뉴턴의 떨어지는 사과에 관한 이야기 등 사과에 관한 것이라면 무엇이든 좋다. 또한 나는 사과에 관한 게임들과 구절과 속담에 대해서 그리고 '눈에 넣어도 아프지 않을 소중한 사람(the apple of my eye)' 혹은 '하나의 썩은 사과가 그릇을 상하게 한다(One rotten apple spoils the whole barrel).'가 무엇을 의미하는지, 사람들은 왜 "하루에 사과를 하나씩 먹으면 의사를 멀리할 수 있다."고 말하는지를 밝히는 것에 대해 이야기했다.

그의 즉각적인 반응은 자즈키스 선생과 약간 비슷했다. "좋아요."라고 말했지만 그 반응에는 별로 큰 열정이 담겨 있지 않았다. "2년차 학생들에게 적용할 수 있고 이들로부터 개발될 수 있는 다른 도구들에 대해 생각해 보세요. 그리고 사과나무가 장미과에 속한다는 것을 기억하세요. 가장 큰 사과는 4파운드 정도 돼요. 왜 사과는 물에 뜨지요? 최근의 레이디 사과는 에트루리아의 아피라는 곳에서 처음 재배되었고, 프랑스에서는 여전히 '아피의 사과'라고 부르죠. 기억하기 좋은 방법이지요. 그리스와 로마인은 사과를 칭송했고 20가지 종류를 알고 있었어요. 현재 전 세계적으로 7,500종이 재배되고 있고요. 사과에 대해 할 만한 이야기는 무엇입니까?"

이즈음 나는 "무언가에 대해 할 만한 이야기는 무엇입니까?"라고 물어오는 옆 사람이 꼬집어 주고 싶을 만큼 싫었다. 이것이 적절한 학술적 반응은 아니라는 것은 알고 있다. 문제는 질문이 아니라 이것에 답하기가 얼마나 힘든지를 깨달았다는 것이다. 그리고 나는 이것이 바로 나의 약점이라는 것을 그들이 명확하게 알고 있다는 것, 그래서 그들이 계속 나에게 이 질문을 던진다는 것을 깨달았다. 나는 제기되는 모든 주제에 대해 이 강사들이 가지고 있는 것으로 보였던 산더미 같은 정보에 의해 약간 위축되기 시작했다. 나는 그들이 이 일을 오랫동안 해 왔을 것이고, 아마 나와 같은 교사들이 가르치는 나이의 학생에게 일반적으로 가르치는 주제에 한해서만 잘 알고 있을 것이라고 가정했다.

나는 학생이 고대에는 적은 수였다고 알려진 사과 종류가 오늘날 어떻게 이렇게 많아졌는지에 초점을 맞추도록 제안하겠다고 말했다. 나로서는 이것이 조금은 불가사의해 보였기 때문이다. "네, 가능해요." 고분카 선생이 말했다. "하지만 이미지를 생각해 봐요. 선명한 이미지를 느껴 봐요. 그 주제에서 당신은 어떤 상반되는 두 가지 항목을 떠올릴 수 있나요? 어떤 의문과 신비로움이 있나요?"

갑자기 나는 예이츠(W. B. Yeats)의 시 '희미하게 빛나는 소녀/그녀 머리의 사과 꽃과 함께'와 오랜 시간 그녀를 찾았고 그가 그녀를 찾을 때 그들이 기타를 퉁길 거라 생각한 엥거스(Wandering Aengus)의 '몇 번이나 될 동안/달은 은빛 사과, 태양은 금빛 사과'가 기억났다. 나는 머뭇거리며 이것을 말했지만, 고분카 선생은 웃으며 "음, 이 학생은 겨우 여섯 살이에요. 그녀가 시에 대해 이해할 수 있다고 생각해요?"라고 말했다.

"그 학생은 그 시에 대해 여섯 살짜리만이 할 수 있는 이해를 할 거예요." 덧붙여 말했다. "하지만 시에는 무척 많은 마법과 신비로움이 있고, 운율과 리듬이 너무나 마술적이어서 그 학생의 신화적 도구를 사로잡고 발달시킬 수 있을 정도이고, 사과에 대한 감각에 또 하나의 차원을 더할 수 있을 겁니다. 그것은 그녀의 일생 동안 여운을 남길 수 있습니다. '시는 초 도구' 입니다. 당신이 몇 주 전에 말했잖아요! 그리고 이것은 거의 완벽한 영시(英詩) 중 하나예요."

"피아트로스키 씨, 당신과 예이츠가 방금 당신의 과제를 완수했네요. 보다시피 '이야기'는 우리가 처음에 생각하지 못했던 방향에서 찾을 수 있어요. 교수 활동을 계획하는 것은 정말이지 이야기를 말해 주는 것이나 시를 쓰는 것과 같죠. 당신의 마음이 주제를 중심으로 머무르게 하고, 다양한 형태의 정보를 탐구하세요. 하지만 그 이후에는 당신의 생각 표면에 여기저기 잠깐 깜빡이는 것들을 믿으세요. 이야기하기로 가르치기, 아시겠죠?"

피아트로스키 씨가 자신의 학교로 돌아간 이후 수행한 교수 활동과 관련된 문서들을 통해 우리는 그 프로그램이 그에게 유용했다는 것을 알 수 있다. 그의 프로그램 유형은 IE 과정에서 새로운 교사들을 교육할 때의 일반적인 강조점과 다르지 않았다. 교수 활동은 이제 석사 학위와 2년제 교사 교육 프로그램을 이수하도록 요구했고, 이 중 반 정도는 개별 학생의 지도 전문성을 키우게 하는 주제에 관한 강좌를 듣도록 되어 있다. 그 주제에 대한 교사 자신의 열정이 학생들의 학습을 위한 주요한 자극이라는 사실이 계속해서 지적되었다. 그래서 지식에 대한 낭만적 차원을 우선적으로 끄집어내는 것이 많이 강조되었다. 피아트로스키 씨가 경험한 것처럼 이 프로그램의 가르침에서 사용된 도구들은 후에 이를 배운 교사들이 자신의 교수 활동에서 스스로 사용하게 되는 도구들로써, 결과적으로 교사가 자신의 교수 활동의 효능을 쉽게 느끼게 하였다.

2040~2050년의 교육과정

아동의 마음에서 지식이 어떻게 성장하는지에 대한 IE의 개념이 점차 낡은 진보주의적 '인지발달' 이론을 해체하면서 정교한 동시에 정교하지 않은 많은 변화가 교육과정에 정례화되기 시작했다. 우리가 봤듯이 진보주의적 이론은 어린아이들이 지적으로 무능하다고 가정한다. 구체적 · 전조작의 · 전(前) 이성적인 사고자들로서 어린아이들은 오로지 어른 사고의 초기 형태로만 사고할 수 있고, 추상성이 포함된 어떤 내용도 배울 수 없으며, 오직 그들을 둘러싼 국부적 환경 또는 경험과 결부된 사고만 가능하다고 생각한다. 이러한 진보주의자들의 생각은 초등 교육과정을 하찮게 만드는 데 크게 기여했다. 사실 초등 교육 시기는 아이들의 지능이 특정한 주요 인지 도구를 활용하며 가장 활발하게 움직이는 시기다. 점차 우세하게 된 IE 이념은 초등 교육과정을 급진적으로 다시 생각하는 길을 열어 놓았다.

다소 덜 정교한 혁신 중 하나는 지난 20여 년간 많은 상상력 교육(Imaginative Education: IE) 학교에서 성공적 실천으로 자리 잡은 것들을 따랐다. 이 학교들은 '이국적' 언어, 즉 학생들의 모국어와 아주 다른 언어, 심지어 오늘날 일상적으로 거의 사용되지 않는 죽은 언어를 배우고 통달하는 것이 어린아이들의 교육에 유익하다고 주장했다. 라틴어, 중세 중국어, 그리스어, 산스크리트어가 인기 있지만 전 세계 여러 나라에서 유래한 원어민 언어들도 현대 아동의 경험에 생명력을 불어넣었다. IE 학교들은 아동들이 모국어 철자법과는 다른 형태로 쓰인 언어를 선호한다고 했지만, 이를 가르칠 수 있는 교사가 있느냐 하는 것이 학교가 선택할 수 있는 언어 선택지를 구속하는 변인이 되었다는 점은 분명하다. 그러나 '이국적' 언어를 공부하는 것이 교사가 되기를 원하는 학생들에게 점차 일상적인 것이 되어가고 있었다.

이 외국어 학습이 처음 IE 학교에 소개되었을 때 많은 진보주의자들은 매우 소수의 아이들만이 이러한 언어를 배울 수 있을 것이고, 어찌되었든 이러한 연습은 어떠한 의미도 유용성도 없으므로 그것을 어리석은 혁신이라고 주장했다. 이에 대해 IE는 유용성 기준은 '사회화' 교육과정에 속하는 것이고 외국어의 소개는 교육적 이유에 그 근거가 있다고 반박했다. 그들은 또한 19세기에 그리스어와 라틴어를 아주 엉망으로 가르쳤던 이유에 대해 이것이 처음에는 교회나 법조계 경력을 위한 유용성을 근거로 교수되었기 때문이라고 주장했다. 그리고 이 언어를 가르치던 학교가 급속히 줄었던 20세기에 이것들을 엉망으로 가르친 이유는 이 언어 수업에 대한 적절한 정당화가 주어지지 못했기 때문이라고 주장했다. 그 결과로 이 언어들은 수학처럼 일종의 관습적 이유로 교수되었는데, 이것들은 수학을 가르치는 데 주어지는 최소한의 실용적 정당화도 없었다.

외국어 교육의 이 같은 혁신을 위한 한 가지 변론은 하나의 언어는 세계를 보는 눈과 같다는 것이다. 하나의 언어는 세계의 특징들을 하나의 특수한 관점, 즉 배운 그 언어에 의해 형성되는 관점으로 바라볼 수 있게 한다. 언어는 실재를 있는 그대로 보는 '순수한 눈'이 아니다. 이러한 신념하에 지지자들은 모국어로부터 제2외국어가 더 분명하게 구분될수록 세상을 보고 이해하는 차원이 더 커지고 깊어진다고 주장했다. 비유적으로 표현하자면, 언어는 어느 정도 우리 눈의 기능에 봉사한다고 주장되었다. 하나의 눈은 세계를 2차원으로 볼 수 있게 하지만 두 눈은 3차원의 세계를 볼 수 있게 한다. 그래서 학습한 언어 간의 차이가 클수록 기본적 수준에서 그것이 가능하게 하는 이해의 정도는 더 풍부해짐을 느끼게 된다. 기본적인 IE 이론에 외국어 교육을 지지하는 원칙이 있는 것은 아니지만 IE 학교교육 문화가 이 외국어 교육을 IE 원칙의 하나로 만드는 것에 일조했다고는 말할 수 있다.

보다 실리적인 교사와 교육학 교수들은 모국어를 통달하고 읽고 쓰는 능력을 형성하는 데에도 많은 어려움을 겪는 아동에게 이러한 과정을 제공하는 것은 불합리하다고 주장했다. 그들은 능력이 부족한 아이들에게 이러한 외국어 교육이 너무 힘들고, 학습에 전적으로 흥미를 잃게 하여 학습을 잘해 내는 것을 방해할 것이라고 주장했다.

정도의 차이가 있지만 거의 모든 아이가 괄목할 정도로 이러한 언어를 잘 배울 수 있음이 밝혀졌다. 모국어와 매우 다른 언어를 통해서 세상을 보는 것이 그들이 세상과 경험을 이해하는 방식에 얼마나 유연성을 불어넣어 줄 수 있는지가 분명해질 정도로 잘 배울 수 있다는 것이다. 진보주의자들의 예측과 달리 아이들은 IE 교수법과 이러한 언어(외국어) 학습을 미래의 직업을 위한 준비와 별개로 인식하면서 오히려 효과적이고 즐겁게 공부할 수 있었다. 그리고 IE 지지자들이 당연하게 여기는 것처럼 외국어 학습을 통해 아이들의 모국어 학습 능력이 향상되었다.

2040년대 중반 즈음 학업 활동과 사회화 활동을 분리된 공간 및 기관에서 실시하는 제도가 처음으로 도입되었다. 이것은 많은 우려를 불러일으킨, 심지어 IE 내에서도 많은 반대를 무릅쓴 혁신이었다. 반대자들은 사회화 활동과 학업 활동 사이의 구분은 다른 기관을 둘 만큼 그리 뚜렷하지 않으며 이들 사이의 구분이 개념적으로 상당히 불분명하다고 주장했다. 개념의 불명확성은 현실적인 어려움을 가져다주며, 이러한 혼란은 기능의 분리가 해결할 수 있는 문제만큼이나 나쁜 문제를 초래할 수 있다는 것이다.

IE가 중요한 영향력을 미친 거의 모든 학교에서 이러한 분리는 분명한 것이 되었다. 그래서 어떤 학교에서는 '삶과 일을 위한 문해력' 그리고 '마음을 위한 문해력' '유용한 역사', 즉 '우리의' 역사가 있고, 역사의식 개발에 초점을 맞춘, 역설적이게도 교사와 학생 모두 '쓸모없는 역사'라고 부르는 역사가 있다. 이러한 명칭들이 내포한 유머는 새로운 IE 학교교육의 중요한 특징이 되었다. 거기에는 분명히 진지한 목적이 있지만 유머는 그것을 가볍게 만들었다. 어떤 이는 그 이유가 이 학교 시스템 내의 사람들은 자신이 해야 하는 일에 대한 깊은 불확실성과 불안함을 더 이상 느끼지 않기 때문이라고 말한다. 이러한 불확실성은 일반적으로 과거 우리의 교육을 무미건조하게 만드는 데 기여했다. 어쩌면 반어적 이해를 하나의 교육 목표로 인식하게 된 덕분에 IE 새 교육이 지닌 가벼운 톤이 보편적으로 받아들였는지도 모른다. 마찬가지로 이 같은 학교들은 '일상적 삶을 위한 과학' 수업과 '과학적인 세계관' 수업을 분리시켰을 것이다.

이것은 사회화 교육 목표와 학문적 교육 목표 간의 구분에 대한 모종의 문제와 한계를 야기했다. 삶을 위한 문해력과 그 자체를 위한 문해력은 분명 중첩되어 있다. 어떤 수준에서는 이 구분이 잘 이루어질 수 없다. 그러나 과거의 교육과정 주제들은 둘 중 하나에 더 잘 맞는 것으로 상대적으로 쉽게 구분될 수 있었다.

설령, 중첩되는 부분이 있다 하더라도, 그 중첩된 부분은 교사 간의 일상적인 합의에 의해 쉽게 수용되고, 또 다루어질 수 있음이 분명해졌다. 사회화 목표와 학업적 목표의 분리는 교사에게 자신의 교육적 목적이 무엇인지 그리고 이러한 목적을 어떻게 가장 잘 성취할 수 있는지에 대해 분명히 알게 하였다. 그들이 함께 섞여 있었을 때에는 항상 목적의 혼란이 존재했다.

그래서 유용성의 문제, 메시지를 세련되게 전달하는 규칙, 적절한 언어, 문법 구조 등이 사회화 교육 교사들을 위해 좀 더 쉽게 만들어졌다. 마찬가지로 학업적인 교사들은 그 대신 개인의 개별화된 목소리와 스타일의 발달에 집중하였다. 시는 점점 더 대중화되었고 시인은 학문적인 프로그램의 지지에서 새로운 소득의 원천을 발견했다.

그다지 잘 구분될 것 같지 않은 혼란스런 영역은 재빨리 공동 프로젝트로 전환하였다. 이렇게 예기치 않게 이러한 분리가 쉽게 수용된 사실에서 이 두 기관에 근무하는 교사들이 얻는 더 깊은 안도감을 알 수 있다. 사회화와 학문의 구분이 점차 제도화됨에 따라 많은 이들은 이 두 종류의 학교 사이에 경쟁과 갈등이 생길 것을 우려하였다. 이 시스템을 관리하는 이들의 가장 큰 우려는 학업 중심의 학교가 보다 높이 평가되고 사회화 중심 학교가 이류로 떨어질 것이라는 예측이었다. 낮은 지위에 대한 보상으로 사회화 중심 학교 교사들에게 좀 더 많은 월급을 지급하여 이 학교에 훌륭한 교사 지원자를 유치하는 정책에 대해서도 논의가 있었다. 하지만 두 학교 교사 간의 사회적 인식 차에 관한 보편적 기대가 거의 정반대로 판명됨으로써 문제는 재빨리 해결되었다.

사회화 중심 학교 교사의 신분이 개선된 이유는 그들의 교사 교육 프로그램에 있었다. 일반적으로 지금은 2년 프로그램이 의무인데, 사회화 중심 학교와 학문 중심 학교를 가는 예비 교사는 첫 반년을 공통 수업으로 들으며 일반적 기술을 배우고 이것을 지도 학교의 환경 안에서 실제로 시도해 본다. 이후 두 개 집단의 학생들은 서로 다른 과정을 따라간다. 사회화 학교에서 가르치기 위한 준비가 여러모로 더 힘든 훈련을 포함하고 있다. IE 교육과정은 양쪽 프로그램 모두에 중요하지만, 문학에서 참여시키는 것보다 실용적인 언어의 특징을 가르치기 위해 학생들의 상상력을 이끌어 내는 것이 더 많은 기술과 노력을 요구한다고 여겨졌다. 예상 외로 이러한 가정 때문에 사회화 학교 교사 교육 프로그램을 졸업한 교사들은 더 많은 기술을 보유하고 있다는 후광 효과를 누리기도 했다. 2040년대와 2050년대 사회에서 막 성인이 된 이들이 직면하게 된, 점점 더 정교해지는 과제를 다루는 것에 있어 IE 교육과정이 준비가 더 잘된 시민을 기르는 일에 성공함으로써 사회화 학교 교사들이 가지게 된 사회적 지위와 함께 어려운 일의 수행에서 상당한 기술을 지녔다는 이 후광 효과는 사람들이 예측한 학업 중심 교사들이 지닐 지속적인 특권을 전적으로 상쇄시켰다. 학업 중심 교사들 또한 학문을 추구하는 전통적 세계의 후광에서 이득을 얻었다.

이어지는 다음 10년에 걸쳐 나타난 결과는 이전 200여 년 동안 '사회적 인식의 동등함'이라 불리는 영국 정부 법안의 실현이었다. 이것은 1940~1950년 영국 학교에서는 성취되지 않았다. 왜냐하면 학교는 동등하지 않았고 다른 학교에 다니는 학생의 학업 성취 결과 역시 같지 않았기 때문이다. 그러나 21세기 중반에는 두 종류의 학교에 다니는 동일한 학생들과 두 종류의 학교에서 일하는 교사의 성취가 다르기 때문에 일반적으로 동등한 가치를 지니는 것으로 여겨졌다.

사회화 중심 학교의 교육과정은 학생들이 진입하게 될 사회에서 생존하고 성공하는 데 가장 필요한 지식과 기술로 추정되는 것이 선택되었다. 학업 중심 학교의 교육과정은 점차 어떤 지식이 이해를 위한 적절한 도구 상자의 발달을 가장 잘 돕는지와 같은 IE 원칙에 의해서 결정되었다.

각 기관의 평가 절차는 매우 빠르게 분리되었다. 사회화 중심 학교에서는 훨씬 더 정확하게 평가하는 절차가 개발되었다. 사회화 중심 학교의 교육 목표가 현재 훨씬 더 구체적이기 때문에, 즉 시민성, 사회적 가치, 유용성에 초점을 두는 교수와 학습이기 때문에 거기에는 다양한 시험을 위한 분명한 규준이 있었다. 하지만 학업 중심 학교에서 평가의 절차는 학교교육을 마칠 때까지 크게 드러나지 않는 경향이 있었다. 학생들은 좀 더 심화된 교육, 훈련 혹은 직업 중 어떤 진로를 선택할지가 사회화 중심 학교의 평가에 의해 어느 정도 결정되었다.

심화된 학업을 위한 기관이나 계속적인 훈련 프로그램을 위해 경쟁하는 학생들은 학교를 마치는 여름에 10일 간의 평가 과정을 거치도록 되어 있었다. 이 시험은 개별적인 평가를 위한 포트폴리오와 전통적인 지필고사를 포함하지만 시험의 대부분은 학생들의 흥미, 배경에 대한 면담 그리고 이들의 야망에 대한 토론과 평가 등으로 이루어진다. 포트폴리오 및 다른 글쓰기 자료와 함께 자신의 흥미를 표현하는 학생들의 분명한 표현과 명확성은 학문적 잠재력과 관련된 다양한 기준에 근거한 선발을 가능하게 한다.

1세기나 반세기 전의 교사들은 매우 이상하다고 생각했을 교육과정의 또 다른 변화는 요구되는 교육과정 내용에 잘 들어맞는 거대 내러티브를 구성하는 것이다. 이것은 한동안 IE 학교에서는 일상적인 것이 되었고, 효과도 이 10년 동안 보편적으로 나타났다. 교사들은 보통 학년 모임에서 계획을 세우는데, 그 해에 탐구할 일반적인 내러티브 주제에 대해 함께 결정한다. 대부분의 성공적인 주제는 IE 웹사이트에서 볼 수 있다. 종종 지역적인 사안들이 성공적인 내러티브의 기초가 될 수도 있는데, 특히 사회화 학교에서 그러하다.

교육과정은 그 해의 많은 부분을 포괄하는 거대 내러티브들에 기초하여 구성된다. 이것은 그 거대 내러티브 안에서 역할을 하는 다른 내러티브와 함께 구성된다. 아르헨티나의 경우를 살펴보면, 주로 풍력 발전이 이루어지는 지역에서 있었던 사례로 교사들은 4학년의 내러티브를 '바람'으로 결정하였다. 그해 동안 사회화 중심 학교와 학업 중심 학교 모두 전체 교육과정을 지구를 둘러싼 공기의 움직임에 대한 전반적인 '이야기'를 다루는 수업으로 구성하도록 했다. 과학 수업에서 학생들은 대기 압력에 대해서 배웠고 바람이 부는 원인이 되는 공기의 움직임이 왜 일어나는지를 가장 먼저 발견한 영웅에 대해 탐구하였다. 수학 수업에서 학생들은 부피에 대해서 배웠고, 이를 통해 우세한 바람의 움직임을 수학적으로 그래프화할 수 있었다.

역사에서 학생들은 바람에 의존한 운송 수단에 대해서 알게 되었고, 중국인과 유럽인의 대항에 대해 알아보았다. 지리학 수업에서 학생들은 세계를 도는 우세한 바람을 그림으로 나타내었고 지형과 물의 움직임에 과거와 현재의 바람이 미치는 영향에 대해서 알아보았다. 그해의 막바지에 학생들은 바람과 공기의 움직임에 대해서 많이 배웠고, 그들 삶 끝까지 함께할 지식과 이해를 축적하게 되었다.

2040~2050년의 학교

50년 전의 세계에서 온 방문자는 2040년 후반까지의 새로운 학교에 들어섰을 때 중요한 차이를 금방 눈치챘을 것이다. 가장 먼저 그 방문자는 같은 장소에 서로 연결된 건물이기는 하지만 각자 학교라고 주장하는 두 개의 다른 건물을 보고 놀랄 것이다. 각각의 교육과정에는 상당한 차이가 있었다. 하나에는 최근의 과학 기술이 분명하게 나타나지만, 다른 곳에는 불투명한 덮개가 덮인 책상 표면에 붙박여 있는 스크린을 제외하고는 어떤 과학 기술도 거의 보이지 않았다.

반세기 전으로부터 온 많은 교육자들은 사회화 학교에서 과학 기술의 존재를 발견하는 것은 예상했겠지만 학업 중심 학교에서 이것이 거의 부재하다는 점에 대해서는 다소 의아했을 것이다. 컴퓨터가 교육에 영향을 미치기 시작할 즈음 '정보에의 접근'은 일종의 기도문 같은 것이었다. 하지만 지식에의 접근이 문제가 되어 온 것은 결코 아니었으며, 그 점은 당시에 분명해졌어야 했고 실제로 많은 사람에게 그랬다. 심지어 100년 전에도 학생들은 많은 지식에 접근할 수 있었다. 문제는 그 지식을 학생들에게 전달하여 그들에게 어떤 다양한 의미로 다가가게 할 것인가였다. 학교 수업에서의 가장 근본적인 변화는 정확히 바로 이 문제였다. 과학 기술은 필요로 하는 정보를 즉각적으로 제공하는 점에서는 유용했지만 새로운 학교교육에서 더 중요한 것은 지식을 인간의 감정과 연결시키는 이야기나 정신적 이미지와 같은 인간적 의사소통의 더 오래된 과학기술을 어떻게 사용하는지 인식하는 것이었다. 이것이 IE가 학교를 변형시키는 데 수행한 보다 심오한 혁명이었다. 이 혁명은 2040년대 동안 놀랄 만한 속도로 성취되었다. 이 10년은 훗날 교육에서의 혁명의 시대로 언급될 것이다.

IE의 성공은 겉보기에는 뜻하지 않게 일어난 것으로 보이지만, 학급 수준에서 이것이 지니는 실제적 성공이라는 단순한 이유 때문에 이 성공이 어떤 방식으로든 불가피한 것이었다고 주장하는 사람들이 있었다.

교육의 개념이 제자리를 잡다

이 장 전체에 걸쳐 IE라는 용어가 사용되었다. 이것은 이 시기에 더욱 인기를 얻은 교육 이념과 실천을 통째로 나타내는데 어느 정도 편리했다. 우리는 지금까지 교육 내에서 이렇게 우세한 입장으로까지 발전한 IE를 추적해 왔다. 하지만 IE라는 이름 자체는 2030년대에 사라지기 시작했고 그때까지 IE의 관념들은 지배적인 교육적 신념이 되었으며 '상상력이 풍부한' 이라는 단어는 거의 사라졌다. 사람들은 '현대적인' 교육이나 '새로운 형태의' 교육을 논했고, 반면 어떤 사람들은 여전히 IE라는 말을 사용했다. IE라는 말은 부분적으로 통용되었는데, 그것은 모든 연령의 모든 교육과정의 범위에서 학업적 프로그램과 사회화 프로그램에서의 교육적 접근을 수행하는 데 교사들을 도울 자료와 생각을 생산하는 기업 때문이었다. 기업들은 보수적으로 IE라는 이름을 자신의 이름으로 사용했는지도 모르겠다.

IE의 발전 사항 중 자세하게 탐구할 가치는 없어 보이는 것 중 하나는 IE 내부에서 일어난 분화다. 『분열된 상상력 교육(Frag-mented Imaginative Education)』이라는 책이 다소 과장되게 주장하는 것처럼 여기서 IE의 살레르노주의파와 진보주의파를 확인할 수 있는데 이것은 역설이 아닐 수 없다. 그 책은 일반적으로 분열의 정도를 과장한 것으로 여겨졌지만 IE에 대한 주요 접근이 상이한 곳에서 추구되었다는 것은 분명한 사실이다. 각각은 자신의 연구를 추구하고 개발 센터를 만들었으며, 각각 교사들이 사용할 수 있는 교육 자료를 만드는 수많은 기업의 도움을 받았다.

그러나 이러한 분리와 지속적인 의견의 불일치는 주로 절차와 실행의 문제에 대한 것이었고, 교육의 목적에 대한 불일치는 단지 주변적인 문제일 뿐이었다. 언어는 '건강'과 같은 것이 되었는데, 일반적으로 쉽게 이해되고 동의하는 개념이라는 측면에서 그렇다. '건강'을 관리하는 것에 대해서는 여전히 논쟁이 있지만 '건강하게 된다.'는 것이 의미하는 바에 대해서는 논쟁이 없다. 오랫동안 교육의 문제는 '교육된다.'는 것이 무엇을 의미하는지에 대한 근본적인 분쟁이었다. 점점 더 일반적으로 수용되는 설득력 있는 교육의 개념이 제자리를 잡아감에 따라 교육 시스템의 모든 부분은 더 능률적이고 효과적으로 작용할 수 있다.

08 2050~2060년의 학교

2050~2060년의 교수 활동, 교육과정, 학교

앞 장에서는 몇 가지 주제로 나누어 살펴보았지만 마지막인 이 장에서는 2050년대 교육의 모습을 간략하게 기술할 것이다.

아이가 태어났을 때, 아이를 돌보는 사람들에게는 영아의 신체 이해를 발달시키기 위한 안내 지침들과 자료들이 주어졌다. (이 책에서는 일관성을 위해 신체적, 신화적, 낭만적, 철학적, 그리고 반어적이라는 용어를 그대로 사용했다. 그러나 IE의 다섯 가지 일반적인 구조이기도 한 용어들은 2030년대 IE의 이론이 발달된 이후로는 점차 폐기되었다. 항상 불안과 혼란의 원천이 되었던 이 용어는 더 적절한 어휘로 대체되었다.) 교육은 평생의 과정으로 간주되었다. 이 세기의 초반에 '평생교육'이라는 관용구는 성인 학습자들의 요구에 더 많은 관심이 주어져야 한다는 제안을 위해 사용되었고 실제로 그렇게 되었지만, 무엇보다 모든 차후의 교육은 가장 초창기 교육의 건전한 기초에 의존한다는 사실을 인식하는 것이 중요했다.

세기 초에 개발된 유아를 위한 프로그램의 명백한 위험성은 이전 세기의 학교에서 아동기와 청소년기의 즐거움을 박탈하면서까지 이루어졌던 '산업화' 과정이 점점 더, 아주 일찍부터 아이들의 인생에 도입된다는 점이었다. 그러나 2050년대에 사용 가능해진 새로운 IE 프로그램에서는 그 위험을 대체로 피해갈 수 있었다. 왜냐하면 이것은 모든 교육, 특히 최초창기 교육에서 유머의 개발을 가장 중요한 부분으로 강조했기 때문이다. 분명히 숨바꼭질과 같은 다양한 유머 놀이는 130세라는 인간의 평균 수명 동안 각 개인의 정신적 건강을 유지시키는 지적 발달의 필수적인 선구자가 되었다. 그리고 유머와 사랑은 아이들의 양육에 있어서 혈맹 관계에 있는 '도구'였다.

세계를 포착하기 위한 마음의 도구는 일찍이 감각의 용어, 즉 음악성, 리듬, 유형 등과 같은 용어로 해석되었는데, 이것은 또한 부모들이 받았던 안내 지침의 주제이기도 했다. 이러한 '감각의 도구'들은 특히 자연 세계에서 아이들과 놀 수 있는 게임과 연결되어 있었다. 그리고 유아들이 시냇물에 발을 담그고 물을 느껴 보게 하거나 발의 움직임에 물이 어떻게 반응하는지 관찰하게 하는 것처럼 자연 현상을 단순히 경험하는 것을 강조하였다. (물론 부모들은 천년 동안 이러한 것을 해 왔다. 그러나 지나치게 많은 부모가 이러한 경험이 미래의 지적 성장을 위해 얼마나 중요한지를 이해하지 못했다.)

신체적 도구의 다른 중요한 부분은 감정이다. 새로 태어난 아이의 부모들이 받는 자료에는 감정 발달과 자신의 감정 통제에 관한 안내서도 포함되어 있었다. 미래의 감정 발달을 위해 신뢰할 만한 사랑의 관계가 중요하다는 것이 강조되었고 유아와 유아를 돌보는 사람 간의 상호작용을 위한 시간을 지원하기 위해 상당한 재정적 지원이 이루어졌다. 부모에 대한 국가의 작은 투자가 짧은 기간에 범죄율을 줄이는 막대한 수익을 낳았다.

유아의 감각은 자연 세계의 소리에 이끌리는데, 소리의 규칙성, 다양한 리듬과 음악, 특히 인간의 목소리와 몸이 만들어 낼 수 있는 음악과 리듬에 민감했다. 동물의 목소리, 하나의 악기 그리고 집단적 악기에 의해 만들어지는 소리의 파노라마는 유아의 귀를 훈련시켜 보다 섬세한 유형의 소리에 점차 민감해지도록 하였다.

과거에는 신화적 이해라고 불린 리듬은 음운으로 정교하게 발전해 갔다. 우리의 의식과 함께 발생하는 신비의 감정은 마더 구스(Mother Goose)를 비롯한 전 세계 문화 전통의 구전 '신화' 이야기에서 새로운 출구를 발견할 수 있었다. 부모는 어린 아이에게 책을 읽어 주거나 매체를 접하게 하는 것보다는 이야기를 '말해 주도록' 독려되었다. 친근한 사랑이 담긴 목소리와 신체적인 따뜻한 접촉은 아이들이 이야기나 리듬을 들을 때 이들의 고유한 정신적 이미지를 낳는 조건이 된다. 이야기로 들려주도록 부모에게 제공된 특정한 일련의 스토리들은 아이들이 특별히 이미지를 풍부하게 상상하도록 하고 감정적 힘을 느끼도록 하기 위해 선정된 것이었다. 이러한 이야기는 종종 농담의 형태로 확장될 수 있었다. 여기서도 다시 아이들의 유머 감각의 발달, 특히 이야기나 농담과 같은 구술적 형태를 통하거나 역설적 상호작용을 시작할 때 아이들이 할 수 있는 보다 정교한 게임의 형태로 아이들의 유머 감각을 발달시킬 것을 강조했다.

일단 학교에 들어가면 아이들은 '인류 문화 역사의 위대한 이야기'를 서서히 소개받는다. 즉, 그들은 '종으로서의' 우리 인간이 우리 주위에 있는 세계와 우리 머리 위에 있는 하늘을 어떻게 발견하게 되었는지, 언어가 어떻게 개발되었는지 그리고 우리가 언어로 무엇을 할 수 있는지, 우리가 사물의 본질을 발견하기 위해서 어떻게 과학적 접근을 활용하게 되었는지를 배웠다. 이러한 수업은 우리가 앞에서 살펴본 도구, 즉 상반되는 이분법의 활용, 은유, 이야기 구조 등을 기초로 하여 이루어졌다.

예를 들어, 물의 순환을 소개하는 수업에서 교사는 아이들로 하여금 4천 년 전 바다로 마구 흘러가는 아주 거대한 강의 어구가 보이는 언덕에 앉아 끊임없이 흐르는 그 물이 도대체 어디로 가는 것인지 궁금해하고 있는 사람이 되었다고 상상해 보도록 할 것이다. 그들은 이 현상을 어떻게 이해할 수 있을까? 아마도 그것은 어디에선가 아주 거대한 폭포로 퍼부어져 세상 끝 심연으로 떨어졌을까? 무엇이 일어났는가를 사람들이 실제로 어떻게 이해했는지에 대한 이야기는 무엇인가?

이전 10년 간 있었던 극적인 혁신 중의 하나인 학업 중심 학교와 사회화 중심 학교의 구분은 이상하리만치 이 10년 동안에는 점차 덜 흔한 것이 되었다. 일단 다양한 교육 활동의 분리된 목적이 인식되자 분리된 학교 기관에 대한 요구는 지나친 반응이라는 것이 교육의 수행에서 비교적 간단하게 입증되었다. 상이한 것을 강조하는 분리된 교사 훈련 과정의 형태는 그대로 유지되었지만 사람들이 교육을 더 잘 받게 되고 사회 자체도 더 잘 교육되는 것으로 간주되면서 사회화의 개념은 과거에는 좀 더 배타적으로 보여 왔던 학업 중심 학교 활동의 측면을 점차 취하게 되었다.

보다 단도직입적인 사회화 과정과 개인적 발달의 문제는 점차 학교 바깥으로 밀려나가고 사회화 중심 교육의 측면은 젊은 이를 다루는 다른 사회 기관으로 벌집처럼 이전되기 시작했다. 마침내 이것은 거의 200여 년간의 공교육 후 교육적 권위가 국가를 위해 할 수 있는 최선의 기여는 단순히 아이들을 교육시키는 것이었음을 깨닫는 것과 같았다. 지금도 그렇지만 초창기의 많은 문제들은 학교가 너무나 의도적으로 국가의 필요를 위한 훈련 기관으로 세워졌다는 데 있었다. 그러한 기관으로서의 학교는 사람들을 사회 공학과 정치적 · 종교적 혹은 다른 형태의 교화에 주로 관심을 기울이도록 만들었다. 그리하여 사람들은 교육을 학생들이 적절한 이념과 정치적 · 사회적 신념 체계를 수용하는 과정으로 인식하게 되었다. 이런 의도가 전체주의 국가에서만큼이나 자유민주주의 국가에서도 있었다는 것은 사실이다.

2050년대 초반에 가장 영향력 있는 저술의 하나는 이전 세기에는 다른 목적으로 사용된 구호, 『단지 '아니요' 라고 말하라(Just Say NO)』를 끌어냈다. "아니요!" 라는 것은 학교를 학생들의 인지 도구와 다양한 이해를 정교화하고 개발하는 것 이외의 다른 활동에 연관시키는 제도로 보려 하는 이들을 향해 던지는 구호였다. "아니요!"는 또한 학생들이 일련의 인지 도구와 다양한 이해를 최대한 활용할 수 있도록 하는 것 이외의 교육을 소개하려는 교육 이념을 향해 던지는 구호였다. (이것은 물론 모든 교육 문제와 논쟁을 해결하지는 못했지만, 마침내 모든 교육 종사자들이 그들과 동일한 목적을 지닌 교육이라고 여기도록 하는 데에는 성공하였다. 이러한 이론적 성취는 학교 제도 행정가들에게 실천적으로 엄청난 안도감을 가져다주었다.)

그래서 아이가 다니는 학교는 이전 세계에 존재했던 것과는 완전히 다른 기관이 되었다. 과거에 국가 지도자들은 가장 성실한 자유 민주주의자에서 가장 무자비한 독재자까지, 학교 제도를 자신의 이익에 봉사해야만 하는 기관으로밖에 보지 않은 듯 했다. 국가 지도자들은 아이들을 교육시키는 데 관심이 있는 것이 아니라 그들이 원하는 사회화의 형태에 항상 일차적인 관심이 있었다. 그리하여 사람들은 지도자들이 교육에 대하여 권위를 가지고 말할 수 있는 동등한 권리를 가졌다고 쉽게 생각했다.

지금의 교육은 다소 두드러진 이해의 양식을 개발하는 과정이 되었다. 인지 도구의 배치로부터 이러한 이해가 어떻게 구성되는지를 이해하기 위하여 전문가의 도움이 필요한데, 이 필요가 교육에서 전문 지식을 중요한 영역으로 만들었다. 새로운 학교와 이것의 조직화는 앞에서 내가 언급한 것처럼 의료 서비스와 더 비슷한 것이 되었다. 정치가와 다른 이익 집단은 의료 서비스의 상세한 세부 내용에 대해 권위를 갖고 일상적으로 말할 수 있다고 느끼지 않았는데, 교육의 경우에도 동일한 생각이 지배적이게 된 것이다.

2050년대의 학교교육과정과 수업은 구술 언어 도구를 가장 두드러지게 사용하는 것에서 점차 벗어나 문해력과 이것을 인류 문화에서 가장 충분히 사용하는 마음의 사용 방식에 초점을 두는 도구들을 소개하기 시작하였다. 새로운 도구 상자는 이전의 도구 상자를 전적으로 해체하지는 않았지만 나중에 보다 두드러지게 될 일반적 도구들에 주의를 기울였다. 이것은 일상적 계획과 수업에 적용하기에 복잡하고 지나치게 어려운 듯했지만, 기본적 원칙은 실행하기가 비교적 쉬웠고 교사들이 사용할 수 있는 많은 자원과 지원이 있었다. 그래서 학생들은 영웅, 극단의 현실, 인간적 성취와 지식의 생산을 낳는 다양한 희망과 두려움, 열정을 통하여 세계와 경험을 배우는 접근으로 점차 옮겨갔다.

이러한 '낭만적' 시기에 해당하는 대부분의 아이들은 사춘기였고, 그들은 교육과정에서 그들 자신의 변화하는 분위기처럼 격정과 열정, 두려움으로 세계를 탐구하는 모습을 보여 주려 하였다. 학생들이 학교 입학 첫 해에 시작했던 포트폴리오들은 이 시기 동안 자주 지나친 강박적 관심의 영역이 되었고, 개인 교사는 그 성장을 살피면서 많은 차원에서 깊이가 생기도록 하였다. 초기에는 많은 학생이 포트폴리오 연구를 싫어하거나 불만스런 체제의 상징으로 여겨 이를 포기할 것으로 예상했다. 하지만 이상하게도 이런 일은 거의 일어나지 않았다. 좀 더 격동적으로 사춘기를 겪어낼 경우 포트폴리오는 오히려 그들에게 안전한 장소, 자신을 억압하고 우울하게 하는 세계의 모습에 대항하여 숨을 수 있는 가장 일상적인 곳으로 여겨졌다. 심지어 몇 년 동안 벌어졌던 특이한 현상은 때때로 학생들이 포트폴리오 작업을 지속적으로 하면서도 그것을 개인 교사나 가족과는 공유하지 않았다는 것이다. 가끔은 친한 친구들과 같이 작업을 하면서 자신의 포트폴리오 주제를 연결하고 각각의 포트폴리오에 있는 공통의 요소를 개발하기도 하였다. 학교는 다양한 형태의 포트폴리오 개발을 지원하였다.

앞서 언급된 도구들은 학생들이 인간과 자연 세계를 좀 더 세부적으로 탐구함에 따라 그 기초가 되었고 한층 발전되었다. 종종 교육과정은 이전 세기의 기준에 비추어볼 때 다소 혼란스러웠지만, 학생들은 특수한 관심을 아주 면밀하게 추구할 수 있었고 이전에 다양한 교과의 보다 균형 잡힌 공부로 여겼던 것을 무시할 수 있게 되었다. 교사들은 개성의 경이로움을 알아보고 학생에게서 나타나는 개성을 이끌어 주도록 독려 받았다. 물론 교사는 각 주제에 대해 학생들이 궁금증을 갖게 만드는 훈련을 받았지만 교사가 아무리 그 일을 잘한다고 하더라도 각각의 학생들이 똑같이 반응을 하는 것은 아니었다. 수학과 과학의 교육과정은 물론 역사와 예술의 교육과정도 그렇지만, 지식을 발견하고 이를 살아 있는 열정으로 활용하는 사람들의 초월적인 인간적 자질을 통해서 계속 소개되었다. 동정심, 생기, 독창성, 용기, 두려움, 강인함 등과 같은 이러한 인간적 자질은 자신이 공부하는 내용의 의미를 인간화하고 자신 안에 있는 그러한 자질에 대한 이해를 확장하는 도구가 되었다.

유머는 낭만적인 시기 학생에게 학교교육의 일부분으로 남아 있었다. 그러나 문해력이 개발되면서 이것은 새로운 형태를 띠게 되었다. 학생들을 가장 잘 참여하게 했던 농담은 배설물과 관련된 농담이거나 학급 분위기를 흩뜨리는 농담이었다. 한 예로 오래된 ghost/goat 농담이 있다. 아주 대담한 말장난이나 폭넓은 사회적 지식을 가정하는 농담이 그렇듯이 아주 당혹스러운 상황에 대한 농담도 점차 호소력을 가지게 되었다. 예를 들어 "아일랜드산이고 너의 정원에 앉아 있는 것은?"라는 질문에 대한 답으로 "Pati O' Furniture(테라스에 두는 가구–역주)"라고 하는 것이 그렇고, "어떻게 뱀의 공격을 막을 수 있을까?"라는 질문에 "적정한 임금을 주면 돼."라고 대답하는 것이 그렇다. 일종의 반낭만주의적 반응은 신랄한 독설에서 출구를 발견하는 경향이 있었다. 그래서 약간 거친 형태의 유머를 허용하였고 이것은 이 시기 학교교육에 분명히 나타났다. 교사는 그렇지 않았으면 다소 고정적이고 관습적인 것으로 남아 있었을 문제에 비판적 논평과 약한 유머를 더하는 위트를 꺼리지 않도록 훈련받았다.

교육과정과 수업 구성은 이전 세기 학교의 경우보다 시간의 할당에서나 특정 수업에 함께 참여할 학생의 수에 있어서나 훨씬 더 다양해졌다. 어떤 수업은 구성원에 따라 혹은 일상적인 것에 대한 기술 또는 다룰 개념에 따라 15분간의 수업 세션들로 조직되었는데, 이것은 주제에 대한 낭만적 특징을 파악하고 흥미를 자극하기에는 충분한 시간이었다. 작은 주제들은 단순히 다른 맥락에서 아주 상세히 탐구될 가능성을 열기 위한 것이 아니면 무시되었다. 이러한 작은 교육과정 단위들의 목적은 세계와 인간 경험에 대한 경이로움의 순간을 열어젖혀, 거기에 있는 아주 탁월한 인간적 자질을 드러내 보이고 관련 개념의 가장 불분명한 차원에 있는 매력적인 어떤 것, 어떤 번쩍이는 측면을 가볍게 암시하는 것이다.

낭만적 교육에서 철학적 교육으로의 이행은 보통 학교교육 내에서 조정하기 가장 어려운 부분이었다. 부분적으로 이것은 학생들 개인마다 이론적으로 추상화된 언어를 사용하는 시기에 매우 큰 차이가 있기 때문이었다. 이 시기 학생들은 개인차와 관계 없이 동일한 연령 집단으로 나뉘어 있었고, 흥미와 참여도에 일관성이 있는 집단 내에서도 추상적 개념의 힘이 강력하게 나타나는 시점은 학생마다 달랐다. 부분적으로는 IE 이론가들과 실험적 연구자들의 최선의 노력에도 불구하고 상당한 비율의 학생들에게 추상적 영역은 대부분의 학생에게 작동하는 방식으로 결코 생생하게 경험되지 못한다는 것도 사실이었다. 그러나 IE 수업 기술을 통하여 모든 학생이 적어도 세계를 철학적으로 접근하는 뚜렷한 감각을 가질 수 있게 된다는 것도 사실이었다.

이 시기 동안 학생들의 삶에서 학교교육은 보다 심각한 일이 되고 있었다. 이전에는 심각하게 여겨지지 않았다는 것이 아니라 지금은 공적으로 보다 중요한 관념들을 다루는 문제가 되고 이 관념들 안에서 학생들은 의도적으로, 그리고 스스로 행동 주체가 되도록 독려받았다는 것이다.

적절한 도구 상자를 자극하기 위한 IE 교수법이 효과적으로 개발됨에 따라 학생들의 교육에서 이론이 10년 전보다 더 일찍 중요한 위치를 차지하게 되었다. 2050년 중반까지 소수의 학생들은 13세쯤 되면 독특한 지적 활동인 철학적 접근으로 옮겨가게 되고, 다수의 학생은 약 다음 2년 이내로 그렇게 되었다. 한 집단의 15~20%에 해당하는 이들로, 철학적 이해가 자신의 사고를 결코 지배하지 못하는 대부분의 학생들은 17세와 18세가 되어서야 오직 간헐적으로만 철학적 사고에 참여하는 것 같아 보였다. 그러나 이론적인 수행이 이루어지고 있을 때조차도 교사는 낭만적 인지 도구의 자극과 개발이 지속적으로 일어날 수 있도록 했다.

이 시기는 각 주제 영역의 이론과 그것의 가장 강력한 일반화에 관심을 갖고 참여하는 시기였다. 이것은 과학과 예술에서도 마찬가지였다. 이 시기는 또한 집중적인 대화적 참여를 위한 시기이기도 하였다. 교사와 또래 집단 그리고 모든 분야 학문 전문가와 연구자, 실천가들과 함께 토론과 논쟁을 하는 시기였다. 10년 전 살레르노 운동에 대한 부분적 대응으로 대학 교수들은 2010년대와 2020년대의 '지식 위기'를 낳았던 학교의 역할에 대한 비판과 별도로 자신이 학교교육과 관련맺는 것을 꺼려왔음을 인정했었다. 2050년대에는 학교에 시간을 투자하며 학교와 함께 일하는 것이 대학교수들의 실적 평가 활동 대상 중 하나가 되었다. 많은 대학교수들은 이 일을 즐긴다고 보고했는데, 에너지 넘치고 잘 교육받은 학생들과의 비구조화된 논쟁은 자신을 지적으로 긴장하게 했고 자신이 학생들의 철학적인 인지 도구 발휘를 돕는 학교의 전문성을 높이는 데 기여한다고 생각했기 때문이다.

교육과정의 모든 영역은 확실히 학생들의 학습을 자극하는 방향으로 나아간다는 측면에서 탐구되었다. 점점 정교화된 수학, 과학, 역사, 문학, 음악, 미술을 학습함에 따라 학생들은 부인할 수 없는 진전을 보였다. 만약 이러한 진전이 진리를 향한 것이 아니라면 다른 무엇을 위한 것이겠는가? 이론의 힘은 모든 주제의 내용에 더 큰 통제력을 부여하며 작동하는 것처럼 보였다. 학생들은 더 큰 정교함으로 그들 자신이 형성한 이론에 도전하면서 점차 융통성 있게 이론을 다룰 수 있게 되었다. 이들을 격려하는 교사는 학생들이 예외나 변칙들을 통해 더욱 더 정교한 이론적 사고로 나아가는 방식을 인식하게 하는 데 매우 숙련되어 있었다.

대부분의 학생에게 이것은 지적 흥분의 시기였다. 초기에 그들은 어두운 유리를 통해 보는 것 같았지만 그들의 이론적인 개념은 실재에 대한 진리를 분명하게 파악하는 데 장애가 되는 것들을 말끔하게 없앴다. 교육적인 과정 속에서 이것은 매우 의욕적인 시간이었지만 동시에 다소 위험한 시기이기도 했다. 조금씩 조심스럽게 자신의 이론에 대한 학생들의 폭넓은 자신감에 균열을 내고, 이론적 사고가 전달하는 것 같은 실재에 대한 진리가 오히려 학생들 자신이 이제까지 가정해 왔던 것과 다르다는 사실을 깨닫게 함으로써 학생들의 지적 발전이 계속 이어지도록 하는 데에는 커다란 교육학적 배려가 요구되었다.

학교교육의 마지막 몇 년 동안 그리고 대학교육 동안 반어적 이해가 자리를 차지하기 시작했다. 어떤 경우는 그 집단의 반 정도에게만 그랬겠지만 말이다. 많은 것이 학생들의 개별적인 사회적 집단, 가족, 교실 내에서의 상호작용에 달려 있었고, 적절한 매체에의 노출에 달려 있었으며, 가장 중요하게는 학생들이 철학적 사고의 시간을 성공적으로 항해하는 정도에 달려 있었다. 학교와 다른 교육기관은 학생들이 이론적 사고의 힘이 가진 약점을 인식하도록 돕는 데 애를 쓰는 것 이외에 의도적으로 반어적 이해를 자극하는 일을 하지는 않았다.

지금까지 논의한 것은 학생들이 학교에서 배우는 과정을 형성해 온 교육 활동의 주요 단계들을 간략하게 정리한 것이다. 최소한 한 가지 차원에서 보자면, 이것은 학생들이 학년이 올라감에 따라 점차 취약해지는 과정을 보여 준다. 언어의 경이로움을 느끼는 것, 이것은 모든 아이들로 하여금 신화적 이해의 과정으로 옮겨가는 것을 아주 호소력 있게 만들었다. 낭만적 도구의 영향력도 신화적 이해에서 낭만적 이해로의 이행을 쉽게 만드는 경향이 있었다. 철학적 도구 상자의 호소력도 앞선 이해 방식들의 경우보다 쉽지는 않았지만, 대부분 학생을 철학적 도구만의 고유한 이해 방식으로 이끌었다. 그러나 이것보다 더 어렵고 어떤 학생에게는 거의 불가능했던 것이 바로 반어적 이해 양식으로의 이행이었다. 다시 말하면, 교육의 과정은 점차 정교화된 도구 상자들이 학생들에게 도전을 제공함에 따라 점점 더 어려운 것으로 되어 가고 있었다. 교육의 과정을 그러한 도구 상자에 정통하는 것의 관점에서 인식하는 것이 교육의 실천적 작업을 명료하게 만드는 한편, 교육적 도전을 완전히 사라지게 만들지는 않았던 것이다. 이전 세기에 교육은 교사나 학생 모두에게 아주 힘든 것으로 남아 있었다. 2050년대까지 눈에 띄는 진보가 있긴 했지만 인류는 어린 세대를 적절히 교육하는 방법을 알아가는 데 있어서 여전히 힘들고 먼 길을 가고 있었다.

단지 반세기 정도 앞선 시대의 교육자가 2050년대 중반의 새 학교를 방문한다면 매우 놀랄 것이다. 첫 번째 놀라움은 학교의 규모와 디자인에 대한 것이었다. 150명 이상의 학생이 다니는 학교는 없었다. 교실의 크기는 다양하고 상이한 활동을 위해 설계되었다. 많은 시설이 중앙의 거대한 뜰 주위를 둘러싼 단층의 건물에 배치되어 있다. 여기에는 다양한 정원 활동을 할 수 있는 구조물이 만들어져 있고 야생동물의 레이저 사진 재현을 위한 공간이 있다. 인터넷 접속은 금세 할 수 있었지만 전자 과학기술 기기들은 교수 활동 공간에서 거의 찾아볼 수 없었다. 교사가 아닌 많은 성인이 눈에 띄었고 교실 내 수업은 다소 낯설었다. 새로운 도시 내 학교는 건축학적으로 볼 때 가장 흥미롭고 다양한 구조를 가진 것이었다. 불과 50여 년 전의 대체로 획

일화되고 거대한 학교 건물을 생각해 볼 때 이러한 새 학교 건물이 지닌 생기와 건축학적 기지는 이 시기 교육의 개념에서의 심오한 내적 변화의 외적 반영이라고 볼 수 있다.

학교는 세대 간의 그리고 세대 내의 대화로 지배되는 이야기의 공간이었다. 인간의 목소리는 교육적인 활동의 주요 주체였고 자연 세계는 그 다음이었다. 21세기 초기부터 시작하여 과학 기술에 열광한 사람들은 그들이 꿈꾸었던 지식 전달의 기계가 2050년대의 학교에서 거의 주목 받고 있지 못한 사실에 대해 당혹하고 실망했다. 대화, 웃음, 정서적 참여는 2050년대의 학교교육을 지배했던 상상력 교육의 핵심적 도구였다.

역사의 잔인한 농담

19세기 중반에서 21세기 중반까지의 교육 체계에 관한 나의 모든 연구와 저술을 되돌아보면 이전 시기의 전체 교육과정이 얼마나 참을 수 없을 정도로 원시적인지 연민의 감정을 누를 수 없다. 그 시기 사람들은 자연 진화는 다윈적(Darwinian)이고 문화 진화는 라마르크적(Lamarckian)이라고 말하곤 했다. 즉, 문화의 진화에서 사람들은 이전 세대의 성취를 상속받을 수 있다는 것이다. 그러나 지금은 아주 소수의 사람들만이 그렇게 믿고 있다. 19세기 중반에서 21세기 초까지의 학교교육이라는 거대한 사업은 우리 인류 조상들에 대한 역사의 잔인한 농담 중 하나로 보인다. 그 모든 지루함과 고통, 반 정도만 대충 알고 거의 이해되지 않는 지식들은 극히 소수의 학생들에게만 상상력을 불러일으켰고, 교사들의 동력을 오도하였으며, 아주 많은 학생을 분노하게 하였다.

이 학교에서 10여 년 이상의 시간을 보낸 후, 애석하게도 대부분의 학생은 자신이 배우고 읽었던 것의 대부분을 기억할 수 없었다. 그들이 기억하는 것이라고는 고작 아주 진부한 팝송 가사가 전부였다. 자신을 둘러싼 세계에 대한 경이로움, 인류 역사에 대한 열정, 인간 경험의 가능성은 오직 잠시 반짝하고 지나가는 것들이었다. 학교를 떠난 후 대부분의 학생은 마음의 발달과는 아무 상관이 없는 무미건조한 읽을거리 외에는 아무것도 읽지 않았다. 이 시기 학교교육은 여러 세대의 삶의 경험과 기술을 전달하도록 어설프게 설계된 거대한 산업체로 보인다. 물론 나는 지금 그 유명한 비엔나 선언의 많은 단어를 반복하고 있는 중이다.

맺는 글

이제 다채로운 달과 크고 강렬한 별빛이 보이는 시리우스 5번 별의 따뜻한 방에서 나와 현실로 돌아오자. 그리고 우리 교육문제를 돌아보자. 내가 앞에서 언급했던 것처럼 이 '미래의 역사'는 단순하게 IE가 오늘날의 교육 이념 및 실천과 어떻게 다른지, 그리고 그럼에도 불구하고 그것이 어떻게 실행될 수 있는지 다소 공상적으로 설명하는 것처럼 여겨질 수도 있다. 말하자면 미래의 시나리오는 다루기 어려운 교육 문제에 대한 다소 새로운 접근 방법에 고심하고 있는 교사들에게는 현재의 시나리오이기도 하다. 우리가 가르치고자 하는 주제의 정서적 의미를 알기 위한 노력들, 학생들의 상상력을 참여시킬 다양한 인지 도구의 활용 그리고 올바른 사실과 관념이 표면에 드러날 때까지 어떤 주제를 탐구하는 것 등은 현재 전 세계에서 IE에 참여하는 많은 교사에 의해 수행되고 있는 작업의 성격을 보다 흥미롭게 설명한 것이다.

오늘날의 교육적 문헌을 읽다 보면 내가 이 책에서 기술했던 사안에 대한 논의를 거의 찾아볼 수 없을 것이다. 나는 이것이 오늘날 진정으로 중요한 교육 문제에서 멀리 벗어난 것들을 다루었기 때문이라고 생각하지 않는다. 이 책의 1부에서 분명히 밝힌 것처럼 오히려 내 눈에는 오늘날 많은 교육자들을 괴롭히는 사안들이 교육에서 진정으로 중요한 문제에서 벗어나 있는 것처럼 보인다.

IE 이념과 실천 방법에 관여하는 이들의 경험에 따르면, 일부 교사들은 이 이념과 실천 전략을 교실 상황에 간단하게 적용하는 것에 분명히 큰 어려움을 겪고 있다. 어떤 교사들은 IE를 아주 친숙하게 다루기도 한다. 그들은 자신이 늘 원했던 것을 하는 것처럼 또는 이전에 해 봤던 것처럼 IE를 자유롭게 다룬다. 대부분의 교사는 IE의 일부 특징을 꽤 쉽게 다룰 수 있지만 다른 이들은 특히 가장 중요한 부분을 다루는 과정에서 어려움에 직면한다. 예를 들면, 대수학에 정서적인 것을 연결하는 것이다. 이러한 문제들을 인정하면서, 나는 IE를 '고급스러운(boutique)' 교육 방식으로 언급한 바 있다.

좋은 교육은 실행하기 쉽지 않다. 그것은 싼 값에 얻을 수 없다. 이것은 노력을 요구한다. 그런데 그 노력은 IE의 절차와 방식에 대한 적합한 훈련을 통해서 줄여 나갈 수 있다. 물론 이것은 결코 습관적이거나 저절로 될 수는 없을 것이다. IE를 다루는 교사들의 경험에서 보이듯 교사의 전문성은 그들이 가르치는 과목에 대해 잘 아는 것, 학생들의 상상력과 정서, 유머를 참여시키는 방식으로 가르치는 기술과 밀접하다. IE는 오늘날 정규 수업이 지니는 제약 내에서 이것이 어떻게 이루어질 수 있을 것인지를 단순히 기술한 것이다. 이것은 또한 인지 도구의 언어가 사실 이상적인 것이 아니라는 말을 다르게 표현한 것이다.

전형적으로 도구는 인간이 최소한의 노력으로 가장 효과적인 일을 해내기 위해 쉽게 취하는 어떤 것이다. IE에서 사용되는 그런 도구는, 만약 그것이 없다면 무척 어려울지 모르는 어떤 일을 상대적으로 쉽게 만든다는 의미에서의 도구이지만, 우리의 감정 및 깊은 이해와 밀접한 관련을 갖는 도구다. 거기에 편한 것은 아무것도 없으며, 실행하기 위한 지름길이나 손쉬운 길도 없다.

우리 앞의 미래는 앞 장들에서 소개한대로 일어날 만큼 그렇게 만만할 것 같지는 않다. 그렇다면 지금 우리는 교육을 위해 무엇을 해야 하는가? 이 책에 기술된 교육의 형식이 현재 우리의 학교를 지배하는 형식들보다 더 낫다는 데 동의한다면 교수 활동, 교사 교육의 변화, 교육과정, 학교 등에 대해 우리가 무엇을 어떻게 할 수 있는지에 대한 내 상세한 묘사는 이 질문에 한 가지 대답을 제공한다.

무엇인가 시도될 수 있다. 그 시도에 힘을 보태는 것이 어떤가?

참고문헌

Beard, Charles A. (1932). *Introduction to J. B. Bury, The idea of progress: An inquiry into its growth and origins*. London: Macmillan.

Deacon, Terrence W. (1997). *The symbolic species: The co-evolution of language and the brain*. New York: Norton.

Dewey, John. (1897) My Pedagogic creed. *The School Journal*, vol. LIV, No 3, Jan. 16th, 77-80.

__________. (1963). *Experience and education*. Kappa Delta Pi Lecture Series. New York: Collier Books. (First published in 1938.)

__________. (1966). *Democracy and education*. New York: Macmillan. (First published in 1916.)

Diamond, Jared. (1977). *Guns, germs, and steel: The fates of human societies*. New York: Norton.

Donald, Merlin. (1991). *Origins of the Modern Mind*. Cambridge, MA: Harvard University Press.

Donald, Merlin. (2001). *A mind so rare*. New York: Norton.

Donaldson, Margaret(1978). *Children' s minds*. London: Croom Helm.

Egan, Kieran. (1988). *Primary understanding: Education in early childhood*. New Yorks: Routledge.

__________. (1977). *The educated mind: How cognitive tools shape our understanding*. Chicago: University of Chicago Press.

__________. (2005). *An imaginative approach to teaching*. San Francisco: Jossey-Bass.

Cambridge, MA(2006). *Teaching literacy: Engaging the imaginations of new readers and writers.* Thousand Oaks, CA: Crown Press.

Fodor, Jerry. (1983). *The modularity of mind.* Cambridge, MA: MIT Press.

_________. (1985). Précis of "The modularity of mind." *The Behaviored and Brain Science* 8, 1–42.

Gardner, Haward. (1991). *The unschooled mind.* New York: Basic.

Gerofesky, Susan. (2004). *A man left Albuquerque heading east: Word problems as genre in mathematics education.* New York: Peter Lang.

Hall, G. Stanley. (1904). *Adolescence: Its psychology and its relations to physiology, anthropology, sociology, sex, crime, religion, and education.* 2 vols. New York: Appleton.

Harré, Rom. (1990). Foreword to John R. Morss, *The biologizing of childhood: Developmental psychology and the Darwinian myth.* Hove, UK: Erlbaum.

Havelock, Eric A. (1963). *Preface to Plato.* Cambridge, MA: Harvard University Press.

_______________. (1982). *The literature revolution in Greece and its cultural consequences.* Princeton, NI: Princeton University Press.

_______________. (1986). *The muse learns to write.* New Haven: Yale University Press.

Hazlitt, William. (1826/1951). On the ignorance of the learned. In W. E. Williams (Ed.), *A Book of English Essays.* Harmondsworth, Middlesex: Penguin.

Hirst, Paul. (1974). *Knowing and the curriculum.* London: Routledge and Kegan Paul.

Johnson, Allen W., and Timothy Earle. (1987). *The evolution of human societies.* Standford, CA: Standford University Press.

Lamb, Christina. (2003). In Trever Mostyn' s review of Lamb' s *The sewing circles of a Herat: My Afghan years, Times Literacy Supplement,*

May 30th.

Lamm, Zvi. (1976). *Confilcting the theories of instruction: Conceptual dimensions*. Berkeley, CA: McCutchan.

Mithen, Steven. (1996). *The prehistory of the mind*. London: Thames and Huddson.

____________. (2005). *The singing Neanderthals: The Origins of music, language, mind, and body*. London: Weidenfeld and Nicolson.

Ong, Walter J. (1982). *Literacy and orality*. London: Methuen.

Piaget, Jean. (1961). *Comments on Vygotsky's critical remarks*. Cambridge, MA: MIT Press.

__________. (1964). Development and learning. In *Piaget rediscovered*, Richard E. Ripple nd Verne N. Rockcastle, eds. Ithaca, NY: schools of Education, Cornell University.

Pinker, Steven. (1994). *The language instinct: How the mind creates language*. New York: Morrow.

Porty, Richard. (1989). *Contingency, irony, and solidarity*. Cambridge, MA: Cambridge University Press.

Rosenbluth, Vera. (1990). *Keeping family stories alive*. Vancouver, B.C.: Hartley and Marks.

Rousseau, Jean-Jacques. (1762/1979). *Émile; or, On education*. Allan Bloom, trans. New York: Basic.

Roy, Arundhati. (1999). *The cost of living*. New York: The Modern Library.

Russell, Bertrand. (1926). *On education*. London: Unwin.

Stewart, Ian, and Jack Cohen. (1997). *Figments of reality: The evolution of the curious mind*. Cambridge: Cambridge University Press.

Swift, Jonathan. (1801). On Mr. Collins's Discourse on Freethinking. In *The works of the Rev. Jonathan Swift, D. D*. Vol. 10. London: J. Johnson.

찾아보기

〈인명〉

〈내용〉

저 · 자 · 소 · 개

키렌 이건(Kieran Egan)은 '상상력' '스토리텔링' '인지 도구와 이해' 등 교육학 분야의 거대담론을 주도하는 세계적으로 저명한 학자다. 그는 1942년 아일랜드에서 태어난 후 유년 시절과 학창시절을 영국에서 보내면서 성장했으며, 1966년 역사학을 전공하여 영국 런던대학교를 졸업한 후 미국 스탠퍼드 대학교에서 박사과정을 시작하였다. 이 무렵 IBM에서 새로운 컴퓨터 시스템의 프로그램화 방법을 최적화시키는 자문가로도 활동하였다. 1972년 코넬 대학교에서 박사학위를 받은 후 캐나다 밴쿠버의 사이먼 프레이저 대학교 교육학과 교수로 근무하고 있다.

그는 20여 권의 책을 저술하거나 (공동저술 포함) 편집하였으며, 다수의 책이 10여 개 언어로 번역되어 출간되었다. 최근에 펴낸 저작물로는 『Learning in Depth: A Simple Innovation that Can Transform Schooling(2010)』, 『The Future of education: Reimaging Our Schools from the Ground Up(2008)』, 『Teaching Literacy: Engaging the Imagination of New Readers and Writers(2006)』, 『An imaginative approach to teaching(2005)』, 『Getting it Wrong from the Beginning: Our Progressivist Inheritance from Herbert Spencer, John Dewey, and Jean Piaget(2002)』 등이 있다.

역 · 자 · 소 · 개

▨ 김회용

미국 피츠버그 대학교 대학원 박사과정(Rotary Intl Scholar)

경상대학교 대학원 교육학과 교육학 박사

현) 부산대학교 사범대학 교육학과 교수

최근 연구 관심) 상상력 교육, 어린이 철학 교육, 탐구공동체 수업 등

▨ 곽덕주

미국 뉴욕 컬럼비아 대학교 대학원 교육철학 박사

현) 서울대학교 사범대학 교육학과 교수

최근 연구 관심) 민주시민 교육, 인문적 교사 교육, 미적 체험 예술 교육 등

상상력 교육

- 미래의 학교를 디자인하다

The Future of Education:

Reimagining Our Schools From the Ground Up

2014년 3월 25일 1판 1쇄 발행
2023년 10월 20일 1판 2쇄 발행

지은이 • Kieran Egan
옮긴이 • 김회용 · 곽덕주
펴낸이 • 김 진 환
펴낸곳 • (주) 학지사
04031 서울특별시 마포구 양화로 15길 20 마인드월드빌딩 5층
대표전화 • 02) 330-5114 팩스 • 02) 324-2345
등록번호 • 제313-2006-000265호
홈페이지 • http://www.hakjisa.co.kr
인스타그램 • https://www.instagram.com/hakjisabook

ISBN 978-89-997-0336-2 03370

정가 13,000원

역자와의 협약으로 인지는 생략합니다.
파본은 구입처에서 교환하여 드립니다.